Paula Irmschler

Alles immer wegen damals

Paula
Irmschler

Alles immer wegen damals

Roman

dtv

MIX
Papier | Fördert gute Waldnutzung
FSC® C083411
www.fsc.org

Gesetzt aus der Life
Satz: Fotosatz Amann, Memmingen
Druck und Bindung: CPI books GmbH, Leck
Printed in Germany · ISBN 978-3-423-28334-2

She needs wide open spaces
Room to make her big mistakes
The Chicks

1

Mitm Hund raus. Das sind fast immer noch die ersten Worte, die Karla beim Aufwachen denkt. Noch bevor irgendein Sinn sich rührt, wie Sehen, Hören und was es da sonst noch gibt. Vielleicht ist es längst ein eigener Sinn geworden, die Angst, das Wichtigste vergessen zu haben – oder es sind einfach nur langweilige Schuldgefühle. Der Hund muss pinkeln, kacken, rumlaufen, schnüffeln, sein Hundebusiness erledigen, und Karla ist dafür zuständig. An jedem Montag, Dienstag und halben Donnerstag. Da sie beim Aufwachen noch nicht weiß, welcher Tag ist, denkt sie eben an fast jedem: *Mitm Hund raus.* Es tut ihr nicht so sehr des Hundes wegen leid, dass sie keine Lust hat, mit ihm rauszugehen. Sie will nur nicht erwischt werden. Frieda, ihre große Schwester, mit der sie im permanenten Krieg lebt, wird schon vor ihrem Zimmer stehen, sie wird die Arme verschränkt und ihr Gesicht wird sich in ein Vampirgesicht verwandelt haben. So wie sie es bei *Buffy* gesehen hat – die Stirn in Falten, die Zähne fletschend. Es ist die Lieblingsserie der beiden, das Einzige, was sie derzeit gemeinsam haben. Frieda hat noch keine Falten, in Karlas Aufwach-Vorstellung ist sie 17, hat einen ätzenden Freund, gerade ihr zweites Augenbrauenpiercing bekommen und stinkt.

Es stinken alle in dieser Zeit, Karla stinkt auch jetzt gerade live unter ihrer Decke, und die Abwertungsgedanken ihrer Schwester gegenüber werden sie nicht davor bewahren, dass Frieda Karla erwischen wird, sich aufplustern wird, sie bei Mutti anschwärzen wird. *Na, haste mal wieder Leo vergessen?,* wird sie gleich fragen, nein, sie wird es plärren in ihrer nervigsten Schrullenstimme, die sie extra auflegt, sie redet nämlich sonst ganz normal. Leo, der Hund, ja, klar hat Karla ihn vergessen, beziehungsweise sie hat ihn nicht vergessen, er ist in ihrem Kopf, aber die Wahrheit ist: Er ist ihr irgendwie egal. Sie hat fast alles an Liebe zu diesem Hund im Laufe der Zeit abgegeben zugunsten dieses erdrückenden Pflichtgefühls. Er ist längst zur Hausaufgabe geworden, einer unlösbaren, denn Karla ist immer zu spät. Wahrscheinlich ist es mittlerweile schon neun.

Karla ist in diesem Szenario gerade 13 und offenbar der allerletzte Mensch. Zu ihrer Verteidigung muss man sagen, dass den Hund ihr großer Bruder Fritz angeschafft hat, der unlängst ausgezogen ist und ihn einfach zurückgelassen hat. Ein Straßenhund aus einem osteuropäischen Land soll es angeblich sein, das Leolein, süß und traurig, *wer weiß, was man mit ihm gemacht hat, er erschrickt ja auch immer so,* beschworen Fritz und Frieda immer wieder, da konnte natürlich niemand etwas dagegen haben, schon gar nicht die verknallten Kinder. Allerdings ahnt Karla nach lautstarken Streits zwischen Fritz und Mutti, dass Fritz vielleicht ein bisschen geflunkert haben könnte und er den Hund vielleicht doch einfach von irgendeinem Kumpel hat. *Aber nun ist er eben da, da bleibt uns jetzt nichts anderes übrig,* so Mutti in ihrem typisch vorwurfsvollen Ton. Jetzt sollen die Übriggebliebenen den Hund lieben und sich um ihn kümmern für den Rest seines Lebens.

Einmal ist Leo sogar abgehauen. Er ist eigentlich mehrere Male abgehauen. Aber an das eine Mal erinnern sich alle noch sehr genau. Es hatte nämlich niemand bemerkt. Nur Karla, Stunden später, weil sie gerade zufällig mit ihrer anderen Schwester Mascha mal wieder im Außenbereich vom Tierheim, das ein paar Straßen weiter lag, rumgepirscht ist, als wäre es ein Zoo – Mascha zog es immer zu den Katzen, Karla zu den Hunden (andere Hunde liebte sie mehr, wollte sie retten oder zumindest freilassen) –, und dann sah sie ihn in einem Käfig: den bedröppelten Leo, das arme vernachlässigte Tierchen. Er sah miniklein aus in dem Moment, in Karlas Erinnerung schluchzte er leise. Sie traute ihren Augen kaum, also holte sie Mascha, die ihren jedoch traute. Daraufhin gab es ein großes Gewese, einen riesigen Familienknall, und am Abend war er wieder zu Hause, bei diesen Leuten. Der arme Leo.

Auch 17 Jahre später ist Karla der Hund nicht wichtig genug, selbst wenn sie immer wieder denkt, sie sollte ihn mal wieder ausführen, mit ihm kuscheln, das Ganze neu bewerten, die Beziehung neu beleben. Aber es gibt ihn natürlich schon lange nicht mehr. Manchmal hat sie trotzdem noch Angst davor, eine Pfütze von ihm irgendwo zu finden. Eine Pfütze, an der sie schuld ist, und zwar nur sie. Frieda hat zum Beispiel mal, um zu beweisen, dass Karla nicht mit Leo rausgegangen war, Scheiße von ihm von der Straße aufgelesen und sie mitten in den Flur gelegt, damit Mutti und Co. denken, er hätte da hingemacht. An den Steinen, die daran klebten, überführte Karla dann ihre Schwester allerdings. *Stasimethoden!,* warfen sie sich gegenseitig vor, ohne zu wissen, was das wirklich bedeutete. Am Ende logen sich beide bis tief in die Nacht gegenseitig an, *doch, ich bin mit ihm rausgegangen, nein, ich habe die Scheiße da nicht hingelegt*. Familie heißt Lügen bis tief in die Nacht.

So langsam dämmert Karla also, dass sie nicht mehr 13 ist, dass keine Frieda vor ihrer Tür lauert, kein Leo wartet, sie nichts auf ihre andere Schwester Mascha schieben und nicht mehr so richtig sauer auf Fritz sein kann wegen der Hundeanschaffung. Das ist jetzt ihr Morgen, ihr Kissen, und das sind ihre Sonnenstrahlen im Gesicht. Und ihr Dachfenster, ihre Wohnung, ihr Leben? Na ja, das nun auch wieder nicht. Aber der Rest ist Hunderte Kilometer weit weg. Sie macht die Augen auf und erspäht einen Riss in der Zimmerdecke, von dem sie sich sicher ist, dass er gestern noch nicht da war.

Instinktiv schaut sie in die WhatsApp-Familiengruppe, die sie stummgeschaltet und außerdem archiviert hat. Das heißt, sie muss erst nach ihr suchen. Scrollen, weiterscrollen, auf dem Weg etwas anderes lesen und löschen, ah, da ist sie ja. Tatsächlich gibt es Neuigkeiten. Mit pathetischen Worten, aber trotzdem abgeklärt klingend, hat Karlas Mutter vor ein paar Tagen die Trennung von ihrem Partner verkündet, mit drei Tränen- und zwei Herzemojis versehen. *Manchmal trennen sich Wege nun mal, es ist alles immer in Bewegung, man lebt in Wellen, wir wollen unsere beiden Leben neu ausrichten, den Fokus …* und so weiter. Wieder so eine Sache, die Karla nicht allzu viel bedeutet, sie hat den Typen in all den Jahren drei, vier Mal gesehen. Karlas Mutter und er waren nicht ständig zusammen, und Karla war noch viel seltener dabei. *Er ist Ingenieur oder so*, hat sie ihrer Freundin Natalie mal erzählt, weil sie verschleiern wollte, dass sie eigentlich nichts über ihn weiß und auch nie gefragt hat. Sie weiß aber, die Trennung darf ihr nicht egal sein. Frieda, Fritz und Mascha sehen alles, sie schauen von ihren Handys aus auf sie herab, sehen ihre Schwester im Bett liegen, noch immer, schon wieder, sie testen sie, haben sie längst verurteilt. Sie sehen die Pfütze. Sie sehen, dass sie mal wieder nicht antwortet, nicht mal eine Emoji-Reaktion unter die Nachricht der Mutter setzt, sich nicht meldet, dass sie nicht da ist, dass sie das schlechteste Kind von allen ist. Hier geht es gerade gar nicht um den Herzschmerz der Mutter oder darum, dass es von nun an für die Beteiligten komplizierter wird. Es geht nur um Karla. *Haut ab,* plärrt sie in die menschenleere Wohnung und zieht sich die Decke wieder über den Kopf, *ihr Dummis*. So haben sich die Geschwister früher immer genannt.

2

Gerda versucht zu rauchen. Es sieht ziemlich uncool aus. Sie rollt die Zigarette hin und her, wie es nur eine Nichtraucherin tun kann. Erst versucht sie sie zu halten wie eine Kifferin und zwirbelt das Ding zwischen Daumen und Zeigefinger mit lässigem Getue, danach macht sie es wie eine reiche Person, die versucht normal zu sein, und schließlich wie eine Schauspielerin, aber so übertrieben wie eine vom Theater. Letzteres passt ganz gut. Gerda spielt nämlich gerade verlassen, und Verlassene machen so Sachen wie Rotweintrinken, Rauchen, laut mitsingen und weinen. Leider ist nur Weißwein im Haus, ein passendes Lied für die Situation muss noch gefunden werden, und die Tränen kommen einfach nicht.

Die Zigaretten, die Gerda aus den Tiefen der großen Küchenschublade gekramt hat, lagen sehr lange unbeachtet und ungeraucht dort. Sie sind mindestens sechs Jahre alt. Angeschleppt hatte sie damals ein Mann, der Wolfgang heißt. Es ist der Mann, wegen dem hier bei Gerda gerade versucht wird, traurig zu sein und dabei zu rauchen. Der Mann Wolfgang war vor diesen sechs Jahren zur Tür dieser Wohnung reingekommen und hatte geguckt, als hätte er gerade ein Tier angefahren, das jetzt gepäppelt werden musste. Dann hatte er gesagt, er sei rückfällig geworden, was das Rauchen betraf, ob er auf Gerdas Balkon bitte noch einmal rauchen dürfe, und zwar seine allerletzte Zigarette? Das Pathos, das der Mann Wolfgang in seine Worte legte, fand Gerda total übertrieben und auch ein bisschen unsexy. Gerda sollte damals bitte, sobald er wieder gegangen sei, die restlichen Kippen der Schachtel entsorgen, *am besten in Stücke reißen und im Klo runterspülen*! Das hat sie aber nie gemacht. Sie waren *ja noch gut*. Sachen, die noch gut sind und die mal etwas gekostet haben, die wirft man nicht weg. Außerdem fand sie Rauchen nie so richtig schlimm, sie hatte in ihrem Leben genug Leute mit schlimmeren Lastern und Süchten gekannt. Und vielleicht würde irgendein Besuch irgendwann auch mal eine rauchen wollen, dann hätte sie gleich welche da, *das ist doch praktisch*. Das kam allerdings nie vor, weil Leute, die rauchen wollen, meist etwas dabeihaben, was ihre Sucht stillt, oder sie haben selbst gerade mal wieder aufgehört.

Als der Mann Wolfgang seine letzte Zigarette auf Gerdas Balkon rauchte, war es das fünfte Treffen der beiden, das weiß sie noch, weil sie damals exakt eine Woche zusammen verbracht hatten, jeden Tag – und dieser Tag war Freitag. Dass er dieses für ihn biografisch offenbar bedeutungsvolle Ereignis unbedingt bei ihr auf dem Balkon begehen wollte, schien etwas zu bedeuten, von dem Gerda noch nicht wusste, ob es ihr das auch bedeutete. Zum Beispiel ob sie nun auch noch das Wochenende mit ihm verbringen wollte. Das Wochenende war ihr schließlich heilig, Lesen im Café, ins Kino gehen, Freundinnen treffen. Der Typ war zu dramatisch, fand sie damals und wollte das Ganze nochmal überdenken. Aber er blieb, denn Gerda schickte ihn nicht weg. Vielleicht war es auch nur Zufall, dass sie dabei war bei *seinem Moment*. Auch bei späteren Momenten war das vielleicht so. Wieso sie überhaupt zusammengekommen sind, weiß sie gar nicht mehr. Er kam einfach wieder und wieder, und sie kam dann manchmal auch, und über die Jahre stellte niemand von den beiden das groß in Frage, weil es *schon okay* war, weil es *funktionierte*. Er war ein Guter und baute keine Scheiße, das war schon was wert.

Jetzt wird es ihr mit dem Gehuste allmählich doch zu unangenehm. Gerda denkt, dass die Zigarette schlecht geworden ist nach all den Jahren, und drückt sie wieder aus. Trotzdem wandert die Schachtel zurück in die Schublade, gemeinsam mit den Riesaer Zündhölzern, von denen sie auch noch einige Schachteln gehortet hat. Es gibt einen alten, natürlich ostdeutschen, Witz, an den sie sich jetzt erinnert und der in etwa so geht: Ein Zug fängt Feuer und verbrennt. Nur ein Waggon ist unversehrt geblieben. Was hat dieser transportiert? Streichhölzer aus Riesa! Gerda grinst und verdreht dabei gleichzeitig die Augen. Das ist die Art, wie sie lacht.

3

In der Familien-WhatsApp-Gruppe enthalten sind die Accounts folgender Leute: Mutter, Mascha, Fritz, Frieda, ein Ex-Freund von Frieda namens Mirko, weil er irgendwie immer noch zur Familie gehört und sich ab und an zu irgendwelchen Reparaturarbeiten einlädt, Maschas Sohn Max, Maschas Freund Tobi und Karla. Das ist sozusagen die Familie, also diejenigen, die das Wesen Familie weiter nähren, das Projekt am Laufen halten, die online sind. Karla ist noch in der Gruppe, weil rausgehen anstrengender ist als drinnenbleiben. Sie ist noch in allen Gruppenchats, zu denen sie je hinzugefügt wurde, einfach weil sie kein Fass aufmachen will, nicht für Gerede sorgen, keine Aktion bringen will, die sonst wie interpretiert werden könnte. Gerdas (jetzt Ex-)Partner war nie in der Gruppe, glaubt Karla. Oder er ist unbemerkt ausgetreten oder unsichtbar oder sowas.

Sie guckt bei der Gelegenheit auch mal in den Chat der letzten WG, in der sie gelebt hat, der Name ist eine Verniedlichung des Straßennamens, Zietis wegen Zietstraße, Karla hat dort zur Untermiete gewohnt. Eines Tages standen Preise auf einem neongrünen Zettel an den Getränkekisten der Mitbewohner. Es war kein

Post-it, das wäre vielleicht noch zu ignorieren gewesen, nein, der Zettel hatte die Größe A4, es war eher ein Schrei-it. Karla beschloss sofort, dass sie das nicht mehr kann mit den WGs, das war der Knockout, den sie gebraucht hatte, der berühmte letzte Tropfen, für den sie ab sofort sogar noch bezahlen sollte. Dabei hatte sie nur ein einziges Mal eine Flasche Mate (1,10 Euro zzgl. Pfand) genommen – sie, die ohnehin lieber Cola trinkt. Es bahnte sich dann eine Aussprache wegen *Grundsätzlichem* (Plenums-Vokabel) an, und noch ein einziges weiteres Plenum war eine unvorstellbare Zumutung für Karla, also fing sie an, ihre wenigen Sachen zu packen. Aus der WhatsApp-Gruppe ist heute herauszulesen, dass sich die WG wohl bald auflösen muss, es wird diskutiert, aufgeteilt, beschworen und besänftigt. Karla entwickelt unerwartet großes Mitleid und schließt die App.

Zwei Wochen nach diesem Zettel-Wahnsinn war sie damals raus aus der Zieti und stand bei ihrem besten Freund Luca auf der Matte, der schon vor einer Ewigkeit angeboten hatte, dass sie für eine Weile zu ihm ziehen könne, wenn sie mal nicht wisse wohin. Und genauso kam es, sie wusste mal wieder nicht wohin. Luca und sie kennen sich durch Karlas einzigen Gastroversuch, er arbeitete sie einen Tag lang im Café Extrablatt ein, und Karla scheiterte auf ganzer Linie, aber die beiden blieben in Kontakt und wurden Freunde. Karla wollte Luca natürlich *auf keinen Fall zur Last fallen* und eine Anderthalbzimmerbude war auf Dauer viel zu klein für zwei Personen, aber der Zettel-Schubs war stärker als ihre Bescheidenheit. Es wäre diesmal ja gar keine richtige WG, weil die beiden befreundet sind, es wurde vielmehr ein ewiges Miteinanderabhängen. Sie besorgten ein ausklappbares Sofa, und so wurde das Wohnzimmer in der Nacht zu Karlas Reich, während Luca aus dem kleinen Durchgangsschlafzimmer erstaunlich viel Stauraum für sich und seine Sachen rausholte.

Es gibt nicht viele Menschen, mit denen Karla einfach so abhängen kann, ohne sich komisch zu fühlen, ohne unsicher zu werden oder sich oder die andere Person wegzuwünschen, aber mit Luca geht das. Auch beim Zusammenleben störten sie einander nicht, sie fragten nicht unnötig viel, niemand musste sich verstellen, niemand fühlte sich beobachtet oder wurde verurteilt. Karla konnte sogar an ihrer Neurodermitis rumfummeln, ohne sich zu schämen oder Zurechtweisung erwarten zu müssen, weil *man doch nicht dran rumfummeln soll.* Vielleicht hat auch geholfen, dass beide wussten, dass das Zusammenleben ein Ablaufdatum hatte. Luca zog bald für ein Praktikum nach Brüssel, das er mittlerweile schon zum zweiten Mal verlängert hat. Deswegen konnte Karla einfach bleiben, konnte zur sogenannten fairen Untermiete in der Wohnung wohnen, in der sie heute Morgen allein und unter dem Dachfenster des Schlafzimmers aufgewacht ist.

Mit Luca war es auch deswegen entspannt, weil Karla und er kooperierende Macken haben. Sie schafften es zum Beispiel beide, manchmal tagelang nicht zu reden. Nicht wegen schlechter Laune oder so, sondern weil sie keine Lust hatten und es nicht nötig war. Luca kochte viel und schrieb den lieben langen Tag lustige Gedichte und politische Beschimpfungen auf Zettel, die dann überall rumlagen, Karla räumte akribisch auf und sang dabei Schlager, die sie aus ihrem letzten Job im Ramschladen nicht mehr aus ihrem Kopf bekam, am liebsten: *Ich fühl immer noch wie damals / Noch genauso, du Idiot / Doch du hast mich auch schon damals / Nicht verstanden, du Idiot*. Die Zettel hat sie immer liegen gelassen, weil es wichtig war, dass sie da waren, wo sie waren. Darüber musste nicht gestritten oder gar ein Plenum abgehalten werden, es war einfach klar. Luca und Karla konnten sich umeinander herumschlängeln, und die Wohnung war gleichzeitig aufgeräumt und chaotisch, je nach Betrachtungsweise.

Luca und Karla werden beide wegen der gleichen Dinge wütend oder traurig. Nur glaubt sie nicht daran, dass man etwas ändern könnte, und er schon, deswegen macht er ein Praktikum im EU-Parlament und schreibt Gedanken auf Zettel, und sie forscht Rissen in Zimmerdecken und Veränderungen an ihrem Körper nach. Wenige Wochen vor seinem Wegzug hatte Luca einen Fernseher angeschleppt, *ebay-Kleinanzeigen, quasi geschenkt,* und seitdem lief den halben Tag die Glotze, meistens *Shopping Queen* oder die immer gleichen Wiederholungen von *Gilmore Girls*, *Scrubs* oder *Charmed*. Luca schaltete ab einem bestimmten Punkt immer auf Phoenix um, dazu veränderte er seine Miene auf ganz besonders ernst, und Karla machte sich darüber lustig. Wie früher mit den Geschwistern, fand Karla, nur ohne Streit um die Fernbedienung, weil in Zeiten von Streaming eh alles egal ist. Nebeneinandersitzen, ab und zu einen lustigen Kommentar abgeben, über die Arbeit oder die Gesellschaft schimpfen, sich gegenseitig was im Internet zeigen, was essen, daran konnte sich Karla gewöhnen. Sie vermisst Luca die eine Hälfte des Tages schrecklich und ist in der anderen Hälfte dankbar, dass sie zum ersten Mal in ihrem Leben komplett ihre Ruhe haben kann. Seit Luca weg ist, bleibt der Fernseher aber aus, ohne ihn ist alles zu laut.

4

Dann ist das jetzt wohl wirklich vorbei, und zwar so richtig, stellt Gerda Pflanzen gießend und theatralisch weiterhustend (wegen der schlechten Zigarette) fest. Wie bei anderen Leuten, die sich trennen, wie bei *normalen* Beziehungen. Jetzt ist es egal, ob sie ihre Sache nie definiert haben, sie ist vorbei, ganz klar. Womöglich mit all den normalen Konsequenzen: Kontakteinschränkung, Kontaktwiederaufnahme, Kramaufteilung, Löschung, Leugnung, Analysen, Nachtreten, Reue, all diesen Imitationen eben. Es ist nicht Gerdas erste Trennung, aber wenn die Zeit, die man gemeinsam verbracht hat, ein Bewertungskriterium ist, schon eine der großen. Mit anderen Menschen spricht Gerda oft nur über die Trennungen von den Vätern ihrer Kinder, da war einmal der von Fritz und Frieda und dann der von Mascha und Karla, weil sie glaubt, dass alle davon ausgehen, dass das die schwersten waren. Waren sie aber nicht. Diese ist es auch nicht.

Vorhin hatte sie wütend aufgelegt, nach einem weiteren Telefonat mit dem Mann Wolfgang. Sie hat im Grunde normal aufgelegt, war aber wütend dabei. *Tschüss* hatte sie schon noch gesagt und: *dann bis bald*. Zivilisiert ist sie nämlich, viel zivilisierter als dieser bockige Steinklotz, der vor einer Woche per Telefon Schluss gemacht hat und sich nun nochmal erklären wollte. Verabschiedungen kann sie noch, Höflichkeit auch, und sie hat sogar Offenheit gegenüber einem späteren Gespräch signalisiert, denn so macht man das, wenn man Stolz besitzt. Es handelt sich hier schließlich um die Geschichte von zwei erwachsenen Menschen. Sich anschreien oder gar flehen und heulen, sich nochmal extra mit Schimpfwörtern und alten oder plötzlich aus dem Hut gezauberten neuen Vorwürfen verletzen, das war früher, das hat man gemacht, als man noch jung war und blöd. Das hier wird sachlich und unaufgeregt passieren, bis auf das mit dem Wutauflegen vorhin, das musste schon noch drin sein. So soll es wohl einfach sein, das ist der natürliche Verlauf, das Ende, auf das so eine Beziehung unweigerlich hinausläuft. Früher, als man sich noch über Festnetztelefone anrief, da ging das noch, räsonniert Gerda jetzt, da konnte man den Hörer noch knallen, so dass es bei der anderen Person schepperte. Wenn man es genau nimmt, kann man heute gar nicht mehr von Auflegen sprechen. Gerdas Enkel Max würde jetzt wieder *Okay Boomer* zu Gerda sagen, das sagt er neuerdings ständig, und es nervt sie mega.

Als sie jünger war, galt Gerda noch als *die Verrückte*, das kann Max natürlich nicht wissen. Rauchen hätte zum Beispiel gut zu ihr gepasst, sie hat in ihrer Jugend einfach nur das Anfangen versäumt. Auf den Schulhöfen, in den Wartehäuschen, den Cafés, den Diskos, auf den vielen Wiesen und den Sofas der Jungs, da war sie immer zu sehr beschäftigt mit Träumen, Lesen, Quatschen und dem Rumspielen an ihren langen roten Haaren. Sie musste keiner Langeweile, keiner Nervosität und keinem Uncoolsein Zigaretten entgegensetzen. Ihre drei Jahre ältere Schwester Andrea war die Konservativere von beiden. Sie war besser in der Schule, braver, angepasster, irgendwie gängiger. Es gab Mädchen in der Schule und in der Nachbarschaft, die waren wie *Drea*, wie Gerda sie nannte, aber keine war wie *Erda*, wie Andrea sie als Retourkutsche nannte. Darauf, dass Gerda am Ende die mit den vielen Kindern werden, einen ansonsten unspektakulären Lebenslauf hinlegen und den größten Teil ihres Lebens an einem Ort verbringen würde, hätte damals wohl niemand in der brandenburgischen Kleinstadt gewettet, in der sie mit ihrer Familie wohnte. Drea hingegen studierte ewig rum, trug schließlich als Architektin Blazer und hat bestimmt die halbe Welt gesehen. Erst spät gründete sie eine Familie und es blieb bei einem Kind und einem Mann. Aus heutiger Sicht hat sie es im Grunde doch sehr vernünftig gemacht. Andererseits ist es ja auch nicht unbedingt so, dass sich zwei Leute, die unterschiedlich sind, bei all ihren Wesenszügen und Entwicklungen ihr Leben lang genau gegenüberstehen, wie Komplementärfarben, oder sich schmeichelnd ergänzen wie bei diesem Yin-Yang-Zeichen, nein, es verhält sich komplexer, ist verschmiert und ineinander verlaufend, das weiß Gerda heute nach allzu vielen Lebens-Gabelungen und Widersprüchen, die sie über die Jahrzehnte in ihrem Umfeld beobachtet hat.

Die erste Person, die Gerda bewusst liebte, war nicht ihre Mutter oder der Vater. Es war ihre Drea. Und sie liebte sie mehr als irgendwen sonst, weil sie sie so gut kannte. Über jede noch so kleine Ecke ihrer Persönlichkeit wusste sie Bescheid, sie kannte sich mit Drea bestens aus, sie wurde von ihr nie überrascht, sie erweiterte einfach nur ihr Wissen. Die beiden taten sich schlichtweg gut. Über die spätere Konkurrenz, die auch körperlichen Kämpfe ihrer eigenen Kinder, war Gerda deshalb ziemlich schockiert. Aber sich zu arrangieren war für ihre vier kleinen Teufel auch viel schwieriger. Drea und sie hatten zwar nicht viel, aber immerhin genug Platz. Sie wohnten mit Mutter und Oma in einem Haus, während der Vater immerzu unterwegs war, arbeiten oder auf irgendwelchen *Touren*, wie die Mutter erklärte. Darunter stellten sich die Kinder Unterschiedliches vor, zum Beispiel Reitausflüge, Detektivarbeiten oder Geschäftsreisen mit riesigen Koffern. Sie wurden von allen im Dorf als Weiber-Haushalt bezeichnet, es gab darüber Witze, aber auch Anerkennung. Für Gerda und Drea war es vollkommen normal.

Gemeinsam hatten sich die Schwestern auf dem Dachboden des Hauses mit Büchern, Kuscheltieren und ihren Schätzen – Fundstücke aus verlassenen Gebäuden in der Gegend – eine ganze Welt gebaut. Und die existierte lange über das Elternhaus hinaus. Wann immer sie sich später sahen, war die restliche Welt ausgeblendet, dann gab es nur sie beide und sie redeten und redeten, bis alle anderen verschwunden waren und die jeweils letzten Busse oder Züge fuhren, die sie immer nur für eine kurze Weile voneinander trennten. Als Drea dann eines Tages mit einem Mann namens Gunter in den Westen zog und weder nach der Wende noch nach der Trennung wieder zurückkam, dafür aber unnötig häufig beteuerte, *wie viel besser* es ihr jetzt gehe, sie müsse ihren *eigenen Weg finden* und so weiter, hörte das auf. Für Gerda war diese Liebe mit der Zeit und dem Abstand irgendwann komplett zum Erliegen gekommen, auch wenn sowas niemand glauben will, weil man die Familie bedingungslos lieben soll und einen angeblich für immer ein unsichtbares Band miteinander verbindet. Aber so ist es nicht, nicht für Gerda. Sie war so enttäuscht über den Wegzug, das Liebes- und Karrieregerede, die ausbleibenden Briefe und schließlich die Ausflüchte, wenn sie um Telefonate bat, dass sie das eines Tages wirklich hinbekam: die Liebe zu beenden. Sie findet bis heute, dass das eine Gabe ist, und tatsächlich beneiden einige ihrer Freundinnen sie darum. Auch dieses Mal wird es ihr gelingen. Es ist fast schon so weit.

5

Karla wohnt nun schon lange genug allein in der Wohnung, um verschiedene komische Alleinewohn-Neurosen kultiviert zu haben. Es sind Neurosen, die jede Person irgendwann entwickelt, plus jene, von denen sie annimmt, dass sie niemand anderer haben kann, weil sie zu bescheuert und zu peinlich sind. Von Luca hört sie etwa einmal pro Woche, ihm geht es wohl gut. *Das Praktikum läuft*, sagt er immer, er mache nach Feierabend nicht so viel, habe aber wohl *eine Liebelei*, es ist schon die zweite oder dritte. Er bleibt vage, aber das ist normal. Was Karla und Luca auch gemeinsam haben, ist, dass sie keinen Spaß an Chatten und Telefonieren haben. Die meisten Leute sind für sie *aus den Augen, aus dem Sinn*. Natürlich wären sie sofort füreinander da, *wenn mal wirklich was ist*. Und sie denken aneinander. Aber sonst gilt: Man muss sich sehen und sich verabreden, sonst ist man schwer zu fassen. Es müsste weiter so sein wie früher, als man ein Kind war und die anderen Kinder in derselben Straße gewohnt haben. Man hat geklingelt und das andere Kind lud einen zum Rumsitzen ein oder kam raus zum Spielen. Das gibt's wahrscheinlich heute nicht mehr, niemand wohnt in der Nähe von irgendwem. Man muss nehmen, was man kriegen kann, Wohnungen, Straßen, Freunde.

Die schlimmste Neurose von Karla ist keine neue, aber seit sie alleine wohnt, hat sie sich radikalisiert. Aus Angst, von heute auf morgen ausziehen zu müssen, weil der Vermieter was spitzkriegen könnte (Untermiete ist laut Vertrag verboten), räumt sie immer wieder akribisch auf und mistet aus, verwischt ihre Spuren, reduziert ihr Hab und Gut auf das Nötigste. Sie schärft ihre Aufräumroutine mit jeder Woche. Sie geht immer wieder durch die kleine Wohnung, jeden Morgen und jeden Abend und an Tagen, an denen sie zu Hause bleibt, auch zwischendurch, und wenn sie besonders nervös ist, können zwischen den Kontrollgängen auch mal nur Minuten liegen. Es beginnt jedes Mal im Wohnzimmer, dann folgen Küche, das kleine Durchgangszimmer, das Bad. Im Hinblick auf ihren Aufräumwahn hat Karla Glück, dass die Wohnung so klein ist. Das Wohnzimmer ist gleichzeitig auch der Flur, beziehungsweise gibt es einfach keinen. Das heißt, wenn jemand oben an der Wohnungstür klingelt, ist er schon DA, direkt in Karlas Leben, es gibt keinen Puffer. Und jetzt klingelt es.

Die für Karla und viele ihrer Altersgenossen normale Reaktion auf Klingeln: Musik aus, aufs Bett setzen, Nicht da spielen. Da das Klingeln unten genauso klingt wie das Klingeln oben und es keine Gegensprechanlage gibt, weiß Karla aber nicht, ob die klingelnde Person oben steht oder unten und zum Beispiel einfach nur ins Haus will, weil: Ja, warum sollte diese Person eigentlich reinwollen? Die Briefkästen sind draußen angebracht, und hätte jemand der Nachbarn seinen Schlüssel vergessen, wäre das Klingeln unten wenig hilfreich, weil die Person ja sicher dann auch den Schlüssel für die Wohnungstür mitvergessen hätte, und zum Im-Flur-Rumstehen wäre klingeln doch sinnlos. Oder die Person würde hier bei Karla Kaffee trinken und auf den Schlüsseldienst warten wollen, ein besonders furchteinflößendes Szenario. Unteres Klingeln kann also nur mit einer Störung zu tun haben: Zeugen Jehovas, Zeugen Vodafones, Zeugen von Karlas Unvermögen, Enkeltrick oder ein Stalker. Wo auch immer sie den herhaben soll, denn besonders viel draußen ist sie in letzter Zeit nicht gewesen. Es könnte sie mal jemand beim Einkauf im Netto gesehen haben und sie dann verfolgt haben. Den Gedanken wischt sie aber direkt wieder weg, denn sie fühlt sich dabei total eingebildet.

Beim Untenklingeln kann es auch Folgendes nicht sein: Überraschungsbesuche. Solche Leute kennt sie nicht, die sie überraschend besuchen würden, kurz und schnell mal vorbeikommen. Sowas gibt es wahrscheinlich eh nur in Filmen, Serien oder den Neunzigern. Da haben zwei Leute ein Problem oder etwas anderes zu bereden und dann kommt die Person einfach mal fix vorbei und sagt: Was ich dir noch sagen wollte / Ich wollte dich für heute Abend einladen zu / Es tut mir leid, wie das gestern gelaufen ist / Ich hab gerade an dich gedacht / Hier, ich hatte noch ein Stück Kuchen übrig … Manchmal geht es auch um spontanen Sex. Hat alles nichts mit Karla zu tun, ist alles unvorstellbar.

Man sollte sich eine Nachricht schreiben und die kann ignoriert werden, ups, gar nicht gelesen, sorry. Briefe per Einschreiben wären normalerweise auch noch eine Option, aber auch das ist hier sicher nicht der Fall, denn die Ämter glauben, dass sie woanders wohnt, sie ist noch in der vorvorletzten WG, in der sie ein ganzes Jahr lang gewohnt hat, gemeldet. Das war die WG, in der der Vermieter übergriffige und sektenähnliche Regeln aufstellte, zweimal in der Woche sollten alle plenieren, *authentisch kommunizieren* nannte er das, es durften nur deutschsprachige Menschen einziehen und aus irgendeinem Grund waren sehr viele Spiegel in der Wohnung angebracht. Karla will gar nicht weiter darüber nachdenken. Es klingelt nochmal. Sie muss dringend das Wohnen lernen, denkt sie, hält sich die Ohren zu und fällt dem Rest ihres Körpers hinterher aufs Bett.

Karlas Leben mit dem ganzen Getue wirkt, als wäre sie vor irgendwas auf der Flucht oder eine mystische Person. Aber die Wahrheit ist eher langweilig und ihre Umstände sind ziemlich normal. Für Karla ist es schwer oder fast unmöglich, eine Wohnung zu finden, die sie bezahlen kann, geschweige denn dass, selbst wenn es diese Wohnung gäbe, sie es bis zu einem Mietvertrag bringen würde. Sie hat keinen Bürgen, keine Mietschuldenfreiheitserklärung, keinen festen oder guten Job, keine positive Schufa-Auskunft. Allein die Kaution könnte sie nie bezahlen. Karla ist seit Jahren daran gewöhnt, fast ausschließlich für die jeweilige Miete zu arbeiten, und seit einer ganzen Weile ist sie auf Zwischen- und Untermieten angewiesen. Und sie hat keine Familie, die sie unterstützen könnte. Sie hat natürlich eine Herkunftsfamilie, die aus der WhatsApp-Gruppe, aber bei der ist nichts zu holen, selbst wenn sie sich bei ihr melden wollen würde. Ihre Mutter würde Karla vielleicht sogar einen Fünfziger zuschustern und denken, damit sei ihr geholfen, aber der Preis dafür wäre zu hoch. Es würde ein Gespräch in Gang setzen, dessen Ausgang Karla schon kennt. Sie müsste ihre Mutter über ihre finanzielle Situation aufklären, über die Lebenshaltungskosten in Köln. Dann würde nachgefragt werden, was Karla denn eigentlich gerade macht, also was sie unternimmt, um ihre finanzielle Situation zu verbessern, wie es um ihre Selbstverwirklichung steht und wieso sie das alles in dieser teuren westdeutschen Großstadt tut, in der sie nichts und niemanden hat, in der sich alle ihre großen Pläne zerschlagen haben, mit denen sie sich damals verabschiedet hat. Wieso sie noch da ist, würde ihre Mutter wissen wollen, aber Karla ist sich sicher, dass sie die Antwort darauf nicht wirklich hören will. Nein, diese gegenseitige Verletzung ist keine 50 Euro wert. 500 vielleicht.

Karla findet, dass es jetzt mal reicht mit dieser Klingelangst. Sie stellt sie ein für alle Mal ab, und da hätte sie wirklich auch früher draufkommen können. Sie widmet sich in aller Ruhe dem Zählen ihrer Sachen, ihrer täglichen Inventur. Eine Kiste könnte hier reichen, zwei dort, ein paar Tüten da – der Blick wandert durch die Räume, aber viel ist da nicht. Lucas Sachen sind größtenteils im Keller. Dass sie da gelandet sind, wäre nicht notwendig gewesen, aber er bestand darauf, dass Karla Platz für ihre Habseligkeiten bekommt, und er wusste, wie sehr es sie nervt, wenn zu viel Kram rumliegt. Marie Kondo könnte von Karla noch was lernen, und auch die jüngeren politischen Leute, die immer sagen, man solle *bewusst konsumieren,* wären beeindruckt. Sie könnte behaupten, ihr Minimalismus sei eine politische Entscheidung. Sie sei gegen Fast Fashion und überhaupt Maßlosigkeit. *Die Meere sind voller Plaste,* hatte ihre Heimatkundelehrerin mal gesagt und warnte davor, sich *zu viel Müll* anzuschaffen.

Die Träume, die sich ums Ausziehenmüssen drehen, nehmen zu, seit Luca weg ist. Da stehen immer wieder ehemalige Mitbewohner und Freunde plötzlich im Schlafzimmer, wecken Karla und sagen: Sorry, meine Eltern wollen, dass du morgen hier raus bist, ist schließlich deren Wohnung / Sorry, wir wollen zusammenziehen, und das in genau dieser Wohnung, in der du jetzt noch bist und störst / Sorry, ich bin jetzt doch schon wieder zurück, ist doch kein Problem, wenn ich meine Sachen hier einfach wieder reinpacke, wir haben aber noch das Sofa im Flur / Sorry, aber wir hatten nie einen Vertrag / Sorry, aber mit dem einen Verstoß gegen die Kehrpflicht im Treppenhaus haben Sie jegliches Wohnrecht verwirkt, Sie haben fünf Stunden … Manchmal taucht Lucas Vater plötzlich auf und zerrt sie gewaltsam aus der Wohnung. Karla träumt von diesen Szenen, weil sie sich so oder so ähnlich in der Vergangenheit schon zugetragen haben. Sie ist nirgendwo sicher, da kann Luca sie noch so liebhaben und sein Vater eigentlich total nett sein. Sie kann niemandem ganz vertrauen. *Sorry, sorry, sorry.*

Karla hält es mittlerweile so, dass sie theoretisch mit nur einer Kiste unter dem Arm sofort abhauen könnte, obwohl es ihr wahnsinnig um ihre Zeichenutensilien leidtun würde. Es ist die sogenannte Erinnerungskiste. Mit Fotos, Postkarten, Zetteln, Zeichnungen, Figürchen, die man hier und da mal geschenkt bekommen hat, und ihrer externen Festplatte, auf der sie all ihre Daten regelmäßig archiviert. Es ist fast alles alt, von früher, aus ihrer alten Welt, an die sie sich ohne die Kiste kaum erinnern würde, und sie fügt selten Neues dazu. An die Stifte und den Rest würde sie schon noch rankommen, irgendwann, es wäre ja *ihr gutes Recht*. Es sei denn, die die Wohnung innehabende Person wäre ein wahnsinniges Arschloch, und sie hätte gegen sie leider *nichts in der Hand*.

Sie googelt mal wieder das Wort *Zwangsstörung*. Sie weiß ja selbst, dass sie *irgendwas hat*, sie ist ja nicht doof. Und Luca war nicht der Erste, der sie darauf hingewiesen hat, aber der Letzte. Es war vor einem halben Jahr, nachdem er gesehen hatte, wie verkrampft Karla beim Einkaufen vorging, wie sie immer wieder hin und her lief, um nichts zu übersehen, wie sie Lebensmittel erst in den Wagen legte, um sie kurz darauf wieder rauszulegen, natürlich genau an die Stelle, wo sie sie gefunden hatte, und dabei räumte sie auch immer wieder Lebensmittel, die von anderen falsch irgendwohin gelegt wurden, an ihren eigentlichen Platz. *Ich will die ganze Welt aufräumen,* hatte sie Luca damals gesagt, *ich glaube, dann kann ich mal einen Tag entspannen.*

Auch wenn es schwerfällt, ist die beste Strategie, sich nicht gegen die Gedanken zu wehren. Lassen Sie die Gedanken an sich vorbeiziehen wie eine Wolke am Himmel, sagt netdoktor.de.

Bis zum Abend wird sie noch zwei weitere Runden einlegen. Dann wird endlich Natalie anrufen. Karla spult ein Mantra ab: *Natalie. Die Zukunft. Die Gute. Das Gute. Der Beginn. Ankommen mit Natalie. Bald. Wolke, Himmel, Fallenlassen.* Jetzt nur noch die Fingernägel auf eine Länge bringen. Dann fliegt die Schere in den Müll, weil sie schon viel zu stumpf ist. Karla freut sich, dass sie wieder etwas ausgemistet hat.

6

Die Radio-Uhr zeigt 13:27 Uhr an. Gerda wollte bereits vor einer Stunde gekocht und seit einigen Minuten das Haus verlassen haben, aber der Mann Wolfgang hatte das Gespräch nochmal nach hinten verschoben, weil er noch irgendwas Blödes mit seinem blöden Nachbarn in dessen blöder Garage rumfriemeln musste. Super, den blöden Nachbarn und die blöde Garage mit den blöden Rumfriemelergebnissen muss ich jetzt nie wieder sehen oder zumindest eine ganze Weile lang nicht mehr, stellt sie fest und klatscht dabei in die Hände, wie man es nur unbeobachtet tut. Jetzt, wo sie das Kochen wirklich beginnen will und sich daranmacht, Schränke, Schubladen und den Kühlschrank zu öffnen, fällt ihr allerdings auf, dass sie das Einkaufen vergessen hat. Es gibt nur noch die vegetarischen Schnitzel, die sie sich auf Anraten ihrer Tochter Mascha besorgt hat. Ist doch ein guter Anlass, sie zu probieren, wenn sie schon bisher noch nichts aus dem Vegan-&-lecker-in-15-Minuten-Kochbuch ausprobiert hat, das ihr Mascha auch noch geschenkt hat.

Vor ein paar Jahren fing es an, dass man in dieser Familie das Vegetarisch- und sogar Vegansein entdeckt hat – Mascha hatte an Weihnachten einen unglaublichen Seitanbraten gemacht, seitdem waren fast alle Anwesenden überzeugt – und Gerda hatte gar nichts dagegen, es war nämlich sehr lecker und sie neugierig. Fleisch gab es ohnehin kaum, damals, als alle noch dieses Familienleben in einem Haushalt führten, im alten Leben. Gerda war nicht die größte Köchin, es musste immer funktional, also viel und schnell und günstig sein. Somit war es meist per se vegetarisch, es sei denn, es gab Wurstgulasch, Jägerschnitzel oder Königsberger Klopse und zu Weihnachten natürlich immer Wiener Würstchen zum Kartoffelsalat. Aber es gab keine Etepetete-Fleischgerichte. Eigentlich habe ich gekocht wie in einer Kantine oder Mensa, wird Gerda gerade klar. Das sollte sie sich unbedingt in den Lebenslauf schreiben: Mensaköchin.

Für den Mann Wolfgang war das nichts, nichts Richtiges, wie er sagte, dieses Vegetarische, er wollte bei dem bleiben, was er kannte. Nur nicht bei mir, denkt sich Gerda und lacht über diesen doofen, kitschigen Gedanken. Es ist leider überhaupt gar nichts da, was man zu dem Schnitzel machen könnte. Bisschen Zucchini, ein Apfel, etwas Ingwer und der verdammte Sellerie. Sellerie-Ingwer-Apfelsaft, auch das hatte ihre Tochter ihr empfohlen. Es ist, als wäre Mascha hier auf perfide Weise heimlich eingezogen, ihre Art zu leben ist zumindest in der Küche sehr präsent. Sie kommt oft vorbei in letzter Zeit, was schön ist. Gerda blickt durch ihre kleine Zweizimmerwohnung, die, wie sie plötzlich findet, wie eine Studentenbude aussieht.

So!, sagt sie nun laut und klatscht schon wieder in die Hände. *Was muss denn alles eingekauft werden?* Gerda hat schon vor einer Weile angefangen, in ihrer Wohnung mit sich selbst zu reden. Wenn man es genau nimmt, hat sie schon früher mit sich selbst geredet, aber es war zumindest immer jemand anders im Raum, was gesellschaftlich anerkannter ist, egal ob die andere Person angesprochen ist oder überhaupt zuhört. Sie benutzt dabei immer diesen partnerschaftlichen Tonfall, einen leicht passiv-aggressiven, einen, der andeutet, dass sich jemand anders ja auch mal kümmern könnte.

Seit die Kinder aus dem Haus sind, macht sie keine Einkaufslisten mehr, sondern überlegt erst vor Ort, was sie braucht. Es sei denn, die Enkelkinder kündigen sich an, dann bedarf es längerer Vorbereitung, in der sie auch nach vielen Jahren Kinderabwesenheit noch immer geübt ist. Durch Jahrzehnte Familienorganisation ist sie aber so konditioniert, dass sie auch heute noch in ihrer Hosentasche nach dem langen, vollgeschriebenen Zettel greift. Umso erfreulicher ist dann jedes Mal die Erkenntnis: *nüscht da*. Gerda genießt das Rumstöbern und lässt sich extra viel Zeit. Sogar heute, trotz des Hungers. Erstmal geht es zu dm, denn da gibt es etwas zum Sichgönnen. Eine Gesichtsmaske vielleicht, eine Haarspülung und diese Ökosnacks. Heute ist so ein Tag, an dem sie etwas Frauenmäßiges machen muss, findet sie. Gerda will und soll etwas für sich tun, nach diesem Telefonat. Schon verrückt, denkt sie, dass man sich vornehmen muss, etwas für sich zu tun, als würde man sonst immer alles für andere oder gegen sich tun. Für sich etwas tun heißt bei Frauen, dass sie etwas für die sogenannte Schönheit machen, also etwas gegen ihren Körper und für die angebliche Entspannung, die aber auch der Schönheit zugutekommen soll. Ein Bad nehmen zum Beispiel, Öle auf die Haut und in die Luft, sich aufweichen lassen im Kerzenlicht. Etwas für sich tun könnte eigentlich auch was mit Action zu tun haben. Drogen nehmen, rumfahren, sich danebenbenehmen, das alles gilt aber nur als egoistisch, vor allem wenn es einfach nur Spaß macht. Etwas für sich tun muss langweilig sein. Und weil Gerda das nicht einsieht, will sie gleich im Real noch eine große Packung Fürst-Pückler-Eis kaufen, das sie schon als Kind so geliebt hat. Dazu soll es einen Film geben. Mascha, natürlich schon wieder Mascha, hatte Gerda erst vor einem Monat Netflix eingerichtet, und heute will sie das mal ausprobieren, denn, so Mascha: *Da gibt es auch Dokus.* Mascha hatte sich lustig gemacht, denn früher hat Gerda immer gesagt, die Kinder sollen nicht immer so viel *Amischeiß* gucken. Filme wurden von Gerda generell nur geguckt, wenn sie in den Zeitungskritiken *gut besprochen* wurden. Aber heute ist ja vielleicht alles anders.

Der Real ist hier in der Gegend ziemlich neu. Das Wort auf dem Dach stört immer noch ein wenig, es sieht aus wie dieses Hollywood-Zeichen, riesig, eine eigene Welt verheißend. Früher war in dem Gebäude ein großer

Ramschladen. Dort konnte man immer entspannt Sachen wie Weihnachtsdeko und Schulsachen besorgen, aber es gab auch zu viel Klimbim. Gerda ist, was Läden betrifft, nicht melancholisch, manche Läden sind heute schon sinnvoller als früher, manche natürlich auch gar nicht, das sind dann die, wo man von draußen nicht mal versteht, was es da überhaupt gibt, so Selbstverwirklichungsläden, von jungen Leuten, die Manufaktur, Werkstatt oder Liebe heißen. Im neuen Real bekommt man sogar noch mehr Kram als damals im Ramschladen, sogar CDs gibt es. Und eine relativ große Fahrradbedarfsecke, von der sich Gerda fragt, ob Fahrradfahrer von ihrer Existenz wissen. Gehen sie nicht lieber in einen Fahrradladen für Fahrradzubehör? Der Mann Wolfgang hat das zumindest immer so gemacht, und der ist ein Fahrradnarr. Er hat dreieinhalb Stück, von deren Bestandteilen er jedes Jahr in seiner Garage ein Fertiges, ein *Neues*, zusammenstellt, mit dem er dann ein einziges Mal um den Block fährt. Im Real hat Gerda jedenfalls noch nie jemanden in der Fahrradbedarfsecke stöbern gesehen.

Immer wieder nimmt sie heute Gegenstände wahr, bei denen sie sich denkt: *Sollte ich die haben oder gehabt haben?* Eine große Unsicherheit macht sich plötzlich breit, wo kommt die denn her, was soll das? Als hätte sie eine bewusstseinserweiternde Droge genommen, nimmt sie die Regale, die sie sonst im Vorbeilaufen kaum beachtet hat, jetzt viel schärfer und größer wahr. Was für ein Leben würde das wohl sein oder wäre es gewesen mit einem Kühlschrank mit Digitalanzeige, einem Lego-Weihnachtskalender, mit Gartenstühlen, Solarlampen, einem Flachbildfernseher, mit Familienfototassen, Weichspüler im Doppelpack, Ferrero-Küsschen aus einer dazu passenden Schüssel, indirektem Licht, dem achtteiligen Kochset *Peniwo*, einem Alkoholika-Vorrat in interessant geformten Flaschen, Tupperware, zusammenpassender Bett- und Unterwäsche, allen möglichen *Lösungen* dafür, wie man Stauraum *kreativ nutzen kann*, einem bunt leuchtenden Duschkopf? Vielleicht kann Gerda sich jetzt noch darauf umpolen, Prospekte durchzublättern und dann ihr Leben entsprechend gestalten? Ihre improvisierte Einrichtung, die durcheinandergewürfelten Möbel, die selbstgenähten Vorhänge und über Jahrzehnte zusammengeklaubten Accessoires eintauschen gegen durchdachtes Interieur? Lieber geht sie schnell zur Gemüseabteilung. Schon wieder gibt es ein Gemüse, das sie noch nicht kennt.

Es ist nicht so, als hätte es nicht auch ohne solche Produkte genug Zeug in ihrem Leben gegeben. Vor ein paar Jahren hat Gerda mal davon geträumt, dass alles noch da ist, alles, was sie je besessen hat, als sie ein Kind war, als Erwachsene, als Mutter und jetzt danach. Sie sah Gegenstände, die es wirklich mal gegeben hat, aus Schränken und hinter Türen hervorquellen, freute sich erst, bekam aber Panik, als sie die Kontrolle darüber verlor. Der Traum beschäftigt sie bis heute, denn im Grunde ist es wahr, irgendwo auf der Welt gibt es vieles von dem noch, was mal in ihrem Besitz gewesen ist, wenn es nicht recycelt oder verbrannt wurde oder sich in Staub aufgelöst hat. Manchmal denkt sie an befreundete Familien, deren Familienhäuser es noch gibt, in denen heute nur noch die Eltern oder schon die Kinder leben oder die nur noch von einer Person bewohnt werden. Aber jeder, der mal Teil der Familie war und noch lebt, kann zurückkommen, sein altes Lieblingszimmer angucken, an der einen Stelle der Tapete weiterknibbeln, sich für das eine Brandloch schämen, auf dem Dachboden in den alten Spielsachen und Fotoalben stöbern. Manchmal, denkt Gerda, wäre das die Lösung für ihre Familie. Die Garantie für ihren Fortbestand. Ein Ort, der bleibt, der über die Beteiligten hinausgeht, der sie als Person entlastet. Statt zu allen Kontakt halten zu müssen, gäbe es einfach dieses Haus voller Kram. Gerda würde selbst nicht drin wohnen wollen, aber eben mal vorbeikommen.

Eine Gartenfeierfamilie, das hätte man auch sein können. Gerda sieht nun in Gemüsenähe das Schild: *Grillideen*. Man hätte einen Garten am Haus haben müssen oder enge Freunde mit Garten, man hätte Mitglied in einer Gartensparte sein können, irgendwie hätte man einen ständigen Zugang zu einem Garten haben müssen. Und dann hätte der ganze Sommer nach Grillgeruch gerochen, die Kinder von verschiedenen Eltern wären übereinandergesprungen und auf ihre Knie gepatscht, Sonnencremes und Mückensprays hätten überall rumgelegen, Bälle wären einem abwechselnd an den Kopf oder gegen die Kaffeetasse geflogen, am Abend hätten die Frauen ihr Weinlachen gelacht und die Männer ihren Zigarettenhusten gehustet. Es hätte immer Bratwurst und gezuckerte Erdbeeren gegeben, es wäre allerlei geschnippelt und jeden Sommer *das Projekt Pool* angegangen worden. Man hätte rumgeschrien wegen Maden in den selbstgeernteten Äpfeln, und mit dem Gartenschlauch hätte jeder mal alles gedurft. Noch an ihrem Sterbebett hätten die Kinder dann davon erzählen können: *Wir waren früher immer alle zusammen, den ganzen Sommer im Garten. Wir wissen deshalb, wie gute Tomaten schmecken müssen.*

Single mit 59, resümiert Gerda, als sie endlich die Kassenschlange erreicht und zum ersten Mal am heutigen Tag zum Stehenbleiben gezwungen wird. Sie geht nochmal zurück und holt sich den bunt leuchtenden Duschkopf. Single mit 59. Na, das ist doch gerade nochmal gut gegangen.

7

Die Ausbildung, die Karla *eigentlich* macht, wie sie immer wieder sagt, wenn sie gefragt wird, was sie eigentlich so macht, ist eine schulische. Sie wird Gestaltungstechnische Assistentin für Medien und Kommunikation genannt, was aber niemand versteht, weswegen es alle *Mediengestaltung* nennen. Abgekürzt wird es GTA, wie das Videospiel, und das klingt zumindest ganz cool. Ist es auch, findet Karla. Die Ausbildung ist besser als alles, was sie vorher versucht hat – im Einzelhandel, Hotel und in der Tagespflege. Man muss weniger mit Leuten reden, ist körperlich weniger erschöpft und wird weniger oder eigentlich gar nicht angeschrien. Aber: Dafür bringt die Ausbildung nicht viel. Nach der GTA-Ausbildung muss man eigentlich noch eine zur richtigen Mediengestalterin dranhängen. Danach könne man für sechzig Stunden Arbeit pro Woche und Sich-mit-Arschlochkunden-Rumschlagen bis zu 800 Euro im Monat verdienen, so der O-Ton des Gestaltungslehrers in der ersten Einheit im ersten Jahr.

Karla war anfangs trotzdem optimistisch. Sie wollte einfach Sachen lernen, mit denen sie sich vielleicht mal selbstständig machen könnte. Und sie wollte sich eine Weile das Jobcenter vom Hals halten. Es war entspannt und machbar. Manchmal fragte der Gestaltungslehrer während des Unterrichts solche Dinge: *Habt ihr euch schon mal gefragt, wieso in jeder größeren Stadt so komische Metallkugeln rumliegen?* Sowas kam völlig unvermittelt aus ihm heraus, während die Klasse gerade Collagen aus fünf verschiedenen Materialien klebte, was Karla so einfach fand wie schon lange nichts mehr in ihrem Leben. Herr Kraus, oder Stefan, wie sie ihn nennen durften, philosophierte dann weiter, während längst niemand mehr zuhörte. Man durfte beim Arbeiten manchmal Kopfhörer benutzen, und wenn jemand einschlief, gab es weder Gemecker noch einen Vermerk von ihm. Dann bekam man halt nicht mit, wie Stefan immer weiter abbog und irgendwann was von Aspartam, Bin Laden, USA, Impfsachen und Eliten hypnotisierend in die Klasse hineinbrummte. Es hat wohl auch ein bisschen funktioniert. Karla denkt manchmal noch immer an die sehr kreativen Theorien des Gestaltungslehrers und recherchiert ihnen hinterher, um, sollte sich die Gelegenheit bieten, etwas dagegen zu sagen, aber er hat vermutlich mittlerweile schon wieder fünf neue parat.

Dass das mit den Metallkugeln einfach nur moderne Kunst ist, fiel Karla zum Beispiel ein paar Wochen zu spät ein, da konnte sich aber schon längst niemand mehr daran erinnern. Da war Stefan schon wieder beim unerschöpflichen Themenkomplex 11. September, und Karla verlor sich in Gedanken darüber, wie es damals war, als sie, 12 Jahre alt, nach Schulschluss auf den Fernseher starrte und gar nicht wusste, was das bedeutete, was dieses World Trade Center überhaupt war und welcher Krieg jetzt drohte, wie der nette, traurige Typ im Fernsehen immer wieder gesagt hatte. Ihre Schwester Mascha hatte nur gesagt: *Können wir jetzt endlich mal umschalten?* Sie hatte keinen Bock, sich den ganzen Tag die Nachrichten reinzuziehen, *nur weil da ein Hochhaus eingestürzt ist*. Das hat sie echt so gesagt, richtig süß findet Karla das noch heute, aber natürlich auch völlig unangemessen. Sie weiß noch: Es sollte eigentlich *Dragon Ball Z* auf RTL 2 laufen. Später las Karla in Reddit-Foren, dass sich viele andere, die damals noch Kinder waren, auch vor allem an die ausgefallene *Dragon-Ball-Z*-Folge erinnern. Die Folge wurde nicht mal wiederholt, sondern einfach übersprungen. Vielleicht könnte darum mal jemand eine Verschwörungstheorie stricken. Was wurde einem da vorenthalten und warum? Vor allem aber hatte Karla im September 2001 ein paar Wochen lang Angst, dass ihr Bruder Fritz in den Krieg muss, denn das hatte jemand in der Schule gesagt: *Alle Väter und Brüder müssen jetzt in den Krieg.*

Vielleicht ist Stefan auch schon gar nicht mehr da. Karla geht nicht mehr oft zum Unterricht und sieht ständig neue Gesichter. Keine der Honorarkräfte will an dieser Schule sein, und alle sind ein bisschen verbittert, aber dafür irgendwie auch entspannt, lustig und selten gemein. Es ist fast alles egal. Die Videotechnikdozentin wäre zum Beispiel gern beim Film, aber

Frauen, die Kamera machten, würden in dem Bereich *behandelt, als wären sie behindert,* hat sie gesagt. Karla findet, dass auch Behinderte nicht schlecht behandelt werden sollen, falls das damit gemeint war, aber egal. Der Tontechnikdozent ist *eigentlich Musiker,* der Regiedozent war mal Regieassistent bei *Marienhof,* und Stefan ist eben vor allem Verschwörungstheoretiker, der, sobald er das Medium Podcast entdecken wird, dahin rübermachen wird. Die meisten der Dozierenden sind nur gerade auftragslos und überbrücken die Zeit, bis es mal wieder besser läuft.

Und auch von den Schülern will niemand unbedingt in der GTA-Schule sein. Manche füllen die Zeit zwischen Abitur und Studiumsentscheidung, manche wollen die Zeit für das Erstellen einer Mappe nutzen, manche brauchen irgendeinen Wisch, um sich selbstständig machen zu können, manche haben nichts anderes bekommen, manche kommen wie Karla *vom Amt.* Denn wirklich alle, die sich an dieser Schule beworben haben, wurden angenommen. Der Eignungstest war ein Witz, nicht mehr als ein Vorwand. Die Aufgabe war, ein Stillleben zu zeichnen aus einer Blumenvase, einer Schüssel und einem Apfel. Man konnte noch Gestrüpp dazulegen. In die Bewerbungsmappen wurde kaum reingeguckt, und als Karla zögerte, ihren Platz anzutreten, weil man Schulgeld bezahlen muss, rief das Sekretariat mehrfach bei ihr an, um sie doch noch zu überzeugen, das Amt würde in ihrem Fall sicher die Gebühren übernehmen, es gebe außerdem Schülerbafög, auch Wohngeld winke! Also versuchte sie es. Natürlich reicht das Geld trotzdem kaum, auch nicht mit Nebenjobs und seltenen Layout-Aufträgen, mit denen Karla versucht, sich einen Namen zu machen. Leute sind wirklich nicht bereit, viel Geld für Grafiken auszugeben, es ist schließlich *bloß bisschen Schrift mit Gedöns*, wie ihr mal jemand sagte. Aber für Karla machte es lange trotzdem Sinn, daran festzuhalten. Sie will einfach einen Job haben, den man allein zu Hause machen kann.

Während des ersten Jahres merkte sie, dass ihr auch Regie und Dramaturgie Spaß machten, und die kleinen Filmchen, die während des Unterrichts entstanden, schnitt sie für die jeweilige Arbeitsgruppe gern freiwillig und stundenlang im Schnittraum der Schule, bis es dunkel wurde und der Hausmeister sagte: *Jetzt aber wirklich*. Es war perfekt: Die ganze Sortiererei, dort hatte sie einen Zweck. Am Ende war etwas fertig. Als der *Marienhof*-Typ meinte, es sei jedoch sehr schwierig und teuer, an einer Filmschule zu studieren, was vielleicht ein nächster Schritt hätte sein können, verließ sie der Mut wieder, und sie machte in dem Fach nur noch das Nötigste. So ähnlich lief es in den anderen Bereichen. Karla wurde einfach immer müder, wie schon bei ihren Jobversuchen zuvor. Dazu kamen die Selbstvorwürfe. Andere Leute kriegen *es* doch auch hin: Aufstehen, lernen, arbeiten, wie schwer kann es sein? Für Karla scheint es unmöglich. Wie sie es in der Grundschule und Realschule geschafft hat, fast immer hinzugehen, ist ihr mittlerweile schleierhaft. Vielleicht war der Zwang damals zu stark. Sie erinnert sich an viele Schlafereien auf Schulbänken, mit dem Kopf auf ihren Armen, sie hatte oft extra was mit weichen Ärmeln an. Im ersten Jahr der Ausbildung hatte sie einen Schnitt von 1,3, aber er wurde schlechter und schlechter. Jetzt fangen in ein paar Monaten die Abschlussprüfungen an, sie hinkt überall hinterher und geht nur noch die Hälfte der Zeit hin. Eigentlich wollte sie spätestens mit 30 irgendeinen Berufsabschluss haben und vorher schon mal mit 23, 25 und 27. Aber aus alldem wird nichts mehr.

Dabei mag sie ihre Mitschüler wirklich gern. Sie sind ein bunt zusammengewürfelter Haufen, im Alter von 19 bis Mitte 30. Einige in Karlas Klasse sind in ihrer Schulzeit auf unterschiedliche Weise Außenseiter gewesen und holen jetzt das Cliquendasein nach. Sie sind die Übrigen. So wurden im ersten Jahr, als Karla noch öfter dabei war, illegal heruntergeladene Kinofilme zusammen geguckt, die blödesten Insiderwitze kreiert, sich ineinander verliebt, nach der Schule Glühwein aus dem Tetra Pak getrunken, davor gekifft. Einmal waren Jannis und Karla so dicht, dass sie die Aufgabe: für einen Flyer ausschließlich eine geometrische Form benutzen, kaum hinbekamen. Alles drehte sich. Zumindest glaubten sie, dass das die Aufgabe war, und zumindest glaubten sie, dass sich etwas drehte. Sie fantasierten sich in Kiffwirkungen hinein, die eigentlich eher zu LSD passten, so wie sie es in Filmen aus den

2000ern gesehen hatten. Wobei Karla LSD noch nicht probiert hat, sie würde wahrscheinlich Todesängste ausstehen, noch größere als ohnehin.

Jetzt trifft sie ihre Mitschüler auch privat nicht mehr, zu groß ist das schlechte Gewissen und die Furcht davor, erklären zu müssen, wieso sie fast gar nicht mehr kommt. Karla würde die Ausbildung gern durchziehen, allein um das Schülerbafög nicht zurückzahlen zu müssen, was sie gar nicht müsste, aber das weiß sie noch nicht. Heute hat das Hingehen jedenfalls mal wieder nicht geklappt. Die Zeit ist nur noch ein Problem, ein riesiges Knäuel, ein Weg voller echter oder eingebildeter To-dos, etwas, das sich aufgetürmt hat und im Bauch drückt, als müsste Karla dringend aufs Klo.

Bei mir malt schon der Stift, sagte ihr Klassenkamerad Jannis immer, wenn er dringend aufs Klo musste. Diese Art Verhältnis hatten die beiden miteinander, wo man sich sowas sagt. Karla vermisst ihn, garantiert nicht wegen dieses Spruchs, sondern weil er ihr zum Beispiel immer einen ekligen Kaffee für 30 Cent vom Automaten aus dem mysteriösen zweiten Stock mitgebracht hat, der besser war als nichts. Bald wird alles weggeschafft, was sich in ihr drin auftürmt. Aber jetzt und hier ist das meiste nicht auseinanderzuklamüsern, im Gegensatz zu den Büchern, die Karla heute noch der Größe nach sortieren muss.

Das Handy vibriert neben dem Taschenbücher-Stapel. Natalie wollte doch anrufen. Das ist sie!

Hallo Natalie! … Ja, es ist alles gut!

8

In ihrer Nachbarschaft könnte Gerda umstritten sein. Es könnte Gesprächsbedarf zu ihrem Auftreten geben, und man könnte unterschiedlicher Meinung über sie sein. Einige könnten sie interessant, andere komisch finden. Vielleicht ist sie für manche ein sogenanntes Original. Für die Studenten zum Beispiel, von denen jetzt immer mehr hierherziehen. Zumindest hält Gerda die Neuen für Studenten, weil sie *so aussehen*. Und sie muss es wissen, schließlich studiert sie aktuell zum zweiten Mal – früher Ökonomie, heute Psychologie –, und ihre Kommilitonen sehen aus wie damals. Sie tragen immer noch Strick, Cord, Jeans und Schnauzer.

Gerda fällt auf, weil sie weder graue Maus ist noch irgendwie geschäftsmäßig aussieht. Sie trägt Farben und Muster, sie mag Mode, also in dem Sinne, dass sie sich gern bewusst kleidet. Sie gehört zur allerletzten Generation, über die man noch sagt, sie zöge sich nicht ihrem Alter entsprechend an, sowas wird man wahrscheinlich in zehn Jahren niemanden mehr sagen hören, weil sich in allen Jahrgängen durchgehend zunehmend unmöglich angezogen wird, und Gerda findet's super. Ihren Kindern war sie früher manchmal peinlich, mit ihren Klamotten und den *mutigen* Kombinationen.

Heute nennt man das Maximalismus, und es ist der neueste Scheiß, wie Gerda aus einem Modemagazin, das jemand in der Straßenbahn hatte liegen lassen, erfahren hat. Selbst würde sie sich sowas nie kaufen, natürlich nicht. Von irgendjemandem wurde sie auch schon mal als *Althippie* bezeichnet, was sie natürlich nicht ist. Es passt schon vom Alter her nicht, und viele Hippies gab es im Osten sowieso nie. Was sie aber bis vor kurzem noch voller Stolz oder Erleichterung war, ist eine der berühmten Personen mit *altem Mietvertrag*, von denen man heutzutage in den Städten, in denen mit voller Power gentrifiziert wird, spricht. Damit ist gemeint: Eigentlich sollte diese Person hier schon längst nicht mehr sein. Solche Leute müssen sich verzweifelt festhalten an den letzten schmelzenden Eisschollen, den bezahlbaren Wohnungen. Gerda ist also eine dieser bunten Figuren aus der Vergangenheit, findet sich selbst aber stinknormal.

Abgesehen von den Studenten gibt es seit einer Weile noch die jungen Eltern hier im Stadtteil, oder im Kiez, wie es immer öfter auf Plakaten oder in Stadtmagazinen heißt. An diesen Eltern ist alles beige, auch ihre Augen. Sie ziehen her und dann wieder weg, sobald sie mehr Platz brauchen, beim zweiten Kind oder wenn sie einen extra Raum als Büro wollen, und vermieten dann ihre Wohnungen weiter an neue Familienstarter oder Studenten, die sich das komischerweise leisten können. Das alles weiß Gerda, weil sie sich neuerdings bei Wohnungsbörsen umschaut. Sie dachte zunächst, es beruhige sie zu wissen, wo man eventuell noch wohnen könnte, aber es führte zum Gegenteil. Jetzt hat sie nur noch Angst, weil fast nichts mehr übrig ist. Sie guckt trotzdem noch rein, sie denkt, dadurch hätte sie irgendeine Art von Kontrolle, und sie will nichts verpassen. Insgesamt hält es Gerda in der Gegend noch halbwegs aus, jedenfalls solange die Miete nicht wieder erhöht wird, ihr kleines, geliebtes Kino bleibt – und das alte Lesecafé, in dem Robert arbeitet, in den sie seit vielen Jahren passiv verliebt ist.

Sie verdreht zwar regelmäßig die Augen über das Getue der Neuen, aber das ist nicht das, was sie wirklich stört. Was sie wirklich stört, sind die Autofahrer. Die werden immer mehr und ihre Autos immer größer. Dass Gerda sie neuerdings anschreit und sich letztens dabei ertappt hat, beziehungsweise dabei ertappt wurde, wie sie einem auf die Motorhaube pappte, ist eine dieser Sachen, von denen sie nicht weiß, ob zufällige Zuschauer das irre oder ulkig fänden. Charmant wahrscheinlich nicht. Es ist aber auch so, dass die Stadt so schnell wächst, dass solche Ausraster immer egaler werden. Es ist eben eine Großstadt mit Leuten von überall her, da geht es nun mal so chaotisch zu, da drehen die Leute nun mal durch, da sollte man lieber nicht nachfragen und geht besser schnell weiter.

Das Auto parkte wie so viele halb auf dem Bürgersteig, auf dem man schon seit geraumer Zeit nicht mehr zu zweit gehen kann. Als Gerda neulich an einem Tag mehrmals Bus und Bahn verpasst hatte, weil sie an den Ampeln ewig warten musste wegen einer Million Autos, wurde ihr klar, dass ein Bestrafungssystem hermusste. Seitdem tritt und haut sie eben ab und an mal nach einem Auto und findet das nur fair. Am Ende tut ihr natürlich nur die Hand oder der Fuß weh. Es bringt längerfristig also eher nichts. Die Autoleute sind überall, und man soll auch noch dankbar sein, wenn sie einem mal Platz machen, und ihr gönnerhaftes Winken dabei ist dann wirklich noch der allerletzte Hohn.

Letztens sah sie einen knallorangen Zettel neben einem Auto liegen, auf dem stand:

HALLO DU EINZELLER!
WIE DUMM RÜCKSICHTSLOS MUSS MAN SEIN, UM DEN HALBEN GEHWEG DERART ZU VERSPERREN? DA PARKT JA STEVIE WONDER BESSER!

DAS fand Gerda allerdings völlig daneben. Es war richtig *cringe* (das Wort hat ihr Enkel Max ihr beigebracht). Gleichzeitig freute sie sich, dass in ihrer Gegend Stevie Wonder noch ein Begriff ist, das spricht dafür, dass hier noch Menschen in ihrem Alter mit normalem Musikgeschmack leben, oder war die Erwähnung von Stevie Wonder doch nur ein Indiz für Behindertenfeindlichkeit? Da wurde sie schon wieder wütend.

In ihrem Haus wohnen Menschen, die man Leute nennt. Sie kennt sie kaum, denn von früher sind nicht mehr viele übrig, nachdem vor zwei Jahren das ganze Haus verkauft wurde und die Verwaltung sich geändert hat. Früher gab es im Treppenhaus einen Aushang, mit dem Mieter für die leerstehenden Wohnungen gesucht wurden, und wenn man jemanden vermitteln konnte, bekam man dafür Provision, bis zu 500 Euro. Die Neuankömmlinge durften dann auch noch ein paar Monate mietfrei wohnen. Es stand meistens mindestens eine Wohnung leer, eine sogar über zwei Jahre. Da hatte Gerda sich schon überlegt, ob man sich die nicht einfach *erschließen* könnte, es wäre niemandem aufgefallen. Sie hatte sogar schon hin und wieder ein bisschen am Schloss rumgefummelt. Heute ist das nicht mehr vorstellbar. Irgendjemandem aus Bonn oder Düsseldorf oder Ulm gehört jetzt alles, und vor nahezu jeder Tür befindet sich jeweils eine besonders originelle Fußmatte.

Wer zum Beispiel noch von früher da ist, ist Herr Herrmann im Erdgeschoss. Seine Wohnung ist ein Museum für regionale Fussball-Fanartikel, insbesondere von Lok Leipzig, und das ist keine Übertreibung. Gerda vermutet wirklich, dass es ein Museum ist, ein inoffizielles oder ein illegales, wenn es so etwas gibt. Oder es ist nur eines für den Bewohner selbst, den etwa Ende 60-jährigen Herrmann. Er ist so ein typisches kultiges Original, über den sich selbst Gerda wundert. Und sie bewundert ihn für sein Selbstbewusstsein. Es kann nicht sein, dass Herr Herrmann nicht möchte, dass man in seine Wohnung reinguckt, es kann nicht sein, dass er sich schämt für seine Art zu leben. Er will alles zeigen, denn er hat alle seine Habseligkeiten gen Fenster ausgerichtet. Wenn die halbdurchsichtigen (blauen) Vorhänge mal zugezogen sind, ist trotzdem alles gut (gelb) ausgeleuchtet. Neuerdings hat er es sogar ganz aufgegeben mit den Vorhängen. Jeder kann also alles beglotzen: die Schals, die über und an jeder Schalgelegenheit hängen, die Embleme, die Ketten, die eingerahmten, unterschriebenen T-Shirts, die Decken, die Kissen, die Tassen, die Gläser und die gruselige Schaufensterpuppe, die aber ausgerechnet KEIN Lok-Shirt trägt, sondern leider gar keines. Gerda muss reingucken, und sie kann es jedes Mal nicht fassen. Das Gruseligste aber ist, dass man Herrn Herrmann eigentlich nie sieht, maximal einmal pro Jahr. Es stehen manchmal Schuhe oder Schlappen (in Lok-Farben) vor der Tür, und am Abend hört man meistens einen Fernseher. *Wenigstens wohnt da ein Ossi,* hat der Mann Wolfgang mal zu Gerda gesagt. Gerda findet ihn zwar ein bisschen zu ossig, aber Wessis leben noch seltsamer als der Herrmann. Wessis ziehen in eine Wohnung ein und wollen sie nicht einrichten. Sie kommen rein und sagen: *Die Tapete muss erstmal komplett ab.* Wolfgang ist Schalke-Fan, aus Protest. Ein unsinniger Protest, wie Gerda stets fand.

Ebenfalls übriggeblieben ist noch Aylin, die vielseits engagierte Frau aus dem ersten Stock, deren Miete bereits erhöht wurde. Sie klingelt hin und wieder bei Gerda, um ihr mitzuteilen, dass sie schon wieder bei der Verwaltung versucht hat anzurufen, wo aber mal wieder niemand rangegangen ist, und jetzt würde sie wieder einen Widerspruchsbrief wegen der ausbleibenden Reparaturarbeiten aufsetzen, und Gerda wird wieder gefragt, ob sie nicht vielleicht doch mal mit zum Mieterschutzbund gehen will? Gerda will das überhaupt nicht, Gerda macht das Kopfschmerzen. Sie will sich nicht mit Wohnen beschäftigen müssen, sie will einfach nur wohnen. Wohnen müsste gesetzt sein, sobald man Kisten ausgepackt hat, findet sie, man muss doch in Ruhe wohnen dürfen, wie es früher normal war. *Und sie lebten glücklich und zufrieden bis ans Ende ihrer Tage in ihrer Dreizimmerwohnung mit Balkon und Badewanne.*

Es ist nicht so, dass Gerda unpolitisch wäre, im Gegenteil. Sie hat sich früher oft darüber aufgeregt, wie Wessis in ihrer Stadt allen die Häuser unter dem Hintern weggekauft haben, sogar ganze Straßenzüge haben sie sich geschnappt. Man sollte sich darüber freuen, dass in den Osten investiert wird, es waren alles immer Chancen. *Drei Viertel der Wohnungen in der Stadt gehören mittlerweile Westdeutschen, die gar nicht hier sind,* hat Aylin mal erzählt. Was soll Gerda denn da jetzt noch ausrichten, außer zu hoffen, dass sie übersehen wird und bleiben darf? Das hier war doch ihre erste eigene Wohnung nach den Kindern. Gerda glaubt einfach nicht daran, dass man sie einfach rauswerfen könnte, es sind doch mittlerweile ihre Wände, ihre Fenster und Türen, ihr Boden, ihre Fasern, ihre Spuren, ihre Löcher, ihre Kanten, ihre Decken, das muss doch jeder einsehen.

Jetzt liegt vor Gerda erstmal die To-do-Liste. Sie schiebt nichts auf, da ist sie eher unentspannt, auch wenn sie es versuchen will. Sie muss Unterrichtsstunden an der Sprachschule vorbereiten, Honorar-Rechnungen schreiben, doppelt ausdrucken, abschicken, abheften, beim Reisebüro anrufen, eine E-Mail an die Fluggesellschaft schicken, das Hotel stornieren. Hoffentlich bekommen sie das Geld wieder. Nach Sizilien wollten sie, erstmal nach Palermo ein paar Tage und dann weiter. Diesmal wollten sie *mal schön hinfliegen*. Das hat Gerda noch nie gemacht, und der Mann Wolfgang hatte auf das lange Autofahren keine Lust. Gerda ist eine viel zu vorsichtige Fahrerin, das hat ihn immer fuchsig gemacht, also übernahm er bei vergangenen Urlauben den größten Teil der Strecke. Sein Genörgle war dann auch der Grund, weshalb Gerda den Flugplänen zugestimmt hatte. Außerdem war sie neugierig, wie das wohl sein würde, so weit oben, mit Blick auf die Wolken, und dann diese Flugbegleiterinnen mit ihrem Rumgeschwinge. Sie freute sich auf den berühmten Tomatensaft. Das wird jetzt erstmal nichts, aber dann halt ein anderes Mal.

Als Gerdas Freundin Karin anruft, wird Gerdas To-do-Marathon unterbrochen, das ist also gerade nochmal gut gegangen. Karin nennt sie bei ihrem Nachnamen, so: *Hey Sonntagn.* Das haben die beiden sich mal überlegt, weil es sie amüsiert hat, dass ihre Partner sich gegenseitig immer beim Nachnamen angeredet haben. Der eine war *der Weber* und der andere *der Köhler.* Für die beiden Frauen war das ein riesiger Quatsch. Und die Männer haben das nicht nur so gehandhabt, wenn sie über, sondern auch wenn sie miteinander gesprochen haben, und das war noch blöder. Karin und Gerda, der Schneidern und der Sonntagn, fiel auf, dass Frauen und Mädchen das untereinander nicht machen, dass es aber eigentlich auch nicht erstrebenswert ist. Also machen sie es seitdem aus purem Jux und in der Hoffnung, dass den Männern ihre Bekloppttheit auffällt, was aber nie passiert. Traditionell wird beim Sächseln bei Frauen, wenn man sie beim Nachnamen nennt, noch ein -n drangehängt. Es ist sozusagen das ostdeutsche Gendern.

Die Sonntagn ist froh darüber, dass die Schneidern sie anruft, nachdem dieser vorhin der aktuellen Ereignisse und eventuell aufkommender Gefühle wegen geschrieben worden war: *Ruf mich doch mal an, falls du Zeit hast.* Die beiden beschließen, noch an diesem Abend ins Kino und danach vielleicht in die Bar neben dem Kino zu gehen, um noch ein Weinchen zu trinken, wie früher, ganz spontan und als wäre es egal, dass es unter der Woche ist. Nun muss Karin allerdings erstmal erfahren, dass es *den Mann Köhler* in Gerdas Welt nicht mehr gibt.

9

Bei Yorma's am Hauptbahnhof gibt es verschiedene Sirupsorten, die man sich kostenlos in den Kaffee reindrücken kann, was die zuckersüchtige Karla einfach klasse findet. Sowieso muss alles, was kostenlos ist, konsumiert oder mitgenommen werden. So einen Sirupspender brauchen sie in ihrer Wohnung irgendwann auch mal. Also, nicht in der mit Luca, sondern in der zukünftigen Wohnung mit Natalie. Einer Wohnung, in der genug Platz für solchen Kram wäre, für mehrere Flaschen mit Sirup drinnen, aus denen man dann jeden Tag frei auswählen kann, für den Kaffee am Nachmittag. Der frühe Kaffee am Morgen muss ja noch roh sein und wehtun, der am Nachmittag hingegen darf genossen werden. So stellt sich Karla diesen Kaffeelifestyle zumindest vor, sie trinkt gar nicht so oft welchen, und zu Hause schon gar nicht. Sie ist nicht wie diese Kaffeejunkies, die einem das, wo auch immer es nur geht, unter die Nase reiben müssen, Coffeelovers mit Wandtattoo und krassen Begriffen wie reinschlonzen. Kaffee zu mögen ist nicht so originell, aber es ist auch vollkommen in Ordnung, er schmeckt ja gut, und vielen Leuten hilft er über den Tag. Aber Karla ist eher des Geschmackes wegen dabei und führt keine Diskussionen darüber, was die beste aktuelle Kaffeeherstellungsform ist, welche Maschine man benutzen sollte und sowas. Bei ihr gibt es eine French Press für lange Nächte, wenn sie mal einen Layout-Auftrag hat, und gut ist. Bei dem von ihr erreichten Level an Müdigkeit hilft Koffein sowieso nicht mehr, es ist eher ein Placebo, das manchmal funktioniert, aber meistens nicht.

Diesen Sirup jedenfalls, den könnte man auch gut für Wodka nehmen, sowas hat Karla schon mal in einer Bar getrunken. Auch Alkohol ist zu Hause aktuell kein großes Thema, zu Hause fühlt sich das nicht gut an und schmeckt nicht. Aber wer weiß, was Natalie und Karla mal für ein Leben führen werden. Wird es öfter Besuch geben, werden sie ein Zeitungsabo haben, wird regelmäßig eine Gemüsekiste kommen? Werden sie Sachen im Keller verstauen müssen und sich darüber streiten, wer was wegwerfen muss? Darf der Klositz ein lustiges 3-D-Motiv haben oder wird alles erwachsen und neutral sein? Karla weiß noch nicht so viel darüber, wie Natalie es handhaben will, wenn die beiden bald gemeinsam ein richtiges Zuhause haben werden, sie selbst hat natürlich schon hundert Ideen. *Richtig* heißt, dass man vorhat, da wirklich lange zu bleiben, es sich gemütlich zu machen, einzurichten, und wenn man sich liebt, sogar vielleicht für immer? Selbst wenn man die Wohnung nicht behielte oder behalten dürfte, würde man da im besten Fall das Zuhause, DAS Zuhause, das Konzept, nur an einen anderen Ort transferieren, denn man zöge hoffentlich nicht aus, weil man sich getrennt hätte, sondern weil die Bude zu klein, zu teuer, die Stadt nicht mehr gut genug oder das Meer näher wäre, sowas eben. Man würde dann die Möbel mitnehmen und die gemeinsamen Erinnerungssachen, die eingerahmten biografischen Errungenschaften, man würde sie dann alle wieder in eine ähnliche Position bringen, und das Leben würde so weitergehen. Die Welt vor den Fenstern und Türen wäre anders, aber das Drinnen: bliebe.

Nachdem Karla den Kaffee mit Karamellsirup bezahlt, sich hinter dem Bahnhof auf eine Bank gesetzt und hastig den ersten Schluck reingeschlonzt hat, fällt ihr dieses süße Lied ein, das Natalie ihr mal geschickt hat und das sie sich jetzt direkt anhört: *I'll make a cup of coffee for your head / It'll get you up and going out of bed,* singt sie vor sich hin und wird kurz ganz ruhig.

Der Zug mit Natalie könnte langsam mal kommen, er kommt aber nicht. *Gleiswechsel,* schrieb ihr die Freundin vor zehn Minuten, *es wird noch auf Freigabe gewartet*. Karla zählt an ihren Zähnen die Silben der Wörter des Songs ab, den sie jetzt hört. Das macht sie unter anderem, wenn sie nervös ist oder wartet, jetzt gerade trifft beides zu. Die Liste solcher Ticks ist lang. Neben Silbenzählen gibt es zum Beispiel noch das Aneinanderschlagen der Handgelenke, den Kopf so lange drehen, bis er sich *gerade* anfühlt, ständiges In-Taschen-Gucken, ob noch alles da ist, so wie allerlei Wippen, Wackeln, Fummeln und Knaupeln.

Karla ist aber nicht immer so aufgeregt und nervös. Dreimal in ihrem Leben war sie sogar richtig mutig. Erstens: Sie ist mal bei der verlassenen Fabrik, die hinter dem alten Haus ihrer Familie lag, mit ihrem Bruder Fritz von einem morschen Dach eines Gebäudes auf das noch morschere Dach des Gebäudes daneben gesprungen. Zweitens: Sie ist der Liebe wegen vor fünf Jahren nach Köln gezogen. Drittens: Sie hat trotz gebrochenem Herzen einer schönen und klugen Frau, die sie schon so lange bewunderte, auf Instagram eine Followeranfrage gestellt, ein paar Bilder von ihr geliked und nach langem Zögern auf ihre Nachricht geantwortet. Das war vor zwei Jahren und vier Monaten, und jetzt steht sie am Bahnhof, um diese Frau in Empfang zu nehmen. Denn bescheuerterweise studiert Natalie in der Stadt, aus der Karla kommt: in Leipzig. Ironie des Schicksals *in a nutshell.*

Und dann, endlich: Die berühmte Natalie ist da und man könnte abblenden. Karla ist plötzlich wach, ruhig und vollständig. Eine lange Umarmung, ein kitzelnder Kuss, das breiteste Grinsen, diese sanfte Wärme auf den Wangen, eine Hand, die in einer anderen ankommt, das Anfassen von Haaren und Armen, ja, es ist alles noch da. Der Anlass des Besuches ist aber nicht nur die Liebe. Erstmal steht gleich ein Vorstellungsgespräch für Natalie an und die beiden gehen auf einer weiteren Bank nochmal die Unterlagen sowie hypothetische Fragen und Antworten durch, obwohl Natalie das im Zug schon diverse Male gemacht hat. Natalie ist ganz normal aufgeregt, und die Anlässe für ihre Aufregung sind von der Gesellschaft anerkannt. Vor Bewerbungsgesprächen darf man aufgeregt sein, vor Prüfungen, vor Abgabeterminen, vor Küssen, vor Arztbesuchen, Sprüngen und Auftritten. Wenn es allerdings einfach nur im Dachstuhl knarzt und die unter ihm wohnende Person glaubt, dass jeden Moment das Dach einkrachen könnte, wie im Falle von Karla – also, bei sowas machen die Leute eher diese Propellergeste über ihren Köpfen.

Jetzt, wo Natalie die Nervöse ist, kann Karla aber mal punkten und ihr beruhigend über den Rücken streicheln. Es ist, wie wenn man betrunken ist – und dann schmiert eine andere betrunkene Person total ab, fällt um, tut sich was, kotzt, ist in Gefahr – und plötzlich funktioniert man doch und merkt nichts mehr von dem Gift, das man intus hat. Das Vorstellungsgespräch ist wichtig für die Zukunft aller Beteiligten hier, also muss es perfekt laufen. Wenn Natalie den Job als Volontärin im Museum bekommt, zieht sie hierher, in diese Stadt, zu Karla, dann wird zusammengezogen, endlich richtig gelebt, und alles wird gut. Heute bleibt sie nur für einen Tag, aber beim überübernächsten Mal vielleicht schon für immer.

Karla geht vor dem einschüchternd breiten Gebäude auf und ab, während Natalie drinnen hoffentlich alles gibt. *Sie muss es packen,* flüstert Karla jetzt immer wieder vor sich hin, wie die Mutter von einem Schönheitswettbewerbsmädchen. Jetzt fangen die Leute ringsum tatsächlich an, propellergestenmäßig zu gucken. Beim Dom ist eine Demo, wofür oder wogegen ist von ihrer Position aus nicht zu erkennen, Karla kann sich jetzt auch nicht damit beschäftigen. Sie heftet auch dann noch ihre Augen an die Tür des Vorstellungsgesprächsgebäudes, als sie im Kiosk Kaugummis kauft. Dreieinhalb von ihnen hat sie durch, als Natalie endlich unsicher rausgeschlurft kommt.

Und? Wie war's?

Keine Ahnung.

Der Rest des Nachmittags ist Beziehungsspaß im Schnelldurchlauf. Bei einer Fernbeziehung gibt es keine Zeit für Zweifel, Zögern oder Dösen. Es muss geliefert, alles abgerufen, funktioniert werden, die Choreografie muss stimmen. Alles, was man sich aus der Ferne gewünscht, sich in viel zu späten Telefonaten zugesäuselt hat – *ich würde so gern mit dir, neben dir, auf dir, in dir* –, das muss jetzt passieren. Man muss durch die Stadt laufen, den Park abspazieren, einkaufen gehen, einen Kuss auf die Nase und einen Klaps auf den Pops geben, Mitgebrachtes überreichen, nochmal einkaufen gehen, kochen, Handys laden, die aktuelle Folge *Shameless* gucken, dabei Händchen halten, essen, die eine Stelle kratzen, an die man selbst nicht rankommt, Schultern und Köpfe aufeinanderwerfen, sich wundern, weil man diesen einen Fleck im Gesicht der anderen Person noch nie wahrgenommen hat, sich abkusseln, abschlabbern, ineinanderkriechen, sich kabbeln, kitzeln und beißen und *Hast du eigentlich neue Socken?* fragen. Und schließlich muss man die Erkenntnis haben, dass, wenn man seitlich im Liegen den Arm um jemanden legt, der untere so überflüssig ist, einschläft und wehtut, dass da evolutions- oder matratzendesignmäßig etwas schiefgegangen sein muss.

Karla kümmert sich gern um alles, sie ist die perfekte Hausfrau, scherzen die beiden manchmal. Sie hat sogar einen Kuchen vorbereitet, laut Natalie *viel zu viel, den schaffen wir doch heute gar nicht! – Na egal, den Rest packst du ein. – Nee, der wird doch nur zerdrückt. – Na und.* Alles, was sich seit dem letzten Sehen vor sechs Wochen an Liebe angestaut hat, wird jetzt abgerufen und rausgehauen. Was man alles *face to face* besprechen wollte und in sich vergraben hat, ist nun leider vergessen oder plötzlich nicht mehr so wichtig. Das kann man alles irgendwann mal erzählen, sobald man mehr Zeit hat, in der Zukunft, auf die man vertraut. Natalie ist ein bisschen müde, erschöpft von der Fahrt und Aufregung, aber das hat bestimmt nichts mit Karla zu tun. Nachdem Natalie die Hälfte von Karlas Gemüselasagne geschafft hat, legt sie sich auf Karlas Bauch. Es ist perfekt. Auch wenn die beiden jetzt den Kuchen nicht mehr essen. Karla will ihn sofort einpacken, für morgen, es muss schließlich alles seine Ordnung haben, aber Natalie ist die Einzige, die Karla von sowas abhalten kann. *Kussattacke 5000!*, brüllt sie, und damit sind sämtliche Aufräumvorhaben erstmal gegessen.

Natalies Haare sind lockiger als beim letzten Mal. Ihre Haut weicher. Ihr Körper wärmer. Sie insgesamt schöner. Karla noch verliebter. Wie gern würde sie die Zeit anhalten. Wenn hier jetzt ein Flugzeug reinkrachte – einer von Karlas häufigsten Angstgedanken, seit sie *Donnie Darko* gesehen hat, und noch mehr, seit sie in dieser Wohnung wohnt, wo die Flugzeuge nachts über die Dachfenster hinwegfliegen –, es wäre okay. Obwohl es schade um die Passagiere wäre. Und um Natalie sowieso. Der Tod müsste schnell gehen. Andererseits wird man dann von Leuten gefunden, die für immer traumatisiert sind, und all die Aufräumarbeiten, *o Gott*. Wie blöde ist es eigentlich, sich solch einen schmerzhaften Tod auszumalen, wenn gerade die geliebte Freundin auf einem liegt.

Natalie atmet tief ein und aus. Sie scheint eingeschlafen zu sein. Karla überschlägt: Sie haben nur noch 832 Minuten miteinander, das sind irgendwas um die 50 000 Sekunden. Karla wird nicht so viel schlafen heute Nacht. Da kommt der *Donnie-Darko*-Ohrwurm reingedüst. In dem Song erzählt der Sänger, dass er gern vom Sterben träumt. Karla zählt die Silben des Refrains wie gewohnt an ihren Zähnen ab: *And I find it kind of funny, I find it kind of sad.*

Morgen wird es dann die furchtbare Abschiedsszene am Bahnhof geben, die niemals der Liebe gerecht wird. Man ist immer etwas zu früh am Gleis, damit man sich *richtig* verabschieden kann, überschätzt aber jedes Mal total, wie lange *richtiges Verabschieden* dauert, und dann passiert noch irgendwas, und nach 20-minütigem Sich-gegenseitig-Anstarren und Mit-dem-Kopf-auf-der-Schulter-der-anderen-Liegen ist man fast so weit, sich lieber zu trennen, als diese Tortur noch eine Sekunde länger zu ertragen. Aber vielleicht kommt ja dann das Flugzeug, denkt Karla, das wäre besser als jetzt.

Mit Natalie hat sie immer so ein Gefühl von Sommergewitter beim Zelten. *Komm schnell rein, dann mache ich zu. Ich mache schnell alles zu. Hier kann uns heute nichts mehr passieren.* Ein bisschen ist es auch so in ihrer kleinen Dachgeschosswohnung, freut sie sich und schläft dann doch noch für etwa 16 000 Sekunden ein.

10

Gerda war heute bei ihrer dritten Psychologie-Vorlesung, das Wintersemester hat gerade begonnen. Sie geht zweimal pro Woche zur Uni und gibt dreimal pro Woche Sprachkurse für Geflüchtete. So ließe es sich leben, findet sie, ihr macht das alles nämlich viel Spaß, wäre das Geld nicht so knapp. Deshalb will sie heute noch eine Bewerbung schreiben und es mal wieder als Sekretärin versuchen, an der Uni wird passenderweise gerade eine regelmäßige Vertretung gesucht. Allerdings will Mascha gleich vorbeikommen, und ihre Tochter wird wieder viel fragen, sich dabei theatralisch aufs Sofa werfen, und Gerda soll wieder irgendwas aus Maschas Träumen analysieren und muss zum x-ten Mal erklären, dass das gar nicht das ist, was sie in ihrem Studium lernt, und überhaupt haben die Vorlesungen doch gerade erst angefangen. Es sind immer noch *nur* Einführungsveranstaltungen, und heute ging es um die Disziplinen *Differentielle Psychologie* und *Methodenlehre* und nicht um die Abgrenzungsprobleme ihrer Tochter.

Gut, dass Mascha mal wieder zu früh da ist. Es klingelt, und Gerda kann sich nicht reinsteigern ins Genervtsein über das zu Erwartende. Ihre Tochter manövriert sich in einer riesigen Jacke durchs Treppenhaus hoch in den

Flur und stöhnt, während sie sich im Wohnzimmer niederlässt. Sie fragt überhaupt nicht, wie es Gerda geht, nach der Uni, der Vorlesung oder Diagnosen, sie hat genug damit zu tun, sich einfach nur zu präsentieren. Extrem eingedieselt mit einem viel zu modrigen Parfüm erinnert Gerda gerade alles an Mascha daran, wie sie mit 14 aus der Schule kam, die schlechte Laune, die Ignoranz, der Gestank. Mascha ist aber 33 und war sogar schon mal verheiratet, vieles deutet darauf hin, dass sie eine erwachsene Frau ist. *Auftritt Mascha,* sagt Gerda immer laut, wenn sie auftaucht, und es ist immer mehr als eine Redewendung, es ist wirklich wahr.

Mascha hat schon wieder etwas Neues dabei, das droht zum Bestandteil von Gerdas Haushalt zu werden. Allerdings ist es diesmal etwas für draußen. Es ist eine mobile Heizdecke. Mascha will jetzt mit Gerda rausgehen, und dabei muss die Decke getestet werden. Das hat sie wohl mal aufgeschnappt: Wenn bei jemandem etwas passiert ist, dann geht man erstmal raus. Den Kopf freimachen. Frische Luft an die Gedanken lassen und warme Luft an den Hintern. Dass Gerda sehr viel spaziert und heute schon draußen war, spielt dabei keine Rolle. Also geht es mit der mobilen Heizdecke in den kleinen Hunde-Park ein paar Straßen weiter. Woher Mascha diese Produkte immer nimmt, ist Gerda nicht ganz klar. Sie weiß aber, dass sie Fotos mit dem Zeug macht und die dann auf Instagram stellt. Mascha sagt, sie sei so eine Art Influencerin und das sei sowas Ähnliches wie ein Model. Von Models, die sich mit

Mutti auf ein Produkt im verregneten Park setzen, wo neben ihnen gesoffen (zwei Männer) und gekackt (drei Hunde) wird, hat sie aber noch nie gehört.

Mascha hat nicht immer nur etwas Neues dabei, sie ist auch immer wieder ein bisschen anders, sobald sie *auftritt*. Mal Tochter, mal Mutter, mal Star, mal Freundin, mal Vertreterin. Vor kurzem kam Mascha mit CBD-Tropfen an und erwartete von Gerda ein beeindrucktes Gesicht. Aber *Mutti* hatte schon selbst welche zu Hause und sie längst probiert, in ihrer Gegend hatte letztes Jahr ein CBD-Shop eröffnet. Es wirkt eigentlich gar nicht, das hatte Gerda schnell gemerkt und somit einen Wissensvorsprung gegenüber ihrer Tochter. Mascha hat überhaupt keine Ahnung, was Gerda und ihre Freundinnen früher für Drogen ausprobiert haben, sie hält sie wirklich für uralt. Nachdem pflichtbewusst ungefähr neun Minuten über den Mann Wolfgang geredet wurde und es darüber nichts mehr zu sagen gab, hat Mascha nun einen sogenannten Anschlag auf Gerda vor.

Ich habe einen Anschlag auf dich vor, sagt sie etwas zu laut, so dass die Männer und Hunde kurz von ihren Tätigkeiten ablassen und ihre Köpfe drehen.

Was? Geht's um die Kinder?

Mascha hat drei Kinder: Max, 16, Mele, 11, und Mia, 19 Monate und 21 Tage. Das mit den Vätern ist kompliziert.

Nee, alles gut, Björn hält sich mittlerweile eigentlich so ziemlich an alle Vereinbarungen, also an die meisten, seit dem letzten Megakrach läuft's einigermaßen. Egal. Es geht um deinen – ding, ding, ding! – Mascha macht mit ihrer rechten Hand rum, als hätte sie etwas zwischen Daumen und Zeigefinger, was sie gegen ein imaginäres Objekt in der linken Hand schlägt, es handelt sich wohl um Löffel und Glas – *Geburtstag!*

Gerda winkt ab: *Hm. Was gibt's da groß zu reden? Du musst doch nichts machen. Von mir aus können wir gern mal wieder eine große Feier mit allen machen, und falls jemand keine Zeit hat, dann eben nicht, ich bin da ganz entspannt. Vielleicht mal wieder durch das Rosental spazieren, danach Kakao.*

Ja, cool, das klappt bestimmt, aber es geht eher um dein Geschenk …

Bekomme ich die blöde Heizdecke? Guck doch nicht so, die ist wirklich blöd. 'tschuldigung.

Nee, was bisschen Besseres. Also vielleicht …

Jetzt sag halt.

Okay, also, du weißt ja, dass noch jemand einen runden Geburtstag hat …

Ja, das weiß ich sehr wohl.

Früher habt ihr doch auch immer zusammen gefeiert! Und ich dachte mir, ich würde euch beiden gern eine Reise schenken.

Wie bitte?

Spätestens jetzt wünscht sich Gerda, Mascha und sie hätten wirklich Sekt zwischen ihren Pfoten. Vielleicht tut es in Zukunft aber auch ein Flachmann.

Keine Sorge, es ist nichts Großes, nur eine Hamburg-Reise, da wolltet ihr doch beide immer hin. Der Hafen, Fischbrötchen, dieser Musical-Kram, den ihr beide mögt, Beatles und sowas. Also, wir haben gedacht, wir legen alle zusammen und holen euch dieses König-der-Löwen-Paket. Ich krieg vielleicht einen Rabatt, ich kenne da, glaub ich, jemanden von der Eventagentur.

Das war vielleicht vor Jahren so …

Du magst die Beatles nicht mehr? Könnte ich da vielleicht deine Platten …

Gerda macht diesen Blick, und Mascha weiß, ab jetzt sollte sie besser auf Zehenspitzen weiterschleichen.

Okay, Spaß. Aber das kann doch wieder werden? Ihr könntet euch wieder annähern. Das wäre doch voll die gute Gelegenheit.

Sie redet jetzt seit über zwei Jahren nicht mehr mit mir. Und das wäre voll die schlechte Gelegenheit.

Bitte versuch es. Bitte ruf sie an. Oder schreib!

Hm, ich weiß nicht. Ich überleg's mir, es sind ja noch paar Wochen. Frag du sie lieber erstmal.

Gerda will, dass das Gespräch vorbei ist. Sie verdrängt den Kontaktabbruch mit ihrer Tochter so gut wie immer. Nur ab und an schaut sie nach, ob auf ihrem Facebookprofil irgendwas passiert. Aber da ist nichts. Zum Glück ist die mobile Heizdecke schon wieder kalt und die Parkbank wird ungemütlich. Jetzt heißt es Vorsicht vor einer Blasenentzündung. Also schnell wieder rein und Wasser kochen. Mascha hat noch irgendwelche blöden Teesorten mitgebracht für den nächsten Produkttest, aber Gerda kann glücklicherweise auf die wichtige Bewerbung verweisen, die sie noch schreiben muss.

Im WhatsApp-Chat, welcher heißt: *Geburtstag Mutti und Karla*

22.10.2019

Mascha
Also, Mutti hat zumindest nicht Nein gesagt!

Fritz
Ja, geil, dann klappt das bestimmt

Frieda

Ich find's immer noch ne mittelgute Idee, aber du kennst die beiden wohl am besten, Mascha …

Mascha

True. Ich will nur euren Segen und euer Geld, haha

Frieda

Für die Reise- und Hotelkosten, oder? Für König der Löwen kriegst du nen Gutschein, oder? Bin grad voll knapp bei Kasse

Fritz

Wir machen das schon alles irgendwie, Danke fürs Kümmern, Mascha. Fragst du Karla eigentlich auch? Kann ihr auch schreiben

Mascha

Ha, dann wird sie wieder nicht antworten.
Ich ruf sie die Tage an!

Frieda

Sag ihr einfach, sie soll sich endlich mal einkriegen, und Grüße

Fritz

Jo, Grüße

11

So gut wie alles an Natalie ist großartig. Aber nicht alles, und darauf muss sich jetzt konzentriert werden, um zu verkraften, dass sie wieder weg und in dem blöden Leipzig ist, einer Stadt, die ansonsten nichts Besonderes hat. Außer vergleichsweise viel Platz, das muss Karla zugeben. Zum Beispiel in Straßen, Wohnungen und Unis, zumindest war das mal so, und deswegen hat diese Stadt so tolle Leute wie Natalie angezogen. Und natürlich gibt es dort auch noch den besten veganen Döner. Also, Leipzig ist nicht nur blöd, aber Natalie auch nicht nur super, wie gesagt.

Erstens hat sie hier bei Karla alles stehen und liegen lassen, die Müslischüssel mit dem nun eingetrockneten Brei drin, den nicht ausgetrunkenen Kaffee, den Deckel von der Zahnpasta! *Bin ich deine Bedienstete, oder was?* Karla versucht in sich reinschimpfend einen auf Ehekrise zu machen. Vielleicht sagt sie ja auch etwas zu oft, dass Natalie sich entspannen soll, sie das nachher schon wegräumen wird und sowieso total gern abwäscht. Aber trotzdem!

Zweitens hat Natalie ein furchtbares Verhältnis zu Geld. Sie ist nicht richtig reich, aber sie kommt aus sogenannten geregelten Verhältnissen. Wenn Natalie sagt, sie habe *kein Geld mehr,* sie sei *pleite* oder *total blank,* meint sie etwas anderes als Karla. Sie meint, dass sie zuletzt zu viel ausgegeben hat, während Karla meint, dass sie nur noch 40 Cent im Portemonnaie hat und nichts auf dem Konto. Natalie hat natürlich noch ein Sparbuch, an das sie *zur Not rankann,* und es kommt im nächsten Monat sowieso immer wieder was rein, das Geld wächst verlässlich nach, dank Stipendium, Unterhalt und wie diese Sachen alle heißen, die Karla nur aus Erzählungen kennt. Wenn Natalie etwas braucht, muss sie nur ihren Eltern Bescheid sagen, denn auf die kann sie sich immer verlassen. *Ist doch kein Problem,* sagen Mutti und Vati dann immer. Sie sagt natürlich nicht *Mutti und Vati,* sondern *Mama und Papa.* Mit dieser Gewissheit geht man anders durch die Welt, was sie aber nicht glauben will. Manchmal geraten Karla und Natalie deshalb aneinander. Denn Natalie nennt ihre Umstände Abhängigkeit und Karla nennt sie Sicherheit, beide tauschen diesen Du-wirst-mich-nie-verstehen-Blick aus, und das Gespräch wird woanders hingelenkt. Andererseits: Zum Glück ist Natalie nicht so arm wie Karla, denn wenn sich beide die Zugtickets nicht leisten könnten, würden sie sich nie sehen.

Und Natalie ist immerhin nicht so wie der Ex-Freund von Steffi, Karlas ehemaliger Arbeitskollegin aus dem Ramschladen. Der hatte sich alles, was die beiden in der Partnerschaft zusammen gemacht haben, notiert und Steffi dann bei der Trennung vorgerechnet, was sie ihm angeblich schuldete: gemeinsame Essen, Urlaube, Kinobesuche und einige Ausflüge, Tierarztkosten für die gemeinsame Katze und das Netflix-Abo. Die absolute Demütigung. Dabei hatte Steffi einen 450-Euro-Job, und der Typ hatte geerbt und studierte Jura an der Universiteit in Maastricht. Sie lachten nach der Trennung ein paar Mal darüber: Steffis Ex hatte es nicht an eine richtige Universität geschafft, sondern nur an eine, wo er sich halt reinkaufen konnte – eine Universiteit. *Universität auf Wish bestellt*, heulten sie vor Lachen. Steffi und Karla waren weder an einer Universität noch an einer Universiteit, aber immerhin wussten sie, wie man sich nach einer Trennung ungefähr zu verhalten hat.

Drittens politisiert Natalie ständig alles, und manchmal, nur ganz manchmal und sehr, sehr heimlich, denkt Karla dann das Wort *scheinheilig*. Und sie wird das auch für immer geheim halten, weil es wahrscheinlich nicht berechtigt ist. Aber sie kann nichts dagegen machen, es ist ein Reflex, es ist wie ein Wortohrwurm. Ein *Ohrwurt*, wie ihre Mutter dieses Phänomen früher genannt hat und vielleicht auch immer noch nennt. Natalie kennt alle aktuell politisch korrekten Begriffe und zögert nicht, sie einzusetzen, um eine Diskussion zu gewinnen. *Neoliberal* ist ihr Lieblingswort, und Karla sieht natürlich eh alles genauso wie sie, aber sie will, wenn sie einen spontanen Gedanken äußert, nicht immer direkt gesagt bekommen, wo sie gerade *verkürzt kritisiert*, strukturell *falsches Denken reproduziert* oder so ähnlich. Es ist, als würde Natalie ihre Arbeit mit nach Hause nehmen, und Karla hätte gern, dass wenn die beiden allein sind, sie Ruhe vor diesen Unidiskussionen haben. *Reproduzieren* ist das andere Lieblingswort von Natalie, und wenn Karla zu lange darüber nachdenkt, wird sie richtig sauer. Manchmal fühlt sie sich doof in Natalies Gegenwart, und manchmal denkt sie, Natalie will das so. Zum Glück wird das aber weniger, zum Glück wird sie in Karlas Gegenwart immer lockerer. Sie muss sich nicht beweisen, dass sie mit den Jungs in ihren Seminaren mithalten kann oder so. Sie können immer öfter zusammen *bitte einfach normal reden*, wie es Karla manchmal einfordert.

Karla muss nun wieder an dieses eine Vorkommnis denken. Natalie, die viele schlaue Wörter kennt und auch gerne über Klassenbewusstsein, Klassismus und sowas redet, hatte vor einer der ersten Übernachtungen von Karla bei ihr groß angekündigt: *Morgen mache ich uns ein richtig schönes Frühstück!* Am nächsten Morgen war dann aber gar nichts da, wie Karla feststellte, als sie in der Küche Wasser holte, was sie zwar nicht schlimm, aber schon seltsam fand. Die später wach gewordene Natalie zückte dann noch im Bett ihr Handy und öffnete die Flink-App. Sie wollte die Zutaten für das Frühstück, das sie gleich zubereiten wollte, bestellen. An einem Montagmorgen, an dem sämtliche Läden aufhatten und mehrere von ihnen nur wenige Gehminuten entfernt waren. Sogar einen Bäcker gab es um die Ecke. Aber Natalie hatte so schnell alles in den Warenkorb gepackt und auf Bezahlen geklickt, dass Karla gar nicht dazu kam, zu intervenieren. 15 Minuten später war der Lieferant schon da. Karla sah sich das ganze Prozedere irritiert und beschämt an. In ihrem Portemonnaie fanden sich, neben einem 10-Euro-Schein, gerade noch zwei Euro in Münzen für ein Trinkgeld, das sie Natalie zuschob, damit sie es dem Lieferanten gab. Wieso sollte einem jemand um 10 Uhr morgens etwas liefern? Für Natalie war das alles normal, also hatte sie das wohl schon öfter gemacht. Sie stellte die Papiertüte auf den Küchentisch ihrer WG, strahlte Karla an und sagte: *Gleich gibt's richtig geiles mittelmäßiges Rührei!* Sie sah aus, als hätte sie irgendwas aus dem Garten gepflückt oder so, selbst geerntet jedenfalls. Aber dann hatte sie die Tomaten vergessen, *und O-Saft wäre ja auch noch schön!* Also zückte sie abermals ihr Handy, um das Fehlende zu bestellen. Endlich, ihr Mund stand sowieso schon offen, schaffte Karla es, etwas zu sagen. Sie befahl Natalie, das Handy wieder wegzulegen, und bot sich an, schnell selbst zu Rewe zu gehen. Auf dem Rückweg war Karla schon wieder so verliebt, dass sie das eben Geschehene schnell verdrängte – sie kaufte unterwegs noch eine Blume und eine Zeitung, weil sich das so zuhausig anfühlte. Natalie war bestimmt nur aufgeregt und wollte cool wirken, schließlich war alles noch so frisch. Karla grinste damals und tänzelte durch den luftigen, frühen Herbsttag zu Natalie in die Wohnung zurück. Jetzt begann erstmal ihr gemeinsames Leben.

Es war natürlich keine Ausnahme, Natalie hatte früher wirklich kein rücksichtsvolles Verhältnis zu arbeitenden Leuten. Sie schaute sie oft nicht an, ließ Sachen zurückgehen, beschwerte sich, wenn jemand *was verkackt* hatte oder unfreundlich war. Mit ihrer Wortwahl strengte sie sich da auch nicht gerade an. Die Flink-Geschichte wurde in Karlas Gedächtnis immer schlimmer und sie immer wütender – und irgendwann sprach sie es an einem schlechtlaunigen Tag mal an, der Anlass wird ein ähnlicher gewesen sein. Natalie wehrte es ein bisschen ab, war dann aber neugierig auf Karlas Perspektive und sah es schließlich ein. Das kann sie nämlich auch, zuhören, sich einfühlen, ihren Standpunkt hinterfragen. Eigentlich voll liebenswert. *Mist!*, denkt Karla.

Also schnell zu viertens! Sie kann mordsfies sein. Vor allem wenn sie betrunken ist, sagt sie Leuten einfach ins Gesicht, was sie von ihnen hält oder was sie über sie gehört hat oder meint gehört zu haben, denn meistens stimmt es gar nicht, und oft hat sie einfach nur zwei Leute miteinander verwechselt. Karla muss den Schaden dann wieder einfangen, Natalies Worte zurücknehmen, alles einordnen und sich für sie entschuldigen. Aufräumen. Manchmal muss Karla auch Natalie selbst einfangen und zurückholen, sie haut nämlich hin und wieder einfach ab, lässt sich treiben, landet irgendwo, Karla kann das null nachvollziehen. Und dann ist da noch dieses Rücksichtslose, wenn sie einfach zum Provozieren Sachen sagt, um andere zu testen, und wenn sie nicht merkt, wann es zu viel ist. *Read the room, Natalie,* muss Karla dann sagen, und manchmal begreift sie es dann. Und sie raucht, wo auch immer sie will, auch hier unterm Dach und auch auf dem Klo. Von Fensteröffnen hat sie auch noch nichts gehört, denkt Karla, voll muttimäßig.

Natalie kann nicht so gut mit anderen Menschen, weil sie zu theoretisch ist, Karla kann auch nicht so gut mit anderen, aber weil sie zu viel mitbekommt, nicht zu wenig. Sie kann und will gut zu anderen sein, sie hört und sieht alles und steht als Erste auf, wenn etwas fehlt, weil sie es als Erste sieht. Sie will *es allen recht machen*. Karla denkt oft, dass ihre Empathie eigentlich total verschwendet ist, weil sie so selten zur Anwendung kommt, und würde sie deshalb gern jemand anderem zur Verfügung stellen, gern auch Natalie, weil Natalie ist gern unter Leuten und wäre gern besser darin, das gibt sie sogar zu. Danach politisiert sie es dann wieder, weil *wir nun mal in einer Gesellschaft leben* und so weiter und so fort, *read the room, Natalie.*

Natalie ist also wieder weg und war ja überhaupt nur eine Nacht da, und das hält Karla nicht besonders gut aus. Es ist, als wäre es diesmal nur eine Andeutung gewesen. Es riecht nicht mal nach ihr, wie sonst nachdem sie zu Besuch war. Nur nach der einen verdammten Kippe am Morgen. Sie hat auch nichts vergessen, woran Karla jetzt schnüffeln könnte, sie hat ja nicht mal ausgepackt. Im Grunde hat sie gar nicht erst gepackt, sie hatte gar nichts dabei, außer vielleicht einen Wechselschlüpfer. Wahrscheinlich hat sie wieder einen von Karla genommen, wie sie es oft macht, weil Karla diese bequemen Boxershorts hat, die Natalie auch gern hätte, sich aber einfach nicht kauft. Ein Paar Socken fehlt bestimmt auch wieder und bestimmt auch das Ladekabel. Fernbeziehungen bestehen in erster Linie aus gegenseitigen Socken- und Ladekabeldiebstählen.

Mittlerweile ist es ungefähr vier, das muss so sein, denn Karla hat sich den Wecker für ihr Mittagsschläfchen auf zwei gestellt, dann ein bisschen gegrübelt und ungefähr fünfzehn Seiten eines Buches gelesen und dafür braucht sie eine ganze Weile, weil die Buchstaben so tanzen und die Gedanken durch die Wohnung wandern und verschiedene Gegenstände nummerieren. Seit drei Stunden etwa ist Natalie weg. Karla macht die Augen zu und hört ein wenig Musik. Mazzy Star geht, ist schön, ruhig. Später versucht sie dazu zu tanzen, wie sie es in Filmen gesehen hat, wie Frauen, die allein zu Hause sind, eben angeblich tanzen. Sie denkt an das beknackte Wort *lasziv*. *Tanzen, als ob niemand zusieht*, diesen Spruch sah man früher oft, er wurde auf Poster gedruckt und auf Wände gesprüht oder sich ins Myspace-Profil geschrieben. Aber Karla kann sich nicht so richtig lösen von der Vorstellung des Blickes von außen. Nicht mal jetzt, wo sie in einer Wohnung zum ersten Mal endlich ganz allein ist. Nichts hatte sie sich früher sehnlicher gewünscht: ein eigenes Zimmer, eine eigene Wohnung, für immer sturmfrei, Ruhe,

Alleinsein. Endlich allein. Mutmaßlich allein. Wahrscheinlich allein. Manchmal fühlt sie sich, als wäre die Wohnung aus Glas. Sie träumt davon, dass die Risse in den Holzbalken der Decke immer größer werden, bis schließlich keine Decke mehr da ist.

Seit sie durch eine Youtube-Doku davon erfahren hat, dass auf Festivals oder bei Frauen zu Hause Kameras versteckt worden sind und die Typen, die das gemacht haben, die Aufnahmen an Pornoportale weitergegeben haben, muss Karla auch daran immer wieder denken. Es gibt so viele Gründe, sich beobachtet zu fühlen, die nicht komplett Banane sind, es gibt wirkliche, richtige, echte, triftige Gründe. Trotzdem schaut sie jetzt nicht nach versteckten Kameras oder so, die Chance ist verschwindend gering, weil hier eigentlich niemand reinkommt. Zumindest nicht wenn sie da ist. Manchmal stehen in der Wohnung Dinge anders, als Karla findet, dass sie stehen sollten, aber sie will sich nicht reinsteigern, noch wehrt sie sich dagegen, komplett abzudriften. Außerdem hält sie sich nicht für attraktiv genug für sowas. Also dass jemand sich die Mühe machen würde einzubrechen, um heimliche Aufnahmen von ihr zu machen, scheint ihr einfach übertrieben. *Voll der problematische Gedanke,* sagt die Natalie in ihrem Kopf dazu. Letztens hat Karla trotzdem die Kamera ihres Laptops zugeklebt und sich später beim Masturbieren im Bett die Decke übers Gesicht gezogen. Intuitiv. Meistens sind so Kamera-Täter Männer aus dem engsten Umfeld, hieß es in der Doku.

Auf der vergilbten Tapete im Wohnzimmer sind plötzlich Spuren zu sehen, es sind uneindeutige Streifen. Auch die sind neu. *Vielleicht passiert es jetzt,* denkt sich Karla. Vielleicht kommt die Welt jetzt einfach hier rein. Ein Tier, ein Pilz, die Gefahr, die Katastrophe. Man kann das nicht alles ewig aufhalten, irgendwann bricht es sich Bahn. Es könnten Mäuse sein und die nagen alles an und dann stürzen die Balken zusammen. Wenn es eintritt, muss Karla selbst irgendwo anrufen, denn es gibt keinen mutigen Mitbewohner hier. Und es gab schon Zeichen. Erst fand sie ein paar Silberfische, dann ein paar Lebensmittelmotten und schließlich war in ihrem Bett ein Tausendfüßer. Das sei das Schlimmste gewesen, was ihr je passiert ist, hatte sie damals am Telefon zu Natalie gesagt, und die hatte geantwortet: *gut*. Wer weiß, wen Tausendfüßer wiederum in die Wohnung locken, es gibt doch diese Nahrungskette, das nächstgrößere Tier scharrt vielleicht schon mit den Hufen. Hufen! Karla hätte die Zeichen also nur richtig lesen müssen, jeder Hinz und Kunz kann hier jetzt offenbar rein, wie ihm beliebt. *Hier ist jetzt offene Tür für alles und jeden!*, ruft sie deutlich über Zimmerlautstärke durch die Bude. Sie wird wohl doch jetzt schon verrückt.

Sie lenkt sich mit Gedanken an letzte Nacht ab. Nach dem Eindösen auf der Couch kuschelten Natalie und Karla noch eine Weile, bevor es ans echte Schlafen ging. Und sie fantasierten. Wie es wäre, wenn Natalie die Zusage bekäme. Wie sie dann ihr Zimmer in Leipzig leerräumen, alles in ein Auto laden und dem Dom entgegen in ihr neues, gemeinsames Leben fahren. Wie Natalie extra eine Playlist mit aufputschenden Songs zusammenstellt. Wie sie an jeder Raststätte einen Kaffee trinken. Wie sie schließlich in der neuen gemeinsamen Wohnung ankommen, in der Karlas Sachen schon sind. Wie sie nach dem Hochschleppen erschöpft und glücklich auf die Matratze fallen. Wie sie sich das erste Mal in ihrem gemeinsamen Zuhause küssen. Wie sie natürlich in jeder Ecke und auf jedem neuen Möbelstück Sex haben, weil laut Filmen und Serien *Frisch-verheiratet-* oder *Frisch-zusammengezogen-Sein* von einem Paar auf diese Weise zelebriert werden muss. Wie sie sich langsam immer mehr einrichten, gemeinsame Erinnerungsgegenstände dazukommen. Gemeinsame Spaziergänge, gemeinsames Einkaufen, gemeinsames Kochen, gemeinsames Zocken, gemeinsames alles. Natalie bekommt einen Sessel und eine Bücherecke, Karla einen schönen Schreibtisch zum Zeichnen. Aber irgendwie wirkt das gerade alles total weit weg, Leipzig-weit-weg.

Die schlechten Seiten von Natalie, die schlechten Seiten von Natalie! In Karlas Sofaritze vibriert es. Vielleicht Natalie, vielleicht kam schon die Zusage! Als sie auf das Handy schaut, entweicht die mit Mühe rangekarrte, kurze Euphorie wieder aus ihrem Gesicht, als hätte man ein Fahrradventil geöffnet. Pfff. Es ist die Mutter. Auf dem Display steht aber der Vorname: *Gerda*. Diese Änderung musste irgendwann sein, um noch mehr Distanz zu schaffen, als ohnehin schon da war. Es wird natürlich nicht rangegangen. Es kann nur ein Versehen sein. Jetzt fällt ihr ein, dass ihre Schwester Mascha auch versucht hatte, sie anzurufen. Wenn es wichtig ist, würden sie schon schreiben, denkt Karla, obwohl das Quatsch ist, weil normale Leute, wenn etwas wichtig ist, anrufen.

Es gibt keine schlechte Seite an Natalie, sie ist die Beste, sie spinnt nur manchmal, wie jeder Mensch halt, denkt Karla, wieder klar geworden von der Ablenkung. Sie schreibt ihrer Freundin eine Säuselnachricht und beschwört nochmal die Zusage im Museum. Es muss einfach klappen, es wird klappen.

Aber vorher passiert schon wieder etwas anderes, worum man sich kümmern muss. Mascha hat eine WhatsApp-Gruppe erstellt – mit Karla und Gerda. Die Welt kommt jetzt einfach rein in diese Wohnung. Jetzt hilft nur noch abdichten. Die Welt ruft an, und Karla muss sie zurückdrängen. Sie ruft zurück. Aber Mascha, nicht Gerda.

12

Loch im Kopf. Das war das Urteil von Frau Höfer. Mascha hatte ein Loch im Kopf. Das war's jetzt, dachten die Kinder, die mit ihr im Sandkasten saßen. In einem Kopf darf kein Loch sein, so viel war ihnen allen schon beigebracht worden. Deswegen war das Geplärre groß. Unter Maschas Haaren war eine Öffnung, aus der jetzt so langsam alles, was darin war, rausfließen würde: ihre Träume, ihr Gehirn, ihr Nasenrotz. Und ihr Blut! Das konnte man jetzt schon sehen. Mascha würde sterben und ihre Mutti würde untröstlich sein – ihre Geschwister natürlich auch. Mascha selbst plärrte nicht, *der Schock*, wie Frau Höfer unnötig oft sagte, *nur der Schock*. Es passierte im Hort und an der Kante vom Sandkasten, und das war nur das erste Mal, dass Karla dabei war, als Mascha fast gestorben ist.

Beim zweiten Mal war Karla sogar schuld. Als Mascha und sie mal wieder, gemeinsam mit ihren Geschwistern Fritz und Frieda, am Kanal rumpirschten, wollte Mascha auf diesen Baum klettern, auf dem früher mal ein Baumhaus und damit noch Trittmöglichkeiten übrig waren, kleine Stufen aus rostigen Nägeln und wackeligen Brettern. Karla sollte, obwohl sie die Kleinste war, ihre große Schwester absichern und an Po und Waden festhalten, während Fritz und Frieda irgendwas anderes taten, wahrscheinlich tranken sie heimlich ein Mixery unter der Trauerweide, wie immer öfter zu dieser Zeit. Karla tat ihr Bestes, aber trotzdem rutschte Mascha von einem Brettchen ab, riss sich ihren Oberschenkel an einem Nagel komplett vom Knie bis oben auf – so sah es zumindest aus –, verlor unglaublich viel Blut und kurz sogar ihr Bewusstsein. Frieda und Fritz mussten sie nach Hause tragen, und Karla hat geheult, geheult, geheult, weil sie hatte nun offenbar ihre Schwester auf dem Gewissen! Sie sah sich schon im Gefängnis, für immer schuldig heulend.

Heute ist Mascha lieb zu Karla (unter anderem weil sie noch am Leben ist) und kann sich nicht mehr so deutlich an das Unglück erinnern wie Karla, aber noch als Teenie sagte sie zu ihrer kleinen Schwester immer wieder, die lange Narbe zeigend: *Hier guck, daran bist du schuld.* Damit gewann sie jede Auseinandersetzung, zum Beispiel jeden Fernbedienungsstreit. Einmal malte sich Karla auch eine Narbe mit Filzstift aufs Bein und lief einen ganzen Nachmittag damit draußen herum, als Ausgleich. Sie dachte, damit wäre alles wieder gut.

Kurz darauf fingen Mascha und Karla an, am Kanal zu paffen. Mascha war 13 und Karla 10. Wie so oft war die Bude, die sie mit Kevin und ein paar anderen aus Maschas Klasse gebaut hatten, von den Älteren zerstört worden. Die Buden blieben nie lange genug unentdeckt, um es sich wenigstens ein bisschen einzurichten, mit Decken, Limogläsern, Magazinen, Schneckenhäusern und so. Zu schnell waren die blöden besoffenen 16-Jährigen zur Stelle und zerdepperten alles. Vor den Älteren hatte Karla deswegen Angst, als wären sie Monster. Sie hielt sie für mindestens zwei Meter groß, dabei waren sie in Fritz' und Friedas Alter, und ihre Geschwister waren ja auch nicht zwei Meter groß. Sie zerstörten aber auch keine Häuser, wobei man sich da bei Fritz nicht so sicher sein konnte. Frieda war zwar garstig, aber auch faul. Sie hätte sich nicht extra die Mühe gemacht, irgendwelches zusammengehämmertes Holz zu zerlatschen. Mascha wusste es schon besser und hatte weniger Angst vor den Teenies. Sie stand kurz davor, auf deren Seite zu wechseln. Karla wusste, die Budenbauzeit war das letzte gemeinsame Projekt der Schwesternschaft. Eine gemeinsame Band à la Tic Tac Toe wollte Mascha auch nicht mehr mit ihr haben und sie forderte bei Mutti ein eigenes Zimmer ein. Es fiel ihr immer mehr auf, dass Karla noch ein Kind war und sie nicht mehr, und das, obwohl Karla seit neuestem ihre Puppen und Kuscheltiere vor Mascha versteckt hielt und sie erst zum Kuscheln rausholte, wenn Mascha sicher schlief.

Den fiesen Kevin, vor dem Karla Angst hatte, durfte man nie zu Hause besuchen, weil seine Mutter es nicht wollte. Einmal waren sie doch dort, sind einfach nach der Schule vorbei, unangekündigt. Es roch stark nach altem Rauch im Mix mit süßem Raumspray, und überall lagen Bierflaschen herum. An den Wänden waren selbstgemalte Bilder, die wirklich nicht schön waren, sondern hässlich. Jedenfalls scheuchte die Mutter die Kinder sofort raus, und seitdem suchten sie nach einer neuen Bleibe für die *Clique* (das Wort hatten sie aus der *BRAVO*), denn bei Mascha und Karla ging es auch nicht, zu wenig Platz, zu viel los. Also bauten sie doch wieder eine neue Bude, diesmal auf dem Hinterhof der mysteriösen Lagerhalle, deren Eroberung viele Kindercliquen schon *seit der Wende* planten. Diesmal würden die Mixery-Teenies die Bude bestimmt nicht kaputtmachen, versprach Kevin. Er würde das verhindern. Er war fast 14, also steinalt.

Sie klauten Winkel und Nägel aus dem Baumarkt, sammelten Bretter, von denen komischerweise immer irgendwo welche rumlagen, und hämmerten alles dilettantisch zusammen. Kevin klaute unauffällig einzelne Zigaretten von seiner Mutter, und so verbrachten sie einen ganzen Sommer in dieser Bude, die sogar einen kleinen, abgetrennten Hundezwinger für den Sonntag-Hund hatte, in der sie pafften und sich Rachepläne für die Älteren ausmalten. Draußen haben sie sich nie so gut verstanden wie in diesen eigenen zusammengehämmerten Wänden. Als sie eines Nachmittags wieder dort ankamen, war die Bude einfach zur Seite gekippt und alles so durchnässt, dass sie nichts mehr retten konnten. Es sei der Sturm gewesen, sagten Mascha und Kevin, und so konnte es ja wirklich gewesen sein. Aber Karla hatte Spuren gesehen, große Spuren. Von Leuten, die über zwei Meter groß gewesen sein mussten. Von Monstern. Später fand sie noch eine Mixery-Dose.

Das mit der Raucherei war für Mascha und Karla so aufregend, weil es bei den Sonntags besonders verschrien war. Denn ER hat geraucht, der Herr Sonntag, Namensgeber der Familie und biologischer Vater von Mascha und Karla. Er machte sich stetig unbeliebter in der Familie, weswegen jemand, wahrscheinlich der besonders gewitzte Fritz, irgendwann mal die Idee hatte, ihn Montag zu nennen. Also, Peter Montag ist Raucher, Kettenraucher, oder mehr noch, er ist selbst der Rauch, er ist eine Zigarette, er sah mit den Jahren sogar irgendwann aus wie eine. Immer wenn er mal zu Besuch kam, und das kam nur ein paar Mal pro Jahr vor, machten die Geschwister hinter seinem Rücken so eine Kotzgeste, Zunge raus, Finger in den Rachen. Nach der Scheidung war eigentlich nur Mascha wirklich traurig, sie behauptete, sie hätte einen Draht zu ihm gehabt (er ließ sie mit ihm rauchen und fand gut, dass sie schon früh ihr Ding machte und er sich nicht viel um sie sorgen, also kümmern musste). Frieda und Fritz hatten ein kompliziertes Verhältnis zu ihm, denn sie hatten *ihren eigenen Vater*, wie Fritz ihn bei Streits mit Peter früher nannte, also ihren offiziellen, behördlich anerkannten Vater, der vor Peter Sonntag Namensgeber der Familie gewesen war. Der war angeblich sympathischer, wie Fritz und Frieda immer behaupteten, und auch Mutti war wohl dieser Meinung. Aber er war eben auch nicht da, noch mehr Gespenst. Karla hatte ihn nur ein einziges Mal gesehen. Was für Karla das Schlimmste ist, sind die Erinnerungen an die gelben Finger ihres Vaters. Deshalb schaut sie bei Natalie immer nach, ob es schon so weit ist.

Weil sie sich so ähnlich sahen, wurden Karla und Mascha in ihrer Kindheit trotz des Altersunterschieds manchmal für Zwillinge gehalten, was Mascha und Karla abwechselnd cool und furchtbar fanden, und das passte auch gut zu dieser Schwesternbeziehung, die über die Jahre immer wieder zwischen Todfeindschaft und Bestfriends wechselte. Irgendwann war Mascha mit ihrem Kopf nur noch in den Wolken, beziehungsweise in den USA, wo sie unbedingt hinwollte. Da war alles viel cooler, die Filme, die Musik, die Klamotten. Die blöde USA-Flagge zierte dann auch alles Mögliche, ihr Federkästchen, ihren Rucksack, ihr Zimmer, sogar ihre Ohren. Sie wurde eine richtige *Tussi*, wie man zu den aufgetakelten Mädchen in der Schule sagte. Sie wollte ein Star sein und schrieb als Traumberuf in die Poesiealben *berühmt*. Zunächst fing sie damit an, sich für alles Mögliche zu schämen, und meckerte den ganzen Tag an sich herum, an ihrem Bauch, ihren Haaren, ihren Sachen und ihrer Familie sowieso. Sie war eher mit der Pubertät dran als Frieda, obwohl sie zwei Jahre jünger war. Sie bekam ihre Tage schon mit 12 und zog Frieda damit auf, die sie erst ein paar Monate später bekam. Karla war dann sogar noch später damit dran, mit 15, und hat es niemandem gesagt, weil es durch Maschas Getue so ein großes Thema in der Familie geworden war. Erst als sie 17 wurde, erfuhr Mutti, dass Karla schon lange ihre Tage hatte, und war enttäuscht, sie hätte das gern gewusst, es sei doch so eine große Sache, *man wird zur Frau.* Karla fühlte sich überhaupt nicht als Frau, nur weil sie einmal im Monat ultrafiese Schmerzen und eklige Suppe im Schlüpfer hatte. Sie wartet noch heute auf das Gefühl. Auch ihr Körper hat sich nicht verändert. Sie ist bis heute dünn und flach, sie findet sich viereckig. Sie ist eine Sache.

Während Karla also die typische Emopubertät durchzog – Linkin Park hören, wütend auf alles sein, Türen knallen, sich eine Ratte anschaffen, in unerreichbare Menschen verliebt sein, an die Decke starren, alles sinnlos finden, weite Pullis auch im Sommer tragen und so –, wollte Mascha allen gefallen und wirkte immer gut drauf. Sie stank locker ein Jahr lang nach einem Mix aus Pink Passion, Vanilla Kisses und Räucherstäbchen, Karla hätte täglich kotzen können. Bei ihrer Jugendweihe wollte Mascha nicht, dass die Familie sie hinbrachte, sie wollte sich lieber mit ihren Tussifreundinnen vorher schminken und in einem coolen Auto von dem Freund von einer dieser Freundinnen vorfahren. Karla fand das peinlich und gemein und wollte deswegen gar nicht erst hin, musste aber. Dabei zog sie alle Register und behauptete sogar, sie würde das Jugendamt rufen, denn es könne ja nicht sein, dass Mascha und die anderen Minderjährigen mit einem 18-Jährigen rumfahren durften. Es konnte aber sein, fand Mutti. Zu dieser Zeit hielt niemand mehr die beiden für Zwillinge, niemand wusste überhaupt noch, dass sie Geschwister waren.

Als sie 16 war, nahm Mascha dann bei *Popstars* teil, vollkommen logisch, weil Mascha ja berühmt werden wollte und alle *Tussis* zu der Zeit zu den Castings gingen, vor allem wenn sie in der eigenen Stadt stattfanden. Karla ging sogar mit, sie wollte sich das nicht entgehen lassen. Es war überhaupt nicht so spektakulär und glamourös, wie es im Fernsehen wirkte. Sie mussten erst ewig vor einem einfachen großen Zelt warten, dort konnte Mascha sich anmelden, dann mussten sie noch an zwei weiteren Ständen warten, bis das Prozedere abgeschlossen war. Sie mussten in Gruppen vor *dem Produktionsteam* vorsingen, die gar nicht die Leute aus dem Fernsehen waren. Alle hatten nur ein paar Sekunden, Mascha stellte sich mittelmäßig an, aber weil sie am besten (stärksten) geschminkt war und so blöd kicherte, kam sie weiter, das war Karlas Theorie. Sie kam aber überraschenderweise auch danach weiter und weiter.

Erst fanden es alle Sonntags sehr lustig, einschließlich Mutti. Sie war sich allerdings sicher, dass für Mascha der Spaß bald zu Ende sein würde, nicht, weil sie fand, dass Mascha nicht singen konnte, das konnte sie sehr wohl, sondern weil es so viele Mädchen waren und die Chance doch viel zu klein. Dann aber machte sie sich doch Sorgen, das ganze Konkurrenzgetue fand sie gefährlich. Mascha wirkte unbeeindruckt. Karla fieberte immer mehr mit, sie war ja wie alle in ihrem Alter großer *Popstars*-Fan, wenn auch heimlich, und wollte natürlich auch, dass alle wussten, dass Mascha ihre Schwester war, wenn sie es *in die Band schaffen* sollte. Und natürlich wollte sie alles, was hinter den Kulissen abging, von Mascha wissen. Für die sogenannten Workshops ging die schließlich nach Berlin und rief jeden Abend zu Hause an, um alles zu erzählen.

Im Fernsehen hieß es später:

SIE SIND DIE BESTEN AUS 11 000 BEWERBERINNEN! SIE SIND NUR EIN PAAR SCHRITTE DAVON ENTFERNT, KARRIERE ZU MACHEN!

… und die Sonntags lachten, weil alles etwas anders kam und sie es ja schon vor der Ausstrahlung wussten.

Gemeinsam mit den letzten anderen neun Kandidatinnen musste Mascha für eine Woche in ein Bandhaus auf Mallorca ziehen. Dort wurde immer weiter ausgesiebt, wer in die Band kommen würde. Vorher nahmen aber alle zusammen mit der US-Boyband A-CITY ein Cover von *We Are The World* auf, das dann als Single veröffentlicht wurde. Mascha bekam dafür 1000 Euro, was den Sonntags damals wie sehr viel Geld vorkam, es waren nämlich 2000 Mark. Mascha war schließlich unter den letzten sechs – vier sollten es am Ende werden –, und fürs Fernsehen wurde alles im Vorhinein so inszeniert, dass alle nach der großen Show bei allem rein- oder rausgeschnitten werden konnten, so dass man am Tag nach dem Finale das Ganze schon fertig in die Radios, die Musiksender und somit die Charts hauen konnte. Das heißt, das Album wurde mit allen aufgenommen, die zwei ersten Videos für die Singles ebenfalls, und für Konzerte wurde auch schon mit allen geprobt. Alle waren sozusagen *ready*.

Im ersten Song *Cool & Through* ging es darum, dass der Ex die Singende betrogen hat und jetzt mit der besten Freundin zusammen ist. Aber es wird sich dafür bedankt, denn *Now I know I should have never trusted you / but this made me stronger, so I'm cool and through*. Der zweite Song war eine Ballade und hieß *Perfection Is You*. *Die Mädels*, wie sie von der Jury und den Coaches genannt wurden, verstanden sich okay. Sie hatten aber kaum Zeit, um sich kennenzulernen, ständig mussten sie was üben oder sie telefonierten mit Familie, Freundinnen oder dem Freund zu Hause. Im Fernsehen später sah man dann, dass die Jury diskutierte, weil zwei sich zu ähnlich sahen. Und jede bekam durch den Schnitt eine einfache Persönlichkeit. Mascha war die kumpelige Brünette, mit der sich viele identifizieren konnten, Susi war dunkelblond, ängstlich und schüchtern, Gabby war hellblond, zickig und dramatisch, Lisa rothaarig, sinnlich und sexy, Yasmin hatte raspelkurzes Haar, war schlau und schlagfertig, und die schwarzhaarige July war mysteriös und unnahbar. Im noch jungen Internet wurden sie miteinander verglichen. Susi war zu dick und wurde dementsprechend mit Häme überschüttet, Maschas Titten waren zu klein, Lisa war eine Schlampe, Yasmin viel zu männlich/lesbisch, Gabby arrogant, July langweilig. Alle zusammen waren eigentlich eh zu dumm, schmissen ihre Zukunft weg und hatten wahrscheinlich den Männern in der Jury Blowjobs gegeben. Aber jede hatte auch ihre weiblichen Fans in den Foren und den Leserbriefen der *BRAVO*. Die vielen viel zu alten Männer meldeten sich eher privat – per E-Mail oder sogar per Brief nach Hause.

Neben Tanztraining und Gesangsunterricht wurde *den Mädels* gezeigt, wie man sich schminkt, welche Klamotten *ihnen schmeicheln* und wie man auf hohen Schuhen läuft. Auf der Bühne sollten sie sich immer mal lieb anlächeln, damit es nach Solidarität aussah, Girlpower, Girlfriends, Familie. Berührungen waren auch erwünscht, das sollte dann für die Männer sein, die alte Fantasie eben, dass da eventuell mal geknutscht wird hinter den Kulissen. Man sollte ab und an mal den Arm auf die Schulter der anderen legen, und der absolute Hit waren Schenkelberührungen. Für Mascha war das alles okay, ein Spaß, Getue. Sie war nur genervt davon, dass sie ständig so enge schlüpferähnliche kurze Hosen und Strumpfhosen tragen musste, nur weil Beinzeigen wegen Destiny's Child gerade so super angesagt war. Es schnitt oft ein und man musste sich ständig alles zurechtzuppeln. Und man musste, damit nix scheuerte, diesen Bereich täglich rasieren, doch dadurch wurde es nur pickelig und juckte wie Sau.

Sieben Millionen Zuschauer schauten dann bei *DER GROSSEN ENTSCHEIDUNG* zu. Sie traten in zwei Dreiergruppen gegeneinander an: Mascha, Gabby und July gegen Susi, Yasmin und Lisa. Bei *Goodbye* von den Spice Girls hatte Gabby wahnsinnig übertrieben beim *Na-Na-Na*, aber es lief trotzdem super. Bei *Cool And Through* haben sie zwischendurch alle ein bisschen gelacht und geweint, das war aber erwünscht, weil das das Finale auflockerte und es nochmal unterstrich, was für eine *krasse Journey* hinter den *Mädels* lag. Sogar die Jury hatte dann Tränen in den Augen. Trotzdem sagten sie: *Wir wissen einfach nicht, ob ihr alle schon bereit seid*. Alle hatten darauf durcheinander geantwortet und nochmal gebettelt: *Doch, doch, wir sind mega ready, absolut, wir haben richtig Bock*. Von mindestens zwei Mädchen wusste Mascha sicher, dass sie überhaupt gar keinen Bock mehr hatten. Dann wurde der Bandname bekanntgegeben. Die Zuschauer durften zuvor im Internet und per SMS und Anruf abstimmen. Ein pink glitzernder Vorhang fiel auf die riesige Bühne, das Licht wurde gedimmt, Pyrofontänen gingen links und rechts los. Die Jury sagte gemeinsam:

ES IST:

… Werbung …

WILLKOMMEN ZURÜCK!

ES IST:

DREAM PEARLS

… wegen dem großen Traum, aber doch auch der handfesten Arbeit, die hinter dem Popstarberuf stecke, wie Jurymitglied und Musikproduzent Thorsten erklärte.

Mascha schaffte es leider nur ganz knapp nicht in die Band, genauso wie Yasmin. Danach wurde den beiden noch eine Single als Duo angeboten, deren Aufnahmen immer wieder verschoben wurden, bis sich niemand mehr bei ihnen meldete. Sechzehn Monate später gaben die *DREAM PEARLS* schon ihr Abschiedskonzert. Sie trugen dabei Hüte aus Perlen und lange Gewänder, es wäre sowieso nicht Maschas Ding gewesen, haben die Sonntags ihr immer gesagt. Aber sie musste gar nicht getröstet werden, sie hat sich schnell Neuem gewidmet und war jedes Wochenende in allen Discos und Clubs der Stadt unterwegs, weil sie oft als Stargast geladen wurde und ab und zu mal ein, zwei Songs singen durfte. Dann wurde sie DJ und fing außerdem an, ein bisschen zu modeln. Mutti war erleichtert, dass es mit *Popstars* nichts wurde. Sie hatte große Sorge, dass Mascha als Sängerin immer Absatzschuhe tragen müsste, und warnte vor einem Haltungsschaden.

Was die Sonntags damals noch nicht wussten, war, dass sich Mascha bei den Aufnahmen zu der Charity-Single in Dave von A-City verliebt hatte und ihn regelmäßig in Berlin traf, wenn sie behauptete, sie hätte Gespräche bezüglich einer Soloplatte. Schon bald war sie von ihm schwanger. Sie war nicht geschockt oder ängstlich, sondern fand das total super. Mehr noch: Es kam ihr gelegen. Deshalb erzählte sie es den Sonntags freiheraus beim Abendbrot. Als Mutti schockiert reagierte, sagte Mascha nur, dass sie ja auch nur ein paar Jahre älter war, als sie mit Fritz schwanger wurde, und außerdem habe sie doch immer behauptet, dass es in der DDR nicht ungewöhnlich gewesen sei, ein Kind mit 18 zu bekommen. Wenn das Baby da wäre, wäre sie gerade mit der Schule fertig und könnte direkt mit Dave nach drüben ziehen. Mit ihrem US-Boy und dem US-Baby ginge es endlich ins US-Land. Sie hatte es fast geschafft!

Lange vor alldem hat auch Mascha mal Karla das Leben gerettet. Karla hatte das aber gar nicht mitbekommen. Was sie mitbekommen hatte, war das danach. Dass Mutti total heulte, war wie so oft nicht nachvollziehbar. Sie heulte öfter mal, wegen böser Briefe zum Beispiel. Manchmal aber auch einfach so, sie war, wie man sagt, nah am Wasser gebaut und sagte ihren Kindern auch immer, heulen sei *keine Schande*. Es konnte ein Lied sein, eine Erinnerung, ein Film oder irgendeine Laune. Früher sagte sie, das ist, weil sie Sternzeichen Skorpion Aszendent Krebs ist. Aber diesmal waren es richtig dicke, traurige Kullern, die da aus ihren Augen prasselten. Dabei hatte Karla sich gar nichts weiter getan. Für ihre Verletzung reichte ein Pflaster, ein buntes mit irgendwelchen Figürchen darauf, ein Kinderpflaster, vielleicht waren es Mickymäuse oder Dinos, das weiß heute niemand mehr so genau, weil es nicht so wichtig war und nicht so schlimm. Karla dachte, sie wäre einfach hingefallen, aber dann erklärte ihr Mutti alles.

Gemeinsam mit Mascha und Fritz wollte Karla *an den Kanal* gehen. So beschäftigt man sich nun mal, wenn man nahe am Kanal oder an einem Fluss wohnt, man geht dann eben immerzu an den Kanal oder an den Fluss. Dort gehört den Kindern eine riesige Welt, und so auch den Sonntag-Kindern. Sie wohnten nämlich nicht an dem Teil des Kanals, wo die Fahrradfahrer durchheizten, die stressigen Wassersportler mit ihrem Wassersport rumprahlten oder die Studenten ihre langweiligen Gespräche führten, sondern dort, wo ab und zu mal nur ein paar Spaziergänger vorbeikamen und einige Häuser und Hallen leerstanden. Für die Sonntag-Kinder war es wie ihr eigener unendlicher Spielplatz mit eigenem Garten, manchmal pflanzten sie sogar etwas von einer Stelle an eine andere, wie sie es aus dem Schulgarten kannten, was meist nicht so gut ausging. Im Winter zogen sie sich auf dem Schlitten durch die Gegend und betraten das gefrorene Wasser trotz Muttis Verbot. Im Sommer bastelten sie sich Kränze und Ketten aus den Zweigen der Trauerweiden und schleuderten Steine bis fast zur anderen Kanalseite.

Was an dem Tag also passiert ist: Die Kinder wollten zum Kanal und mussten dafür wie immer die stark befahrene Straße überqueren. Fritz war schnell und ist einfach rübergerannt, Mascha schlenderte hinter Karla. Karla hielt sich für so flink wie ihr Bruder und sprang ihm hinterher, ohne zu gucken. Man soll aber immer gucken! Dann wurde es für sie schwarz. Mascha hielt sie am Nicki-Kragen gerade noch so fest, dass das Auto Karla nur streifte und sie mit blauen Flecken und einer Schramme an der Hand davonkam. Heute versteht Karla, warum Gerda so dermaßen geheult hat. Heute versteht sie Sorgen. Es ist ein verdammtes Wunder, wenn Kinder bis zum 18. Lebensjahr überleben.

13

Mascha hat Karla am Telefon alles viel zu schnell und aufgeregt erklärt. *Geburtstage im November, Mutti und du, Hamburg, die tolle Stadt, Reise, Mutti ist wohl kein Beatles-Fan mehr, ihr habt doch früher so gern, König der Löwen, gute Gelegenheit, Circle of Life* (Mascha hat es sogar angesungen), *komm, sag Ja!* Karla war völlig überrumpelt, wollte aber nicht streiten und keinen Psychotalk, also hat sie *jaja, okay, überlege es mir* und *ich muss noch schnell zur Post, bevor die zumacht, bis später* gesagt und aufgelegt. Unmittelbar nach dem Anruf wechselt sie zu WhatsApp, um das Ganze vielleicht nochmal zu beruhigen, abzuschwächen, zu versuchen, sich da irgendwie rauszuwinden. Aber es ist schon zu spät.

25.10.19

Mascha
Moin, Mutti & meine Lieblingsschwester Karlotta. Freut mich, dass ihr Lust habt, das zu machen. Hab euch hier in diesen Gruppenchat eingeladen, damit ihr euch über eure Reise austauschen könnt, ich schicke euch dann, wenn es so weit ist, eure digitalen Tickets und die Buchungsbestätigung.

Bitte ignoriert die Preise, die da draufstehen, & sprecht mich und die anderen bloß nicht drauf an, chillt bitte einfach. Freue mich, dass ihr das macht :) :*

Karla

Ja cool. Danke. Muss nochmal gucken, ob ich da wirklich kann, es ist grad super viel los

Gerda

Also ich kann, zur Not kommst du halt mit, vielleicht sogar mit den Kindern, Mascha?

Mascha

Nein! Ihr macht das. @Karla: Was steht bei dir denn an?

Ach, und wollt ihr euch nicht so langsam mal allein schreiben? Ihr habt doch noch eure Nummern eingespeichert???

Gerda

Haben wir, also ich schon

Karla

Jo

Mascha

@Karla: Ich ruf dich später nochmal an

Mascha hat die Unterhaltung verlassen.

Unverschämt findet Karla das, und Gerda hat es noch nicht mal bemerkt. Sie tippt einfach weiter und weiter.

Gerda

Ich freu mich schon. Wir könnten vielleicht auch noch einen Tag dranhängen und in das Beatles-Museum. Weißt du noch, als wir in dem in Halle waren?

Wo selbst die Besuchertoiletten voller Beatleskram waren?

Sogar der Klodeckel?

War ja leider unverkäuflich

@Karla?

Jetzt schickt sie noch ein GIF hinterher, es ist ein lachender Hund mit Hut. Wahrscheinlich ein Versehen.

Karla hat sich unter ihrer Decke verkrochen, es vergeht vielleicht eine Stunde, da kommt schon wieder eine Nachricht von Gerda rein und Karla spürt, wie sie einfach aufgibt. Handykommunikation stresst und überfordert sie total, sie ist eine Boomerin, gefangen im Körper eines Millenials. Vielleicht ist es wie in dem Film *Freaky Friday*, sie hat mit ihrer Mutter Körper getauscht. Karla guckt auf ihr gesperrtes Handy, um dort ihr gespiegeltes Gesicht zu sehen. Sieht immer noch 29-jährig aus, eher noch jünger. Schade. Wenn es anders wäre, hätte sie jetzt ganz andere Probleme als das vorliegende.

Aber egal: Die Zukunft, in der sie mit ihrer Mutter zum *König-der-Löwen*-Musical geht, danach in einem Hotel übernachtet, am nächsten Morgen Rührei isst, Orangensaft trinkt und sich die beiden einen Kaffee zum Mitnehmen abfüllen, um zum Sightseeing aufzubrechen und im Anschluss ins Beatles-Museum zu gehen, ist so unvorstellbar und dadurch so unendlich weit weg, dass sie da bestimmt schon gar nicht mehr am Leben sein wird. Oder die Sonne ist bis dahin explodiert, und es ist überhaupt niemand mehr am Leben. Oder alle Beteiligten haben eingesehen, was für eine blöde Idee das ist, und es wird einfach nicht gemacht und für immer Stillschweigen darüber bewahrt. Deswegen braucht sie jetzt auch nicht mehr zu diskutieren. Deswegen tippt sie das, was am wenigsten Stress verursacht und am wenigsten Kraft braucht.

Karla

Ja klar, bin dabei

Karla hatte sich solche Ausflüge früher immer gewünscht, und Gerda hatte Gefallen daran gefunden. Obwohl sie sonst eine betonte Anhängerin von kleinen, alternativen Veranstaltungen und Szenen war, wurden solche Event-Ausflüge zu dem Ding der beiden. Meist fanden sie um ihre Geburtstage statt, die nur drei Tage auseinanderliegen. Karla kam schon früher manchmal wochenlang kaum aus ihrem Zimmer raus, als ob sie ihre Kräfte für das eine große Ereignis aufsparte. Diese ersehnten Ereignisse waren nicht, wie bei anderen Kindern, Kinofilme oder die beste Pizzeria der Stadt, es waren Besuche großer Eventstätten, von denen sie aus Muttis Kulturmagazinen erfuhr. Da war der Saurierpark in Kleinwelka, dann natürlich Belantis wegen der *Fluch-des-Pharao*-Pyramide, die Filmstudios in Babelsberg wegen *GZSZ*, der *Unendlichen Geschichte* und Fuchur, dann sogar das Sea Life in Berlin, und nach langen Überlegungen waren sie auch in Körperwelten gewesen. Das war das mit den toten Menschen – womit Karla viel besser klarkam als Gerda. *König der Löwen* galt für Karla immer als der heilige Gral der Events, aber es war zu teuer, zu weit weg. Karla wollte, seit sie denken konnte und es das Musical gab, also seit 20 Jahren, unbedingt hin. Bis heute schaut sie sich regelmäßig alle möglichen Mitschnitte auf Youtube an. Sie will also hin. Aber ganz sicher nicht mit Gerda und schon gar nicht in drei Wochen. Obwohl der Ohrwurm selbstverständlich nicht lange auf sich warten lässt. Wie ferngesteuert tippt sie auf die Youtube-App, gibt den Titel ein, stellt auf volle Lautstärke, legt die Hand auf die Brust und röhrt los. Dann nochmal und nochmal und nochmal. *There's far too much to take in here / More to find than can ever be found …*

14

Vielleicht könnte man auch eine alte Affäre wieder aktivieren, denkt sich Gerda in ihrer klitzekleinen Badewanne. Das Selfcare-Badezeug aus dem dm schäumt leider nicht. Affäre – so nennen sie es in Filmen und bei dörflichen Eheleuten, dabei war es einfach eine nette Sache vor zwei Jahren. Die war auch nicht verboten oder so, der Mann Wolfgang und Gerda hatten sich da nichts vorgemacht. An sowas Quatschigem wie Eifersucht ist es dann auch nicht gescheitert, eher an fortschreitender Sprachmüdigkeit. Daran, dass man zunehmend keine Lust mehr hatte, über die Probleme, die sich so anhäuften – Alltagsprobleme und richtige Probleme von früher noch –, einmal mehr zu reden. Es war einfach keine Kraft mehr da, *keen Bock*, wie die Lieblingsworte von Gerdas Enkelin Mele lauten. *Muss man jetzt wirklich dieses Fass aufmachen?*, dachte sich Gerda immer öfter in den vergangenen Jahren, jetzt den halben Tag streiten, erklären und diskutieren, oder kann man einfach was anderes machen, am besten ohne einander, Kino, spazieren, Ablage? Und dann verflog der jeweilige Ärger und Kummer immer schneller, und die guten Sachen wurden gemeinsam mit den schlechten egal.

Bei der sogenannten Affäre handelte es sich um Carsten, zehn Jahre jünger, Professor an der Uni, an der Gerda mittlerweile Psychologie studiert, er ist vom Fach Pädagogik. Ein fast schon erfrischend langweiliger und damit ruhiger Mensch, sie fand sein Auftreten sofort liebenswert, als sie sich das erste Mal in der Cafeteria begegneten und er sie ansprach, weil er sie mit einer Kollegin verwechselt hatte. Es ging schnell, war unkompliziert, schon ein paar Tage später kamen sie sich bei einem Abendessen näher. Er versuchte, sich nach seiner Scheidung eine entweder alte, neue oder die erste Persönlichkeit anzuschaffen, und Gerda fand das sehr lustig zu beobachten, es war süß. Die Männer, die Gerda bisher kannte, hatten immer zu viel Persönlichkeit, da war immer zu viel Gerede um ihre *Räume*, um *Zeit für sich* und *ihr Ding*, obwohl Gerda gar nicht viel Zeit und Raum beansprucht und die Dinge meist gar nicht so schwer zu verstehen waren. Aber sie wollten immer verkrampft Deins und Meins abgesteckt und getrennt haben und sprachen viel über das jeweilige Arrangement, obwohl Gerda nie Pläne hatte, in deren Welt überzusiedeln oder ihre komplett freizugeben. Ihre eigene Welt war groß und voll genug, und es gab noch genug zu entdecken. Bei diesen Männern gab es meist ominöse Hobbys, Macken und Geheimnisse sowie Verhärtungen im Nacken und Biografien, die sie nicht angetastet haben wollten, und Gerda fühlte auch nie Bestrebungen dahingehend. Vielleicht wollten sie es aber insgeheim doch, wollten, dass jemand gräbt, sich über die vermeintlichen Stoppschilder hinwegsetzt, aber Gerda mochte diese Art Spielereien noch nie. Man soll klar sagen, was und wie viel man davon will, oder es zusammen herausfinden, nur dann kann es klappen.

Carsten hatte das alles irgendwie nicht. Er war mit seiner Frau fünfzehn Jahre zusammen gewesen, und dann waren sie es nicht mehr, und er hatte wohl ihr Leben mitgeführt und stellte, sobald sie weg war, fest, dass er selbst keines hatte. Plötzlich interessierte er sich für Klamotten und schleppte Gerda mit auf Shoppingtouren. Er begann sich anzustreichen, wie eine Wand in einem neuen eigenen Zimmer. Als er ihr erzählte, dass er zur Stilberatung geht, fing sie an, unangemessen zu feixen, aber er war nicht sauer, denn er hatte kein riesiges Ego, was er verteidigen musste. Ihr gefiel, dass ihm dieser Stolz abging, dass man mit ihm selbstironisch sein konnte. Seine Selbstfindung war harmlos, wobei er jeden Tipp nur abhakte, was irgendwann komisch wurde. Die Stilberaterin sagte: *Erdtöne* – und dann trug er Erdtöne. Gerda war genervt davon, weil die Beraterin offenbar total altmodisch war. In einem Internetforum hatte Carsten gelesen, welche Schuhmarken der moderne Mann tragen sollte, und die kaufte er dann. Es machte sie irgendwann doch zu verrückt. Wenn sie ihm etwas zeigte, eine Platte, ein Buch oder Kleidung, sagte er immer nur, davon habe er gehört, das soll so und so sein – und fügte nichts hinzu. Und nichts fügte ihm etwas hinzu, es perlte alles ab. Die neuen Klamotten trugen ihn, nicht andersrum. Er brauchte stets eine Autorität und erlebte nichts selbst.

Gut besprochen, aber als Lebensgefühl. Ihm gefiel nichts so richtig. Auch nicht Gerda. Sie war eben da und er konnte ihr nicht sagen, warum er sie dahaben wollte. Also blieb sie irgendwann weg. Dann gab es weiterhin und lange nur noch das Ausschleichen mit dem Mann Wolfgang.

Wenn Gerda denkt oder zu Karin sagt, dass sie die Schnauze voll hat von Männern, meint sie es nicht so klischeemäßig. Sie ist nicht frustriert, wütend oder gar verzweifelt. Sie meint nur, da ist nichts mehr, was sie interessiert, überrascht, was das ganze Getue wert wäre, nichts, was sie dazu kriegen könnte, jetzt zum Beispiel Carstens Nummer zu wählen. Er würde abheben, ist doch klar, aber dann? Etwas Nähe wäre schön, aber das Drumherum wäre wahrscheinlich schnell anstrengend. Am nächsten Morgen wäre sie wieder genervt, weil aus ihm nichts purzelte – und zu versuchen, etwas aus jemandem rauszuschütteln, ist falsch, das macht man nicht. Jetzt tönt auch noch Joni Mitchell aus den Lautsprechern, ein bisschen Klischee geht also doch. Die raucht angeblich, seit sie 9 ist, fällt Gerda gerade ein, hat sie irgendwo gelesen. *Well something's lost, but something's gained, in living every day.*

Die Zufallswiedergabe der *Women-who-rock-and-pop*-Playlist spielt als Nächstes dieses Weihnachtslied von Mariah Carey. Gerda lässt es. Eigentlich findet sie das falsch, nicht weil sie besonders abergläubisch oder gar gläubig wäre, sondern weil tief in ihr eingepflanzt die

Info rumliegt, dass man Weihnachtssongs frühestens ab dem ersten Advent hören darf und das dann in Kombi mit großem, leuchtendem Tamtam. Sie fühlt sich gerade rebellisch, aber nur ein bisschen. Immerhin ist schon November.

Jetzt, wo der Mann Wolfgang weg ist und sie hier sitzt, mit mehr Zeit, Musik und dem Gedanken an andere Männer – selbst die Bewerbungsschreiberei kann sie in diesem Moment zur Aufbruchsstimmung umdeuten –, fühlt es sich eigentlich *ganz ordentlich* an. Für Gerda ist die Gegenwart in einem aufgeräumten Zustand, sie sieht gut aus, geputzt. Wie es sich anfühlt, wenn Dinge, die sich lange angekündigt haben, endlich passieren, wenn das Folgerichtige eintritt, wenn man einen Haken dranmachen kann. Ein bisschen erinnert sie das, was sie fühlt, an das, was sie nach einem Konzert manchmal empfindet. Gerda liebt Konzerte, je nach Band wünscht sie sich, dass sie nie enden mögen, aber dann tun doch irgendwann die Knie weh, ein Hungergefühl meldet sich, man muss mal aufs Klo, zu Hause ist noch eine angebrochene Flasche Rotwein, und dann passt es plötzlich ganz gut, dass es vorbei ist mit dem Konzert. Man macht jetzt keine Jubelschreie deshalb, aber es war abzusehen, und das, was danach passiert, ist auch schön, und alles hat seinen Sinn. Gerda ist wirklich gern allein. Sie freut sich, ihren Alltag in Zukunft mit niemandem abstimmen zu müssen, mehr Zeit für Freundschaften zu haben oder sogar neue zu schließen. Sie denkt an Lesecafé-Robert, ganz platonisch natürlich.

Es gab schon mal eine Zeit, in der die Gegenwart sich auf eine ähnliche Weise passend für Gerda angefühlt hat. Alles war klar und abgesteckt, eine ähnliche Aufbruchsstimmung entstand in ihr. Das weiß sie, weil sie damals, wenn sie gefragt wurde, wie es ihr so gehe, ganz entschlossen sagen konnte: *Es passt*. Sie mag diesen Ausdruck, er klingt zwar wie eine Floskel, die man benutzt, um etwas abzutun, aber man kann es auch ganz anders rüberbringen, als meinte man eine Fügung oder sowas, je nach Betonung. Wenn sie es damals sagte, hat sie auf die immer gleiche Art gelächelt, und das zeigte, dass dieses *passt* buchstäblich gemeint war und eben nicht hieß *geht so*. Gerda würde das heute nicht laut sagen, aber es war ziemlich kurz vor ihrer Schwangerschaft mit Karla, im Jahr 1988. Es war auch vor der sogenannten Wende. Beides Anlässe, über die man sich freuen sollte, aber so war es nicht. Fritz war fünf, Frieda gerade vier und Mascha zwei Jahre alt. Gerda war damals das neueste Mitglied in einem Frauenchor und ihr stand eine zweiwöchige Tour durch Polen und die Tschechoslowakei bevor. Währenddessen wollte der Mann Peter *sich kümmern*.

Peter war der Vater von Mascha – und nachher auch noch von Karla – und er nahm auch Fritz und Frieda an, aber was sollte er auch sonst tun? Sie wohnten nun mal bei Gerda, und wenn er bei Gerda sein wollte, dann waren *die Fs*, wie er die beiden Ältesten nannte – beziehungsweise sprach er es, fast herablassend, manchmal *Ffffs aus* –, unvermeidbarerweise auch immer dabei. Fritz und Frieda nannten Peter eines Tages einfach auch Vati. Der Vater der Fs hatte längst eine neue Familie, und Gerda konnte ihn einfach aus ihren Gedanken schneiden, wie Fritz das Vater-Gesicht aus dem Familienfoto, das immer neben dem Fernseher stand. Er tauschte es nach einem frustrierenden Telefonat mit seinem Vater durch das Gesicht von Jonathan Frakes aus der Fernsehzeitung aus und Gerda fand das so lustig, dass es noch viele Jahre so stehen blieb. Als Letztes verschwand schließlich der Zettel mit der Vaternummer aus dem Körbchen auf dem Telefontisch im Flur und niemand bemerkte es.

Es hat also alles gepasst, damals. Die Sonntags hatten eine solide, große Dreiraumwohnung. Die Fs teilten sich ein Zimmer mit Doppelstockbett, Mascha wechselte zwischen Wohn- und Schlafzimmer, und Gerda hatte sich an Peter gewöhnt, mit dem sie sich auch manchmal das Schlafzimmer teilte. Er wohnte nicht komplett bei ihr, das war ihr wichtig. Er hatte seine eigene Wohnung, sie war ein paar Straßen weiter, und das war herrlich, weil sowohl Peter als auch Gerda dort mal ihre Ruhe haben konnten, also, theoretisch war das so, meist war es natürlich Peter, der das in Anspruch nahm. Dann kam die Schwangerschaft mit Karla, die nicht beabsichtigt war, und Gerda hatte alle Fristen verpasst, um noch *etwas dagegen zu unternehmen*. Aber warum auch?, dachte sie dann ungefähr in Schwangerschaftswoche 14, *ob drei oder vier macht den Braten jetzt auch nicht mehr fett.*

Es machte aber doch den Braten fett, was sie hätte wissen müssen und nur verdrängte. Der Braten wurde immer fetter und schwerer. Gerda sah zu und konnte es nicht mehr aufhalten. Bisher kam sie gut mit ihrem Körper zurecht, aber diese erneute Schwangerschaft ließ sie ungeduldig werden, sie genoss nichts mehr daran. Sie hatte einen Countdown-Kalender aus Post-its gebastelt, der anzeigte, wann es endlich vorbei sein würde. Jeden Tag riss sie stöhnend oder fluchend oder heulend ein Blatt ab. Der Mann Peter machte es zusätzlich anstrengend. Er wollte nun *eine richtige Familie* sein. Das sagte er immer wieder. Er fand dieses Lockere von Gerda zwar charmant und alles, aber jetzt musste sie doch einsehen, dass das nicht mehr ging, sie solle jetzt langsam mal erwachsen werden und sich festlegen und mal alles unter einen Hut bekommen. Anfangs war das noch ein verhältnismäßig süßer Disput unter den beiden; Gerda zog Peter mit seinem Gerede auf, scherzte, ihn hätten wohl die Hormone erwischt, Nestbautrieb und so, aber irgendwann fing er an, sich leerstehende Wohnungen und Häuser in der Stadt anzugucken. Außerdem verabredete er Termine beim Wohnungsamt und ließ die Familie auf Wartelisten setzen. Es war ihm ernst. Auf einmal blickte er Gerda beim Abendbrot in die Augen und sagte: *Es wäre so gut, wenn wir dieses Haus mit den fünf Zimmern bekämen.*

Das Haus, auf das Peter schielte, war schlicht und ziemlich kaputt, deswegen standen die Chancen, es zu bekommen, nicht schlecht. Auf den Fotos, die Peter wer weiß wo herhatte, gefiel es Gerda auch, eben weil es so unfertig war – das kitzelte ihre Kreativität.

Da würden die Platten stehen, da das Sofa, da wäre ein schöner bunter Teppich, da könnten lange grüne Vorhänge passen, so könnte man das Kinderzimmer aufteilen, für diesen Raum würde man endlich die schöne Kommode aus dem Keller holen können, die in die aktuelle Wohnung nicht reinpasst. Grillen auf der Terrasse, die wir noch bauen würden, Bücher lesen auf der Terrasse, die wir noch bauen würden, abends ein Weinchen auf der Terrasse, die wir noch bauen würden, Terrasse, Terrasse, Terrasse.

Um für den Ausbau Geld zu sparen, wollte Peter seine Wohnung aufgeben, es war ohnehin an der Zeit, wie er fand. Am besten sollte man auch noch heiraten, das würde die Chancen auf den Zuschlag erhöhen.

Dort läge bald seine kaputte Gitarre rum, da wäre die Videokassettensammlung mit allen Teilen der Olsenbande, *nur an dieser Stelle wäre Platz für den unnötig riesigen schwarzen Spiegel, und hier würden sie jeden Morgen zusammen aufwachen. Jeden Morgen. Der Mann Peter hätte auch ständigen Zugang zu der Terrasse. Dort würde er über seine Kollegen schimpfen und rauchen, rauchen, rauchen.*

Alles in Gerda schrie *Nein,* als sie im Sommer 1989 *Ja* sagte.

Aber das Schicksal schien auf Peters Seite: Das mit dem Haus war kein Problem, sie bekamen es.

Da hatte Gerda nun den Salat zu ihrem fetten Braten. Sie hatte mal gelesen, 1989 sei der letzte starke Geburtenjahrgang im Osten gewesen, danach ging es stark bergab, und sie hatte da offenbar mitgemacht, auch wenn es gar nicht beabsichtigt war. Im Nachhinein wusste sie, dass jeder spätere Zeitpunkt nur noch unpassender gewesen wäre; später hätte sie es *erst recht nicht* gewollt, denn die Probleme wurden nur größer. Aber sie hätte Karla lieber geplant, sie hätte sich gern besser darauf eingestellt, denn mit der Schwangerschaft kam eine längere Phase der Überforderung und Traurigkeit. Zum ersten Mal in ihrem Leben funktionierte sie nicht mehr, so wenig, dass sie nichts und niemandem mehr etwas Positives abgewinnen konnte. Als sie hochschwanger in dem neuen Haus saß, während Peter mal wieder irgendwelches unpassendes Baumaterial rankarrte, dachte sie: Es ist vorbei. Das Leben war schön und jetzt ist es vorbei.

Die letzte Geburt lag noch nicht lange zurück und war nicht gerade einfach gewesen. Mascha war ein Frühchen, und Gerda hatte eine Schwangerschaftsvergiftung, das ist die Todesursache Nummer 1 bei Schwangeren. Zumindest sagen das viele Leute, wenn sie das Wort *Schwangerschaftsvergiftung* hören, weil sie das mal gelesen haben. Sonst wissen sie nicht so viel darüber. Bekommt man es, weil man zu viel Kaffee getrunken hat oder gar geraucht, gesoffen? Was ist genau vergiftet? Manchmal sagte Gerda deshalb lieber, dass sie *Präeklampsie* hatte, was ernst zu nehmender klingt – es ist ja auch ernst – und ihr Tipps über Ernährung, Getränke oder Bewegung ersparte. Gerda konnte zwei Monate vor dem Geburtstermin nur noch liegen, aber schon nach einem Monat kam Mascha. Ungefähr im fünften Monat fühlte sich die Schwangerschaft mit Karla genauso an wie damals mit ihrer Schwester, und Gerda bekam solche Panik, dass sie sich entgegen der Diagnose des Arztes (*Alles gut!*) fast den ganzen Tag ins Bett legte und dort mit täglichen Heulattacken blieb, bis Karla dann sogar zwei Wochen später als gedacht und fast vier Kilo schwer, genau wie Fritz, zur damals ziemlich blöden Welt kam. Sie war rund, süß und pink, das Gegenteil von heute.

Auch jetzt, fast 30 Jahre später, wartet Gerda liegend auf eines ihrer Kinder – es ist mal wieder Mascha –, und zwar aus Babysittinggründen. Eine Fliege läuft auf Gerdas Arm entlang. Diese normalen Stubenfliegen sind Freunde, findet sie. Sie mag es, wenn sie über ihre Haut laufen. Sie hat das einmal ihrer Freundin Karin erzählt und die guckte Gerda an, als wäre sie ein Sexgangster. Sie sagte, niemand möge das und es sei unnormal, dann aber lachte sie zum Glück. *Es ist einfach nur toll, sich so dermaßen zu langweilen, nach einhundert Jahren Stress,* denkt Gerda in trauter Zweisamkeit mit der Fliege.

Nachdem Mascha und ihr Freund Tobi mit der anderthalbjährigen Mia herbeigeeilt sind, sich an Gerdas ausgezogenen Tisch gesetzt und von ihrem Weg hierher erzählt haben, stellt sie etwas in dem Blick der beiden fest, was sie jetzt erst benennen kann. Junge Eltern gucken manchmal so, als hätten sie ein Geheimnis. Dabei sehen es ja eigentlich alle: das Kind und das Strahlen, die Angst, die Müdigkeit und die Fassungslosigkeit auf den Gesichtern. Aber da ist trotzdem noch etwas, was niemand weiß. Weil es immer anders ist. *Man kann hundert Kinder bekommen haben und weiß trotzdem nicht, wie es mit Mia ist.* Alle am Tisch grinsen, weil momentan offenbar alles *passt. Mascha ist richtig gut im Abkindern,* denkt Gerda jetzt, lacht laut und verrät auf Nachfrage nicht, weshalb, weil das niemand der Anwesenden verstehen würde.

Karla gegenüber fühlt Gerda sich schuldig, ihrer heutigen Gedanken wegen und überhaupt. Als Mia rumheult und dabei aus Versehen wie eine Melodie aus dem Film klingt, stellt Gerda fest, dass sie auf *König der Löwen* eigentlich überhaupt keine Lust hat. Sie hofft darauf, dass Mascha mal wieder ein bisschen zu sehr kokettiert hat, keine kostenlosen Tickets bekommt und es einfach ein entspanntes Hamburg-Wochenende mit Cafés, Essengehen und einem Kneipenbesuch wird. Plus Beatles-Museum natürlich.

15

Kürzlich hat Karla gemerkt, dass sie Anteile von Gerda in sich trägt. Darunter ist ausgerechnet auch die Eigenschaft, die sie, solange sie denken kann, am meisten an ihr gehasst hat: dieses demonstrative Genervtsein. Gerda konnte dieses hippiemäßige Sonnenscheinchen sein, ein bisschen schrullig zwar, aber objektiv betrachtet nicht ungut, nicht schlimm, nicht verletzend, im Plus-Bereich des Menschseins sozusagen, das konnte sogar Griesgram Karla immer anerkennen. Manchmal jedoch reagiert Karla so abwehrend auf Störungen, wie es damals auch Mutti immer tat.

Wenn man was Süßes wollte: *Lasst mich in Ruhe!*

Wenn man Fernsehen wollte: *Jetzt nicht!*

Wenn man einen erwachsenen Rat brauchte: *Bitte lasst mich nur einmal meinen Mittagsschlaf halten!*

Wenn man sofort petzen wollte, was Fritz wieder gemacht hat: *Kann ich bitte erstmal in Ruhe ankommen!*

Dabei war sie ja schon da.

Mittlerweile weiß Karla, was *Ankommen* für Erwachsene bedeutet: die Tasche ordentlich ablegen, Sachen wegräumen, seufzen, den Stress der Stadt abschütteln, Hände waschen, Wohnung begutachten, aufs Klo gehen, sich ein Glas Wasser einschenken und eigentlich ein halbes Leben führen.

Heute versteht Karla das alles ein bisschen oder, wenn sie ganz ehrlich ist: viel besser. Auch sie genießt die Kultur der verschlossenen Tür. Sie merkt, wie heilsam es ist, wenn nicht alle naselang irgendein Mitbewohner was will oder, nur um sie zu nerven, vor ihrer Tür auf und ab geht. Sie reagiert bei jeder Störung, ob telefonisch, an der Haustür, auf der Straße oder in den sozialen Medien mit dem gleichen Stöhnen wie Gerda damals. Aber – und da, findet Karla, unterscheiden sie sich total – Menschen, die sie liebt, könnten Karla nie nerven. Und wenn sie Kinder hätte, wäre sie ja auch nicht allein damit, das wäre ja ganz was anderes. Natalie zum Beispiel könnte sie ruhig mal ein bisschen öfter stören, sie könnte sie viel weniger in Ruhe lassen. Sie könnte auch mal wieder anrufen.

Natalie geht jetzt jeden Morgen in die Unibibliothek, muss ihre Masterarbeit schreiben, schaltet dabei ihr Handy aus und meldet sich auch schriftlich immer seltener bei Karla. Das blöde Museum, bei dem sie sich beworben hat, hat sich noch immer nicht gemeldet, und über den nächsten Besuch will Natalie noch nicht sprechen, weil sie nicht weiß, wie schnell sie vorankommt, und Angst hat, es nicht zu schaffen, und dann wären beide traurig und so weiter. Vermutlich betrügt Natalie sie oder überlegt, wie sie Karla sagen soll, dass es aus ist, sie doch nicht mehr nach Köln zu ihr ziehen will, dass sie ihre Bewerbung zurückgezogen hat und Karla sich nicht wundern soll, sie sei sowieso nicht so liebenswert, und was sie sich eingebildet habe, und in Leipzig habe Natalie ohnehin viel interessantere Leute, ja, ja, ja. Karla glaubt an nichts davon wirklich, aber sie weiß aus Filmen und Liedern, dass sie sowas glauben soll. Das Schlimmste soll der Betrug sein, er ist das große Geheimnis zwischen zwei Leuten und hat das Potenzial, wirklich alles kaputtzumachen. Das Einzige, was zwei Liebende auseinanderbringen kann, ist eine andere Person, mit der man Sex hat. Das wirkliche Vergehen ist nie das Verlieben oder das Woandersseinwollen, sondern immer erst und ausschließlich das Körperliche. Karla fallen auf Anhieb bestimmt fünfzig schlimmere Sachen ein, die man einander antun kann oder die einer glücklichen Beziehung im Wege stehen. Das mit dem Nichtgenugliebenswertsein erscheint ihr zum Beispiel viel, viel gewichtiger. Das würde auch ohne dritte Person irgendwann auffallen. Man vergisst in Fernbeziehungen manchmal leider, wer die andere Person wirklich ist. Und an ihre Stelle tritt dann die blanke Angst.

Natalie hat sich jedoch einmal verraten, wenn man mal alles wirklich so schlecht auslegen will, wie Karla es gerade versucht. Natalie hatte gesagt, sie könne *hier* nicht gut arbeiten, denn *hier* sei es so dunkel. Dass sie damit Karlas Dachgeschossbude nicht gemeint haben kann, ist mittlerweile offenkundig, schließlich ist die Unibibo ein noch viel dunklerer Bunker. Hat Natalie selbst erzählt. In der Dachgeschosswohnung kann man, wenn man nach oben guckt, wenigstens ein paar Wolken sehen, statt sie nur zu erahnen wie im Lesesaal. Wahrscheinlich hält Natalie Karla für bescheuert, für dumm, wahrscheinlich denkt sie, Karla ist noch nie in einer Unibibo gewesen, was genau genommen stimmt, aber darum geht es ja nicht. Alles ist hier nur noch eine Frage der Zeit. Irgendwann wird Natalie nicht mehr wiederkommen oder sie wird mit großer Geste abdampfen und dann werden die Fenster hier kleiner und kleiner, bis sie nur noch kleine, klitzekleine Punkte sind, die an alles erinnern, was mal war oder gewesen sein könnte, und dann werden auch die Räume kleiner, und am Schluss wird dann alles geschluckt von einem schwarzen Loch oder ganz anders: zusammengeknüllt. Dann wäre endlich Ruhe, immerhin. Natalie hat gesagt, sie wolle Karla bald eine Tageslichtlampe schicken, die soll helfen. Dabei IST Natalie die Tageslichtlampe.

Mittlerweile guckt Karla sogar wieder TV. Da läuft gerade *Die Unendliche Geschichte*. Artax stirbt im Sumpf, während Atreyu versucht, ihn rauszuzerren, aber er versucht es nicht genug! Das Pferd stirbt elendig, es hat aufgegeben, es geht einfach unter. Jedes Mal denkt Karla, und sicher auch viele andere, es klappt vielleicht doch noch, es muss doch klappen, es ist ein Kinderfilm, natürlich muss das Pferd überleben und in letzter Sekunde gerettet werden, es muss eine Metapher dafür sein, nie aufzugeben, und die Lektion muss sein, wenn man nur einen guten Freund hat, der es versucht, schafft man es.

Natalie hat vor kurzem gesagt, es tue ihr manchmal gut, allein in ein Café zu gehen, und das könnte für Karla auch etwas sein. Eine Horrorvorstellung. Es könnte auch eine Übung aus einer Verhaltenstherapie sein, womöglich hat Natalie das mal in einer Doku gesehen – denn Natalie lernt vieles aus Dokus, vor allem so Achtsamkeitskram. Wahrscheinlich hat sie es Karla deshalb vorgeschlagen. Und auch wenn es blöd ist, Karla will es versuchen, sie muss sich wirklich dringend ablenken, von Wohnung, Briefen und Handy. Irgendwas gefällt ihr tatsächlich an der Vorstellung, allein in einem Café zu sitzen, auch wenn alles, was im Detail dazugehört, ihr Angst macht. Aber ihr graut so vor der anstehenden Reise mit Gerda, die immer näher kommt und unausweichlicher wird und deren ersten Teil sie allein bewältigen muss: Ans Rausgehen muss sie sich erst wieder rantasten. Allein reisen hat sie schon lange nicht mehr gemacht. In den letzten Monaten hat immer Natalie sie besucht, wegen des Geldes und weil Natalie Köln lieber mag als Karla Leipzig.

Es wäre eine gute Übung, es wäre eine gute Übung, es wäre eine gute Übung, hämmert sich Karla ein, während sie die Treppe runterhampelt. Sie hat beschlossen, den Fuß ins kalte Wasser zu dippen und es zu wagen, ein bisschen auch, um Natalie nachher am Telefon davon zu erzählen, damit die mal wieder checkt, dass sie nicht mit einer kompletten Loserin zusammen ist, sondern nur mit einer halben.

Karla hat sich vorher natürlich schon genau überlegt, in welches Café sie alleine gehen könnte. Beim Vorbeigehen an allen Cafés in ihrer Gegend hat sie versucht, sich in das jeweilige Szenario zu imaginieren, meistens klappte das nicht, es war zu voll oder zu hip oder es waren zu viele Gruppen da, so dass sie als Alleineperson da aufgefallen wäre. Manchmal war sie auch unsicher, ob es wirklich okay wäre, nur einen Kaffee zu trinken, oder ob *es sich gehöre*, noch einen Kuchen dazu zu essen oder sogar *etwas Richtiges*. Und wie lange sitzt man überhaupt dort, wie lange darf man an einem einzigen Cappuccino süppeln, muss man aufstehen, sobald man fertig ist? Nimmt man nicht eigentlich einer richtigen Café-Person den Platz weg?

Zu gern wäre Karla der ältere Mann, der öfter vor dem Café an der Ecke sitzt und einen Espresso trinkt, dazu die Zeitung liest und raucht. Es ist alles perfekt angeordnet: rechts der Espresso, links die rote Packung Gauloises, das schwarze Feuerzeug obendrauf, in der Mitte die Zeitung, die er nur leicht anhebt. Das mit der Ordnung findet sie spitze und auch, dass er sehr langsam umblättert. Es nachzuahmen kommt für Karla trotzdem nicht in Frage. Sie würde das mit der Zeitung bei sich selbst affig finden, und das mit dem Rauchen geht ja auch nicht. Sie könnte sich stattdessen mit einem Laptop in das Café setzen. Schließlich hatte sie einen Flyer zu designen für die Weihnachtsfeier ihrer Klasse. Aber die ist erst in fünf Wochen. Oder sie könnte an ihrer Bewerbung arbeiten für einen Nebenjob, den ihr der Videotechnik-Dozent empfohlen hat. Sie könne doch so gut schneiden und er habe Kontakte zu Produktionsfirmen, schrieb er ihr in einer E-Mail. Karla könnte zum Beispiel bezüglich *Bauer sucht Frau* anfragen, Initiativbewerbung, da werden immer Leute gesucht, er selbst habe damals beim *Quiztaxi Hand angelegt*, wie er es nannte. Tatsächlich hat Karla große Lust auf einen Schnitt-Job, also schiebt sie die Bewerbung, solange es geht, vor sich her, weil eine Absage schwer zu verkraften wäre. Ein Laptopheini im Café zu sein ist irgendwie auch keine Option, es gibt zu viele in dieser Stadt, in der alle was mit Medien machen. Bestimmt hassen die Cafémitarbeiter die Laptopheinis, und man will ja nicht gehasst werden.

Nach langem Überlegen, Auf-und-ab-Gehen und Erwägen, doch wieder aufzugeben und nach Hause zurückzukehren, betritt Karla schließlich das gentrifizierteste Hipstercafé ihrer Gegend, das sie sich für ihr Experiment ausgesucht hat, weil sie sich dort kaum schämen muss. In Gentrifizierungscafés gehen ohnehin immer neue Leute, die alle nicht in der Gegend wohnen, die da nicht hingehören, die zufällig da sind. Natürlich ist es in traditionellen Cafés schöner und die Leute sind besser, aber da gibt es Gepflogenheiten und wenn man die nicht kennt, ist man ein Touriarschloch und eben nicht die arme, schüchterne Person, für die Cafés eine aufregende Attraktion wie Kino oder Vergnügungspark sind.

Karla bekommt es hin, einen Milchkaffee zu bestellen, und wird bereits beim zweiten Versuch verstanden. Sie hat wie immer zu leise gesprochen. Am Nachbartisch trinkt jemand ein sehr rotes, fruchtig aussehendes Getränk, auf das sie jetzt neidisch ist. Der Strohhalm ist eine Nudel, was besser ist als diese Pappdinger, die es in dem Laden gab, in den Luca sie mal ausgeführt hat. Sie vermisst ihn, er hat sie manchmal zu einem normalsozialen Leben gezwungen und sie auch noch eingeladen, weil Karla sich das alles nicht leisten kann. Er will vielleicht am Wochenende zu Besuch kommen, das wäre der Wahnsinn. *Wenn ich es schaffe,* hat er gesagt.

Karla hat genau 4 Euro dabei, ein Milchkaffee kostet 3,50, und sie will noch Trinkgeld geben. Es läuft also alles ganz gut. Sie guckt sich um, zwirbelt an ihren Klamotten, guckt viel in ihr Handy, damit niemand auf die Idee kommt, sie hätte keine Freunde, was eigentlich gerade der Fall ist. Eine Frau, die auch allein da ist, guckt Karla immer wieder erwartungsvoll an, als ob die Tatsache, dass die beiden jetzt allein hier sind, Grund genug wäre, sich zu verbünden. Karla will das nicht, sie ist ein unzugänglicher Millenial, obendrauf ist sie noch, wie sie ist, und dann steckt leider auch noch immer ein unaufgeschlossener Ossi in ihr, der skeptisch gegenüber allen ist, die ihr fremd sind, also alle, die sie kürzer als ein Jahr kennt. Wann wird sie endlich zur Kölnerin und schmatzt einfach alle ab? Sie versucht, einen auf wartend zu machen, als ob gleich jemand käme, den sie kennt … Sie könnte auch auf Künstlerin machen oder auf Intellektuelle; die dürfen allein in Cafés sitzen. Natalie würde hier ein Buch lesen. Daran hat Karla nicht mal gedacht. Warum hat sie nicht wenigstens an einen Block gedacht? Anfängerin.

Eigentlich wäre sie lieber einer der Männer von drüben. Es ist nämlich so, dass es auf der gegenüberliegenden Straßenseite noch ein Café gibt, ein altes Café mit Selbstbedienung und mehreren Fernsehern verschiedener Fernsehgenerationen. Karla nennt es immer das Männer-Café. Denn da sitzen wirklich immer nur Männer. Bei dem Hipster-Ding hingegen sind es so 80 Prozent Frauen. Man sitzt sich gegenüber, die Frauen quatschen und sind alle toll. Karla aber fühlt sich eher wie einer dieser einsamen Espresso-Männer auf der anderen Seite, die nur immer mal einem neuen Mann zunicken. Hinzugehen traut sie sich aber nicht.

Da spricht die andere Alleinfrau sie an, wo denn die S-Bahn-Station sei?

Direkt da vorne. Also, einfach die Straße runter, Sie sehen sie da schon.

Sie hat es hinbekommen. Sie hat laut genug gesprochen, die Fremde hat es verstanden, und es hat sogar gestimmt. Es ist nämlich nicht nur ein Mal passiert, dass Karla die Leute auf einen falschen Weg gelotst hat, weil sie so aufgeregt war, dass sie alles durcheinandergebracht hat.

Danke schön. Ich komme nämlich nicht von hier!

Die Frau grinst wie sonst was. Sie wirkt lieb, und es wäre sicher schön, sie kennenzulernen. Eine Kölnerin würde jetzt was fragen. Karla fällt nicht ein, was.

Kein Problem, sagt Karla und setzt sich ihre Kopfhörer wieder auf.

Aber es geht weiter. Welche Bahnen denn zum Hauptbahnhof führen?

Wie bitte? Kopfhörer wieder ab.

Welche Bahnen fahren zum Hauptbahnhof?

Die S12 und die S19 und die RB25. Karla weiß es vom Nataliewegschaffen.

Danke schön! Ich …

Nein, das geht nicht. Karla kann jetzt wirklich keinen Smalltalk führen, das ist zu viel, das war so nicht gedacht, der Plan war Kaffee und die Kopfhörer und sehnsüchtig zum Männer-Café glotzen und sich merken, was man beim nächsten Mal mitbringen sollte.

Ja, ja … grinst sie freundlich und muss sofort bezahlen. Das erspart ihr zumindest das nervöse Warten auf die Kellnerin und das Überlegen, wie man die denn jetzt anspricht oder auf sich aufmerksam macht, ohne zu nerven. Karla bringt die Kaffeetasse zur Theke, geht aufs Klo und bezahlt dann direkt an der Kasse. Das wäre erledigt. Challenge bestanden.

16

Es ist gut, dass sie Unterstützung hat, denkt Gerda in letzter Zeit oft über Mascha. Gut, dass sie nicht mehr allein ist. Sie würde ihr das nicht ins Gesicht sagen, weil Mascha das nicht hören wollen würde. Das versteht Gerda, Gerda musste Ähnliches selbst zu oft hören. Es klingt total spießig und blöd, als ob eine Frau einen Mann bräuchte, so wäre es aber natürlich nicht gemeint. Es sollte okay sein, eine alleinerziehende Mutter zu sein. Und schämen sollte man sich dafür schon gar nicht. Trotzdem benötigt man Hilfe, egal von wem. Und wenn der Staat kaum Geld lockermacht und die Betreuung immer schwieriger und teurer wird, freut man sich eben über einen Mann wie Tobi, einer mit solidem Einkommen, verlässlichem Charakter und lauter so Quatsch. Da hatten wir es früher einfacher, denkt Gerda, eine weitere Phrase, im Wissen, dass es früher schwer genug war.

Nach den vorherigen beiden Idioten, die sich beide verdrückt haben, der eine sofort, der andere zu spät, hatte Mascha sich auf ein ewiges Single-Leben eingerichtet. Mit all dem berechtigten Zynismus und Hass auf Männer. Sogar auf ihrem komischen Influencer-Instagram-Profil war sie eine Zeit lang *die Single-Mom*, es war ihr

Alleinstellungsmerkmal. Gerda fand es verrückt, dass man damit heute punkten und sogar Geld verdienen konnte, nicht genug natürlich, aber immerhin. Und dass man sich freiwillig Mom nennen würde. Noch hat Mascha ihr Profil nicht upgedated, noch hat sie online nicht ihren Freund vorgestellt, den sie ja nun auch schon seit vier Jahren hat. Es sei ein zu großer Schritt, so ein *Beziehungs-Launch*, der wohlüberlegt sein will, sagte sie. Gerda versucht, so gut es geht, Mascha mit diesem Kram ernst zu nehmen, schwierige Sache.

Man muss nicht reich sein, wenn man Kinder hat, sagt Gerda oft. Aber man muss so viel Geld haben, dass alle ihre eigene Tafel Schokolade haben können. Sonst zahlt man nur drauf. Nerven zumindest. Mit der Schokolade war es bei den Sonntag-Kindern eigentlich ganz einfach: Durch vier geteilt bekam jedes sechs Stück, also je eine der langen Reihen. Aber es war natürlich immer zu wenig. Besonders wenn jemand getröstet werden musste. Einmal schmiss Frieda die Fernbedienung Richtung Mascha und erwischte sie an der Nase. Mal wieder blutete Mascha. Und beruhigte sich erst, als sie die ganze Tafel bekam.

Man muss außerdem genug Geld haben für Landheim, Klassenfahrt, Exkursion oder wie auch immer das heute heißt. Landheime und Co. sind für alle Beteiligten super. Die Eltern haben ihre Ruhe und die Kinder ihr Abenteuer. Gerda erinnert sich gern an ihre eigenen Fahrten, anfangs ziemlich chaotische Zeltlager in der

Lausitz, dann Ausflüge nach Dresden, Weißwasser, Thale im Harz oder auch die durchorganisierten Betriebsferienlager im Thüringer Wald mit dem Neptunfest als Highlight. Gekostet hat das damals *nüscht*. Am liebsten würde sie ihren Lebensabend in einem dieser Bungalows verbringen, die es bei manchen Ferienlagern bei den Wäldern am See gegeben hatte. Die Bungalows waren das Beste an diesen Ausflügen. Man konnte sich einrichten wie in einem eigenen kleinen Häuschen. Und hinter dem Duschbungalow konnte man heimlich kiffen oder trinken und sich gegenseitig mit der Taschenlampe erschrecken. Sobald die Lehrer eingeschlafen waren, rüber zu den Jungs machen. Hoffentlich haben all ihre Kinder das auch gemacht, und hoffentlich nehmen sie sich heute noch Heimlichkeiten und Verbotenes raus. Und hoffentlich gibt es sowas für die Enkelkinder überhaupt noch. Ihr Enkel Max war letztens in Prag auf Klassenfahrt oder auf Exkursion. Landheim war es definitiv nicht. Prag ist ja heute nur noch furchtbar und vollkommen überlaufen.

Und man braucht genug Geld, um Babysitter zu bezahlen. Babysitter hatten die Sonntags nie, Gerda musste, sobald alle vier Kinder da waren, das meiste allein machen. Ihre Eltern sind beide früh gestorben, standen also als Aufpasser nicht zur Verfügung, Freunde wollte sie nicht jedes Mal fragen, von denen hatte sie auch immer weniger, und die Väter der Kinder waren überfordert und hatten ständig *mit sich zu tun*. Bis zur Wende lief das mit der staatlichen Betreuung ja noch gut, in den 90ern wurde es dann aber schwieriger. Als Gerda zwei Mal wirklich schlimm krank war, mit Krankenhausaufenthalt und so, mussten die Kinder für kurze Zeit ins Kinderheim. Zumindest die Mädchen, Fritz kam bei einem Klassenkameraden unter. Beim ersten Mal hatte Gerda eine Blume gebastelt, auf den Blüten waren die Zahlen eins bis zehn, denn so viele Tage mussten die Kinder bleiben. Nur Karla riss jeden Tag die Blüte ab, Mascha und Frieda war es zu peinlich. Sie erzählten den anderen Kindern, die Blume sei nur für Karla, weil Karla noch so klein sei und so ängstlich. Die beiden hatten schnell Freunde gefunden, es war wie Landheim für sie. Karla dachte, sie würden nie wieder abgeholt, sie hat das mit der Blume nicht verstanden, und sie verstand auch nicht, wie lange zehn Tage sind. Sie fürchtete, sobald alle Blüten weg waren, würden einfach neue wachsen, es würde für immer so weitergehen, und das Abreißen wäre eben nun ihr Job.

Auftritt Enkelin Mele. Sie führt den normalen Teenietanz auf. Sie kommt mit einer übergroßen Daunenjacke rein (wie Mascha, denkt Gerda), weiß ihre plötzlich sehr langen Gliedmaßen noch nicht richtig zu navigieren, sagt niemandem Hallo, haut sich auf den Sessel, der in der Ecke von Gerdas Wohnküche steht, und glotzt sofort auf ihr Handy. Sie ist riesig für eine 11-Jährige, deshalb zählt Gerda heimlich nochmal die Jahre nach. Willst du nicht deine Jacke ausziehen?, muss jetzt jemand fragen, damit Mele es ablehnen kann, wie man es als Heranwachsende halt so macht.

Willst du nicht deine Jacke ausziehen? Tobi übernimmt den Job.

Nö, passt schon.

Er wartet ein, zwei Momente. *Ist dir nicht warm in dem Ding?*

Die blödeste aller Fragen. Mele antwortet nicht mal, so blöd ist sie.

Später wird es dann nochmal jemand mit der Ansage probieren, jetzt zieh doch wirklich mal die Jacke aus, Mensch! Dann wird die Jacke halb von der Schulter runtergemährt.

Es kommen immer neue Teenies nach und sie wollen nun mal ihre Körper verstecken oder sind einfach zu stolz, um zu tun wie ihnen geheißen.

Man muss jetzt leider noch über Weihnachten reden, bevor Mascha und Tobi zum Kneipenabend mit Freunden abhauen und Mele und Mia hierlassen *für einen voll schönen und vor allem ruhigen Abend,* wie Mascha ironisch grinsend sagt, untermalt von einem Todesblick von Mele. Jetzt, wo das mit den Geburtstagen geklärt ist, will Mascha das nächste wichtige Ereignis geplant haben, denn *Tobi und ich können einfach nicht mehr so spontan sein.* Vor Tobi konnte Mascha prima spontan sein, denkt Gerda, doch sei's drum.

Es gab bei den Sonntags schon auch Traditionen früher, Rituale, Bräuche und sowas, obwohl niemand im Haus religiös war. An Weihnachten ging man trotzdem in die Kirche, weil das alle in der Gegend machten und man auf diese Weise mit Leuten aus der Nachbarschaft ins Gespräch kommen und sich wegen der stressigen Kinder anseufzen konnte. Gerda war da pragmatisch, der Ort war ihr relativ egal. Es gab in der Kirche ein Programm, das nichts kostete und eine Stunde dauerte, und die Kinder mussten still sein, was sie auch waren, weil es in Kirchen so gruselig ist. Das Weihnachtsprogramm, also die Messe, war natürlich auch ganz schön mit diesem Gesinge und den Kostümen und allem. Das fanden auch die Kinder, vor allem weil sie wussten: Nach der Kirche gibt es Kartoffelsalat mit Würstchen und später dann Geschenke. Und an Weihnachten geht es um Geschenke. Nach dem Essen mussten die Kinder kurz um den Block laufen und den Weihnachtsmann suchen – man konnte alles Mögliche als roten Mantel oder flatternden Bart deuten, und die älteren Geschwister riefen den Jüngeren zu: *Oh, da ist er!* Oder: *Ach schade, er ist schon wieder weg …* In der Zeit hat Gerda dann die Geschenke unter den Baum gelegt.

Es war immer ein bisschen zu aufgeladen und mit zu vielen Erwartungen verbunden, die natürlich nicht erfüllt werden konnten, weil aufgrund des überschaubaren Etats nur eine überschaubare Menge an Geschenken unter dem Baum lag. Gerda versuchte es jedes Mal mit allerlei Quatsch aus dem Ramschladen zu strecken.

Dieses Jahr gibt es noch keine Pläne für Weihnachten, weil Weihnachten bei den anderen Erwachsenen dieser Familie, die ja nun bald alle über 30 sind und sich langsam mal selbst etwas überlegen könnten, noch nicht zu seiner Form gefunden hat. Gerda vertröstet Mascha also auf ein anderes Mal, *da können wir dann mit mehr Ruhe reden.* Sie weiß, wie man Streits vermeidet.

Für die Zeit ohne Weihnachten hatten sich Mascha und Karla eine eigene Mission ausgedacht. Sie hatten einen Film mit Bud Spencer und Terence Hill gesehen, waren Fans geworden, und dann hatte Frieda ihnen erzählt, dass Terence Hill aus Sachsen stammt, und seitdem suchten die beiden immer wieder Terence Hill wie an Weihnachten den Weihnachtsmann, während Frieda darüber kicherte. Diese Geschichte erzählt Gerda jetzt unnötig ausgeschmückt, um Mascha vor Tobi und Mele zu blamieren, was super klappt. Tobi findet's natürlich süß und cool und *krass, das mit Terence Hill wusste ich ja gar nicht.* Mele googelt Terence Hill und sagt *Uääääh.* Und dann noch: *Hä, wo is'n Lommatzsch?*

Gerda legt noch einen drauf, sie ist jetzt so richtig in Mutti-Fahrt. Schade, dass sie keine peinlichen Bilder ihrer Kinder gesammelt hat, nackt in der Badewanne oder mit Murmeln in der Nase.

Oder das mit dem Trabbikneifen! Das hast du doch auch immer mit Karla gemacht!

Verschiedene *Was?* fliegen durch den Raum.

Na, das Trabbikneifen!

Mele und Tobi gucken komisch. Mele weil zu jung, Tobi weil zu westdeutsch.

Wenn man einen grünen Trabbi gesehen hat, durfte man die Person neben sich ein Mal kneifen, erklärt Mascha.

Und beim blauen durfte man hauen, ergänzt Gerda.

Wow, das wusste ich ja gar nicht, sagt Mascha, *wie gut, dass es so gut wie keine Trabbis mehr gibt.*

Gerda findet's eher schade. Sie nahmen nicht so viel Platz auf den Wegen weg und sahen so knuffig aus.

17

Falsch, falsch, falsch, ich bin falsch und schief und krumm und außerdem verkehrt herum, singt Karla routiniert vor sich hin. Dazu tänzelt sie albern, als wäre sie zu Selbstironie noch in der Lage. Selbstironie, eher etwas für Selbstbewusste, ist eine der Fähigkeiten, die Karla mittlerweile zur Fassadenbildung abrufen kann. Ihre Schauspielskills beschränken sich allerdings auf Vorführungen vor sich selbst – sobald ein anderer Mensch zum Publikum wird, fällt das Ganze in sich zusammen. Sie tut an diesem Morgen also so, als wäre sie beschwingt. Sie tut an diesem Morgen so, als würde sich keine Panikattacke ankündigen. Sie tut an diesem Morgen so, als hätte sie nachts nicht das Laken nass geschwitzt und wäre nicht schwindelig aus dem Bett gestolpert. Sie tut an diesem Morgen so, als wäre es ein Morgen. Dabei ist es schon 14 Uhr.

Karla ist aus vielen Gründen falsch. Zum Beispiel weil sie es heute nicht geschafft hat, pünktlich aufzustehen, um ihren Wohngeldantrag, der spätestens heute abgeschickt werden muss, im Copyshop auszudrucken. Jetzt hat der Copyshop zu und sie müsste jemanden fragen, der einen Drucker hat, aber sie weiß schon jetzt, dass sie das nicht tun wird, weil sie einfach nicht kann.

Sie wird heute mit niemandem reden können, niemanden um Hilfe bitten können, nirgendwo hingehen können, sich um nichts kümmern, der ganze Tag ist schon wieder im Arsch, abgehakt, versaut, vergebens. Sie kann die einfachsten Sachen nicht, sie ist *falsch, falsch, falsch, falsch und schief und krumm – und dazu noch saudumm …*

In zwei Stunden wird es wieder dunkel, Karla hat noch vierzehn Euro auf dem Konto und sieben im Portemonnaie, sie ghostet Natalie, ja, genau, sie ghostet Natalie und nicht andersrum, sie hat sich bis spät in der Nacht noch im Spiegel betrachtet und an ihrer Haut rumgefummelt, pick-pick-pick, erst gekratzt, dann aufgekratzt, dann die Fetzen entfernt. Wie Aufräumen kam ihr das vor. Wenn sie heute in den Spiegel guckt, sieht da aber nichts aufgeräumt aus, ihr Gesicht gleicht einem Schutthaufen, nichts hat sich vereinheitlicht durch ihr Gepicke, wie es ihre Absicht war, nein, jeder Millimeter unterscheidet sich nun von dem daneben. Sie pappt sich eine dicke, weiße Schicht Nivea-Creme drauf, jetzt passt es wieder. Sie wünscht sich Nivea-Creme für ihr Hirn, einmal über alles drüber, wie früher der Schnee, der das ganze Chaos auf den Straßen versteckt hat. Karlas Augen flimmern, sie reibt die Creme und reibt und reibt und reibt.

Es soll endlich Ruhe sein. Es sollte längst Ruhe sein. In wenigen Tagen wird Karla 30 und es ist alles falsch. Es sollten keine Unebenheiten auf ihrem Gesicht, keine

Anträge mehr abzugeben, nichts mehr aufzuräumen sein, keine Mietrückstände geben, keine Schulden gemacht, kein Job mehr gefunden werden müssen. Vor allem sollte niemandem mehr erklärt werden müssen, wieso in Karlas Leben alles immer noch unfertig ist. Es könnte alles fertig sein. Es muss doch langsam mal funktionieren, klappen, aufgehen, erledigt sein. Eine Wohnung mit Natalie, eine Familie, ein Einkommen, Alltag, Regelmäßigkeit, Schubladen, keine Überraschungen, keine Fragen. Bald muss Karla ihrer Mutter bei dieser blöden Hamburg-Reise anlässlich ihres runden Geburtstages erklären, wieso immer noch nichts fertig ist.

Warum ist ihr die Meinung ihrer Mutter überhaupt noch so wichtig? Was würde ihr Urteil bewirken? Wieso bleiben die Eltern, beziehungsweise das übrige Elternteil, für immer die Superinstanz? Natalie fragt Karlas Lebenszustände regelmäßig ab, Luca guckt sie sich sogar häufig an, die Freunde aus der Ausbildung und sonstige Bekannte fragen *Wie läuft's?*, was natürlich nervt, aber einfach abgewimmelt werden kann, Behörden wollen schriftliche Rechtfertigungen ohne Ende, Arbeitsstellen wollen Bescheid wissen, ebenso die Ausbildungsstätten, Vermieter, Mitbewohner – vor allen musste sich Karla immer wieder erklären. Wieso also dieser Bammel?

Natalie hat Karla erklärt, das sei halt so, es ist nicht rational, es ist frühkindlich, gesellschaftlich, politisch. Aber Karla reicht das nicht, Karla will wirklich wissen: Wieso? Wieso jetzt und hier? Auch wenn sie ihre Gefühle und Gedanken nataliemäßig dekonstruiert, reicht das nicht. Sie will wissen, wieso sie schwindelig und mit klopfendem Herzen durch die Wohnung wuselt und sich Fetzen aus dem Gesicht reißt. Sie lebt Hunderte Kilometer von ihrer Mutter entfernt. Sie sieht sie nie, sie spricht sie nie. Es macht keinen Sinn. Und doch sieht sie ihre Mutter – bei allem, was sie mal wieder vergeigt, und sie vergeigt und vergeigt und vergeigt – vor sich sitzen, wie damals in der Küche ihrer ersten WG in Leipzig. Karla war seit zweieinhalb Monaten krankgeschrieben, hatte ein schreckliches Telefongespräch hinter sich, bei dem ihr von einer Lehrerin nahegelegt wurde, es sich mit der Ausbildung doch nochmal zu überlegen, vielleicht sei das doch nicht das Richtige für sie und so weiter. Zweifellos war es nicht das Richtige für sie, aber was sollte das denn heißen? Musste Arbeit überhaupt *das Richtige* sein? Sie teilte ihrer Mutter also mit, dass das nicht das Richtige für sie sei und sie aufhören werde. Sie sagte es in dem Tonfall, mit dem die Lehrerin mit ihr gesprochen hatte, sie hatte ihn sich einfach angeeignet. Sie wusste nicht, was richtig war und wieso sie diese Entscheidung traf. Eigentlich hatte sie jemand anders getroffen. Ihre Mutter wirkte gehetzt, nicht richtig angekommen bei ihr, in Karlas WG, es schien ihr gerade nicht gut zu passen, die Verabredung war spontan gewesen, sie hatte sogar noch ihre Jacke an und sagte mit leerem Blick: *Irgendwie bekommt keins meiner Kinder sein Leben auf die Reihe.* Dann weinte sie. Karla tröstete sie halb, mit einer Hand auf ihrer Schulter, die beiden hatten schließlich kein besonders umarmiges

Verhältnis, sagte *Quatsch* und erklärte dann, ihre Geschwister, also Gerdas andere Kinder, seien doch auf einem ganz guten Weg. Waren sie wirklich, sind sie noch, sie wirken heute sozusagen angekommen. Nur Karla ist auf dem gleichen Stand wie damals. Sie sitzt immer noch an diesem Tisch, bereit zu trösten, wem auch immer sie mal wieder nicht genug ist.

Zumindest Luca kann sie vorgaukeln, dass es gerade nicht außergewöhnlich schlimm um sie steht. Er wollte morgen früh für übers Wochenende kommen, *wenn er es schafft*. Also muss Karla aufräumen, als gäbe es irgendetwas aufzuräumen. Beim Rumlatschen fällt ihr ein, dass sie sich noch lange, nachdem sie nach Köln gezogen war, vorgestellt hatte, ihre Mutter würde sie besuchen kommen. Sie hat sie dann in Gedanken an der Tür abgeholt und ist mit ihr die Kontrollgänge durch die Wohnung gelaufen, natürlich sollten das keine Kontrollgänge sein, sondern ein Zeigen, ein *Schau mal, so leben wir hier!*, gleichzeitig hat sie versucht, mit Gerdas Blick auf ihr Leben zu gucken. Auf ihre Klamotten, auf ihre Fotos, auf ihre Bücher, auf ihren Einrichtungsstil. Anfangs hat Karla auch ein paar Mal im Familienchat dazu eingeladen, sie zu besuchen, aber es kam nie jemand. Karla findet das verständlich, denn alles, was sie hier sieht, ist ein einziger Witz.

Eins nach dem anderen. Am wichtigsten ist es jetzt, den Briefkasten zu leeren, sonst weiß Luca sofort Bescheid. Sie hat es bestimmt seit einer Woche nicht getan. *Falsch, falsch, falsch …* stimmt Karla nun im Treppenhaus wieder an. Das Lied hat sich Natalie ausgedacht, um Karla zu beruhigen, wenn diese sich in ihrem Beisein mal wieder in ihren Selbsthass reinsteigert, was selten vorkommt und dann eh nicht so stark – was dazu führt, dass die beiden während des Rumgesinges noch lachen können. Hier im Treppenhaus lacht natürlich niemand. Auch in der Post ist nichts Lustiges.

In Lucas Wohnung sind außer ihm noch drei weitere Leute gemeldet. Das hat er Karla nicht erzählt, es geht sie auch nichts an und so weiter, sie hätte es nur gern gewusst, bevor sie sich über die mystischen Namen auf Briefen gewundert und direkt wieder verfolgt gefühlt hat. Mit der Zeit kam sie aber selber auf den Trichter und fragte bei Luca nach, ob die Adressierten ihre Briefe vielleicht brauchen und abholen wollen? Vielleicht hat es ja deshalb hier so oft geklingelt. Er wiegelte ab. Es sei keine wichtige Post, er habe allen gesagt, sie sollten einen Nachsendeauftrag für die Zeit seines Praktikums machen. Was für ein Narr, denkt Karla. Wenn diese Leute so wenig erwachsen sind wie er und sie, haben die das mit Sicherheit immer wieder vertagt und schließlich ganz normal vergessen. Nachsendeaufträge, das ist ja schon auf dem Niveau von Bausparvertrag, Patientenverfügung und Testament!

Karla überlegt, wie das Leben dieser Personen aussehen könnte, seit eine von ihnen, Selin, eine Postkarte aus Athen bekommen hat, die Karla natürlich nicht gelesen hat. Maximilian ist auf jeden Fall an der Uni Köln und bei der AOK. Carolin ist wohl bei Sea Watch engagiert, und H&M weiß, wo sie wohnt. Ein paar Mal hat Karla auch schon in den sozialen Netzwerken nachgeschaut, ob sie die Gemeldeten findet. Zwei hat sie ausfindig gemacht, deren geschlossene Post ist aber aussagekräftiger als die geschlossenen Profile. Kurz überlegt sie, ihnen heute endlich eine Nachricht auf Facebook zu schreiben, stattdessen schreibt sie Luca, dass sie sich auf ihn freut.

Andere Leute, außer ihr, Luca und den drei hier Gemeldeten, haben ihren sogenannten *shit together*, so scheint es Karla zumindest. Alle anderen sind normal. Sie kann sich noch gut daran erinnern, wie sie sich zum ersten Mal bewusst *unnormal* gefühlt hat. Sie war etwa sieben Jahre alt und bei ihrer Freundin Anne eingeladen, zum Spielen. Alles sah ganz anders aus bei ihr zu Hause. Das war nicht nur so, weil die Familie natürlich andere Möbel besaß, das Haus anders geschnitten war, alles in anderen Farben gehalten war und andere Figürchen rumstanden, nein, das Haus ihrer Freundin sah grundsätzlich anders aus, und damit das ganze Leben ihrer Familie. Es war auf eine besondere Weise sauber. Heute weiß Karla natürlich, dass das alles sehr wohl mit der Art der Möbel und vor allem dem Preis, den sie gekostet haben, zu tun hatte sowie der Art des Bodens und der Tapete, der geringeren Abnutzung durch weniger Kinder, dem anderen Geruch und so weiter, aber damals wirkte alles im Haus der Annefamilie so viel richtiger und alles so viel mehr an seinem Platz, dass es sie verunsicherte. Bei Anne gab es weniger Kram, aber alles, was sie hatte, war aufregend. Sie musste sich ihre Puppenhäuser nicht selbst bauen, sie hatte fertige. Einmal schenkte Anne Karla ein Barbiepferd, ein aussortiertes. Das hintere rechte Bein war abgebrochen.

Karla versuchte dann eine Weile lang, ihr Zimmer so umzuräumen, dass es dem von Anne ähnelte. Wenn Anne zwei Figürchen auf ihrem Regal stehen hatte, hatte Karla auch zwei Figürchen auf dem Regal stehen. Der Rest kam in eine Kiste unters Bett. Über Annes Bett war ein gemaltes Sailor-Moon-Bild, über Karlas Bett dann eben auch und so weiter. Normal sein, normal sein, normal sein. Es sah trotzdem nie wie bei Anne aus, nur langweiliger als vorher. Die größte Unsicherheit betraf aber die Sachen, die man sich einfach nicht leisten konnte. Also begann Karla zu schwindeln. Sie hatte, als alle einen Furby hatten, natürlich auch einen Furby, nur eben zu Hause. Sie brachte ihn nicht zum Präsentieren mit in die Schule, *damit er nicht kaputtgeht.* Und natürlich hatte sie auch die aktuellsten CDs, und natürlich war ihr Lieblingslied immer zufällig der Hit, der auch den ganzen Tag im Radio lief. Zum Glück konnte sie zumindest beim Huppegummi punkten und mit dem Jo-Jo war sie unschlagbar, sie konnte sogar den Gassi-Trick.

Das größte zu hütende Geheimnis war jedoch der Themenkomplex Körper. Der war eine einzige Fehlerquelle. Schularzt, richtige Ärzte, Umkleiden, Gemeinschaftsduschen, alles Feinde und Feindesland. Karla war sich sicher, dass ihr Körper komplett falsch war. Falsch zusammengesetzt, schief, deformiert, irgendwas stimmte nicht, und es war nur eine Frage der Zeit, bis es rauskommen würde. Dann wäre alles vorbei, sie enttarnt, geächtet und aus der Klasse geworfen worden. Die Ärzte hätten *O Gott!* gesagt und sich angeekelt abgewandt, denn Karla hatte etwas, was sie noch nie zuvor gesehen hatten, auch mit ihren Körperflüssigkeiten stimmte etwas nicht, und außerdem stank sie bestimmt besonders doll. Karla schaffte es erstaunlich gut, sich vor Situationen zu drücken, in denen sie ihren Körper zeigen musste.

Sie war natürlich nicht das einzige Mädchen, das sich für seinen Körper schämte, es war also nicht ungewöhnlich, sich zum Umziehen aufs Klo zu verdrücken. Es gab immer noch zwei oder drei andere, die da auch rumlungerten und, sobald sie sich unbeobachtet fühlten, schnell in eine Kabine schlüpften. Und da der Schularzt schon Monate vorher angekündigt wurde, konnte sich Karla lange überlegen, welche Krankheit sie diesmal haben würde. Und auch damit war sie nicht allein. Am besten waren immer Erkältungen, denn damit musste man nicht unbedingt zu einem richtigen Arzt, und die wollen einen ja auch nur ständig wiegen und man soll sich bis aufs Hemd ausziehen zum Atmen oder sowas Schlimmes. Den besten Trick aber hatten sich Michi und Manu aus ihrer Klasse überlegt. Sie hatten vor Klassenfahrten, bei denen immer auch ein Schwimmbad besucht wurde, ihre Haare zufällig gerade rot getönt und konnten daher nicht ins Wasser. Profis.

Nachdem Karla klar geworden war, dass sie selbst unnormal war, begann sie, sich ihre Familie genauer anzusehen. Bei der musste ja auch etwas falsch sein, denn – so viel hatte sie schon über Genetik mitbekommen – irgendwie stammt man von denselben Leuten ab, deswegen sieht man sich ähnlich, wohnt zusammen und so weiter. Sie inspizierte die Körper ihrer Geschwister, also das, was sie zu Gesicht bekam. Es sah manches gleich, manches ganz anders aus. Mascha hatte lange Beine, Frieda große Brüste, Fritz war eigentlich kein Vergleichspunkt, er war groß, breit und braungebrannt vom Solarium. Seine Klamotten, vor allem die lässigen Baggy-Jeans und die dunklen Polo-Shirts, stibitzte sie am liebsten. Sie dachte manchmal, dass sie nackt vielleicht eher wie Fritz aussehen würde, wusste es aber nicht genau. Ihr modisches Vorbild war um die Jahrtausendwende Dexter Holland von The Offspring und nicht diese Tussen, auf die Mascha und Frieda standen. Die Musik von denen fand sie auch megadumm. Karla war nicht zu dick oder zu dünn, ihr Körper machte für sie nur keinen Sinn und sie konnte nicht mal erklären, warum. Also versteckte sie nicht einzelne Teile davon, sondern alles, und war damit absolut aus der Mädchenmode dieser Zeit, in der möglichst enge Sachen angesagt waren.

Karla wollte damals eine Weile lang nur Fritz gefallen, hing so lang bei ihm im Zimmer rum, bis er sie beachtete, fand ihre Schwestern blöd, dackelte ihrem Bruder hinterher wie eine Verliebte oder Neidische, aber Fritz wollte von seiner sechs Jahre jüngeren Schwester natürlich nicht viel wissen. Wobei er, wenn sie allein waren, manchmal richtig süß sein konnte. Dann nahm er sie mit zu der Bude, die er mit seinen Freunden hatte, natürlich nur, wenn die nicht da waren, zeigte ihr, wie man vernünftig klettert, sie durfte staunen, was sie wieder Neues gebaut hatten, oder sie headbangten zusammen zu Korn und Nirvana. Aber er war immer mehr *genervt von den Weibern*. Drei Schwestern, eine Mutter, dazu ab und an mal ein Mann, mit dem er nicht klarkam, so sah es wohl für ihn aus. Und er kompensierte das. Er wurde der krasseste Macho, warf mit frauenverachtenden Sprüchen um sich, forderte von Gerda, öfter sauber zu machen, wie die Mütter seiner Freunde, drängte die Schwestern, sein Zimmer aufzuräumen, fing an zu boxen und heimlich Auto zu fahren – dieser ganze blöde Jungskram eben. Das fand sogar Karla dann nicht mehr cool, und so konnte sie schließlich mit keinem ihrer Geschwister mehr so richtig was anfangen. Vielleicht, dachte Karla damals, sind meine Fehler ja eher innen und nicht das, was man sieht? Die Knochen? Das Gehirn? Sie blieb der Sache auf der Spur.

Dann begann die Zeit, in der sie sehr detailliert anfing, darüber nachzudenken, was ihrer Familie alles zustoßen könnte. Von Unfällen, Krankheiten und Morden hörte man im Radio, und es war nur eine Frage der Zeit, bis sowas Mutti, Frieda, Fritz oder Mascha passieren würde. Fremdhypochondrie sozusagen. Wenn jemand später nach Hause kam als angekündigt, war die Sache klar, und Karla sah alle schon auf der Beerdigung. Manchmal überlegte sie, wie sie es den anderen beibringen sollte, wenn sie es als Erste erführe. Also begann Karla aufzupassen, auf alles. Auf die Uhr, auf das Telefon, die Klingel, die Tagesabläufe der Familie. Verhielt sich jemand komisch, hatte jemand Geheimnisse? Karla beobachtete alles genau. Sie wollte die anderen am liebsten auch im Schlaf bewachen und fand am allerschlimmsten, wenn jemand zur Übernachtung bei einer Freundin oder einem Freund war, denn dann konnte sie nicht nach ihnen gucken. Am besten wäre gewesen, alle wären immer nach Haus gekommen, jeden Abend um eine feste Uhrzeit, und dann hätte man die Türen verschlossen, bis es wieder hell wurde. Zur Aufpasserei kamen irgendwann all die seltsamen Regeln dazu. Wenn Karla sich nicht die Socken in der richtigen Reihenfolge anzog oder mit dem richtigen Fuß auf der untersten Treppenstufe landete, gefährdete sie die körperliche Unversehrtheit ihrer Mutter und Geschwister. Die Zimmertür nicht zu schließen oder Runtergefallenes nicht sofort aufzuheben, bedeutete genauso Gefahr wie den Löffel falsch zu halten oder eine ungerade Zahl von Kopfsteinen auf dem Weg gezählt zu haben. Ihr Verhalten wurde also selbst zur Gefahr.

Manchmal hat sich Karla vorgestellt, sie wäre selbst die Mutti in ihrer Familie. Warum ging das denn nicht? Konnte man das nicht nochmal neu auswürfeln?

Einer Mutti würde allerdings das Folgende nicht passieren. Karla wäscht ab. Beim Abtrocknen von Lucas Supermesser ist sie unachtsam und schneidet sich. Es tropft sehr viel Blut in die Spüle und hört nicht auf. Der Finger könnte abfallen. Sie verblutet. Was tut man jetzt? Ist es gefährlich, etwas draufzumachen? Aber muss es nicht geschützt werden? Ist ein alter Lappen oder ein sonstiges Textil steril? Natürlich nicht. Sie wird an Unsauberkeit sterben. Es ist aber nichts anderes in Reichweite, also muss Karla das Handtuch drumwickeln und dann googeln: *Tiefe Wunde Daumen.* Cookies zulassen. Scrollen. Falsch. *Tiefe Wunde Daumen Messer!* Der Bildschirm tropft voll, es ist zu viel. Verdammte Cookies zulassen, nochmal, falsche Seite, falscher Rat, nicht die richtige Wunde, keine schlimme Wunde, man soll desinfizieren, hier ist nichts zum Desinfizieren, Karla hat nichts, wirklich gar nichts Sinnvolles im Haus. Warum hat sie die verdammte TKKG-Kassette *Das Paket mit dem Totenkopf,* in der Tim/Tarzan/Peter/Carsten mal wieder irgendwas Rassistisches sagt, behalten und sich nie einen Erste-Hilfe-Koffer oder wenigstens Pflaster zugelegt? Und warum hat Luca auch nicht an sowas gedacht? Welche erwachsene Person hat denn verdammt nochmal keine Pflaster zu Hause? Hat er sie etwa nach Brüssel mitgenommen? Ist er doof? Ist sie doof? Ja.

Wollen Sie Benachrichtigungen zulassen? Karla lässt alles zu. Muss sie zum Arzt, muss sie jemanden rufen? Die würden sie einfach auslachen. *Okay, okay, durchatmen,* sagt sie jetzt laut. Sie wünscht sich, Natalie wäre da, die würde einfach wie jeder normale Mensch sagen: *Ganz ruhig, alles okay, setz dich einfach hin, ich hole was.* Sie würde es fix mit irgendwas verbinden und dann wäre alles gut. Es wäre schnell vergessen, eine kleine Sache, die eben mal passiert, keine Katastrophe. Der Gedanke an Natalie beruhigt. Sie versucht jetzt mal kurz wie sie zu sein, für sich da. Karla schneidet sich ein sauberes Stück Stoff zurecht, legt es um den Finger, macht Gaffa drum, denn Gaffa gibt es in diesem Haushalt seltsamerweise noch und nöcher, das wird erstmal halten. Sie setzt sich hin und muss lachen: *Gaffa!* Mit dickem, schwarzem Daumen versucht Karla, ihr Handy zu bedienen. Eine der Seiten, bei der sie vorhin hektisch rumgeklickt hat, schickt direkt noch eine Benachrichtigung: *Vielen Dank für dein Interesse.*

Aber dann fällt ihr wieder die anstehende Hamburg-Reise ein, aus der sie sich noch immer nicht herausmanövriert hat, und das Lachen versiegt. Tatsächlich hat Mascha Musical-Freikarten organisieren können, Karla hatte sich kurz gefreut, aber dann fiel ihr ein, was das alles an Drumherum bedeuten würde: Zugfahrten, nicht zu Hause schlafen, die ganze Zeit mit Gerda reden – weiter entfernt von ihrer Komfortzone könnte das alles gar nicht sein. Die letzten Wochen vergingen und niemand hat das Ding bisher abgeblasen. Karla beginnt deshalb zu husten und sich ein Fieber einzubilden, denn wenn sie Krankheit simuliert, dann auch vor sich selbst, so war es schon immer gewesen. Schließlich hatten Mutti und die Geschwister ihr eh nie geglaubt, egal ob sie wirklich krank war oder nicht. Die Show war also dieselbe. Karla könnte allerdings auch die Verletzung ein bisschen aufbauschen, die könnte sich ja tatsächlich entzünden, bei diesen Hygienebedingungen. Karla befürchtet allerdings, Mascha würde einfach vorbeikommen und sie einsacken oder einfach nur stark nerven mit vielen Anrufen, Nachrichten und Teleportation in Karlas Gedanken, oder sie würde als Hologramm auf ihrer Couch erscheinen. Karla glaubt, dass Mascha zu sowas wirklich in der Lage ist. Vielleicht ist dieser Ausflug ja gar nicht schlecht, um die Wogen zu glätten, hat Mascha so oder so ähnlich geschrieben. Und Natalie ebenso, vermutlich haben sie sich abgesprochen. Karla will nichts glätten, und sie will weder, dass hier jemand auftaucht, noch weiteren Familienärger provozieren, gerade scheint es einfacher, nicht abzusagen, es auszusitzen, wer weiß, was noch alles passiert.

Ausreden, um sich für ein paar Stunden zurückzuziehen oder die Reise abzubrechen, würde sie sich spätestens auf der Fahrt überlegen, sie wird ein Notizheft dafür einpacken. Ein Wochenende nur. Ein Wochenende. Zwei Tage, 48 Stunden, eher weniger. Und nach Hamburg wollte sie doch schon immer mal. Und dann das verdammte Musical … *Ein neutraler Ort.* Das ist, was Leute empfehlen, wenn eine Angelegenheit schwierig ist – Dates, Trennungen, Unterhaltsgespräche oder Wiedersehen mit der Mutter, mit der man vor zwei Jahren den Kontakt abgebrochen hat. Karla ist immer noch etwas schwindelig von all dem Blut. Wahrscheinlich kann sie deshalb nicht klar denken, ihre Gedanken kreisen, sie ist nicht mal sicher, ob es ihre eigenen sind, immer wieder schwirren auch Maschas und Natalies Stimmen hier herum. Teleportation.

Weitere diffuse Stunden vergehen. Auf Karlas Laptop steht: *Your cookies are popular in the neighbourhood.* Karla spielt nachts neuerdings *Cookie Clicker,* während sie eine Staffel nach der anderen *The L Word* wegbingt. So könnte es jetzt einfach weitergehen. Aber stattdessen ist die Nacht jetzt nach zweimal Blinzeln vorbei. Als sie morgens auf ihr Handy guckt, sieht sie als Erstes eine Absage von Luca. Natürlich passiert jetzt auch das noch, er kommt nicht nach Köln, braucht das Wochenende Ruhe, die Arbeit ist zu viel, er fühlt sich kränklich, es ist alles verständlich, aber trotzdem falsch. Er sollte Karla doch nochmal Energie geben für das Familienwochenende, das in einer Woche ansteht. Er sollte ihr beim Ausredenfinden helfen. Wenn er jetzt hier wäre, würde er ihr Sucuk mit Ei machen und ihr Pflaster bringen. Stattdessen soll sie sich jetzt selber wie eine Erwachsene verhalten? Immerhin ruft er an, sogar mit Video. Er zeigt den Rotzfahnenhaufen auf seinem Bett, sie zeigt ihm, dass sie jetzt schon gepackt hat, er macht sich ganz normal über sie lustig. Und sagt dann, dass sie versuchen soll, das Gepäck nicht noch Hunderte Male zu überprüfen. Er muss gar nicht vorbeikommen, um alles zu sehen und zu verstehen. In den nächsten Tagen überprüft Karla alles noch Hunderte Male. Im Chat mit Luca tauscht sie ebenso viele Absage-Ausreden aus. Am Ende sagt er aber: Fahr bitte hin, allein für die Story.

Hamburg ist nun sozusagen calling. In Wirklichkeit ist es aber Gerda, die – ganz die typische Vertreterin ihrer Generation – bestimmt *nochmal durchklingeln* will, bevor es morgen losgeht, um zu erfragen, ob alles *klar geht.* Gerda müsste eigentlich wissen, dass Karla nie ans Telefon geht. Leute, die irgendwo anrufen, merken das aber nie, weil sie nicht verstehen können, dass das für andere Leute ein Problem ist. *Nein, es geht nicht klar,* könnte Karla sagen. *Ich habe nämlich überhaupt gar keine Lust. Ich fand es bisher nur zu anstrengend, abzusagen. Gut, dass du anrufst, dann wäre das ja geklärt. Bis bald, lass doch, wenn wir uns das nächste Mal sehen, einfach so tun, als wäre alles okay, so wie in normalen Familien. Ich will einfach nur über nichts reden und nichts aufarbeiten, sondern mein Leben starten, weit weg von euch.* Was quasi die Wahrheit wäre, aber jede soziale Etikette verbietet diese Form von Wahrheit, und außerdem sieht Karla ein, dass sie sich jetzt ein bisschen zu sehr reingesteigert hat. Wie bei Diskussionen, die sie viel zu oft allein mit abwesenden Leuten führt, bei denen sie sich so sehr aufregt, dass sie, sobald sie die Person dann wieder sieht, total sauer ist wegen eines Streits, den es so gar nicht gegeben hat. In ihrer Fantasie mutieren die anderen immer zum Superarschloch. Sooo schlimm ist Gerda natürlich nicht.

Aber die Welt wäre mit etwas mehr Wahrheit in solchen Sachen vielleicht eine bessere. Leute würden ganz ehrlich sagen: Ich habe die E-Mail nicht beantwortet, ich habe dir nicht auf deine SMS geantwortet, ich habe nicht zurückgerufen, ich habe mich beim Klingeln totgestellt, weil ich nicht wollte, weil es mich nicht interessiert, was du zu sagen hast, weil das alles egal ist. Auf eine Art ist Karla gerade zum ersten Mal seit langem wieder wach, zumindest ist da endlich ein klarer Gedanke: Sie ist selbst zum Superarschloch mutiert.

Sie antwortet Gerda wie eine typische Vertreterin ihrer Generation mit einer Nachricht und lügt, dass sie gerade unter der Dusche war und deshalb nicht rangehen konnte, aber gleich *losmacht*. Gerda schreibt sofort zurück: *Okay, ich wollte auch nur fragen, ob alles klar geht.*

18

Raus aus den Federn, sagt Gerda manchmal zu sich, wenn sie aufsteht. Es hilft ihr, es ernst zu meinen mit dem Aufstehen. Alles ankündigen und aussprechen ist schon fast so wie es tun, das gilt auch für ihre geliebten To-do-Listen. An solchen Morgen ist sie ihre eigene Mutti. *Raus aus den Federn* hat sie früher auch immer zu den Kindern gesagt, aber nur, wenn sie gute Laune hatte. Wenn sie selbst gut geschlafen und keines der Kinder schon vor der eigentlichen Aufstehzeit für Stress gesorgt hatte. Meistens wurde aber einfach geklopft, mit einem ordentlichen Wums die Tür geöffnet und das ultrafiese Licht angemacht. Es war für Gerda jedes Mal wie Roulette, allerdings hoffte sie nicht auf einen Treffer, sondern auf einen reibungslosen Ablauf, keine Überraschungen, keine Auffälligkeiten, vollkommene Neutralität. Niemand sollte krank sein oder vorgeben, krank zu sein, niemand sollte wieder einschlafen, und vor allem sollte niemand quengeln. *Bitte steht einfach auf, bittebitte, tut es einfach,* mantraartig, noch selbst im Halbschlaf, flüsterte sie es allmorgendlich in den noch dunklen Flur. Als die Kinder ihre eigenen Wecker hatten, wurde es nur geringfügig besser, Wecker waren natürlich keine Autorität, sie schrien nicht und klopften nicht und drohten nicht mit Konsequenzen, wenn man sie einfach ignorierte. Sie heulten auch nicht heimlich. Jeden Morgen befiel Gerda die Unsicherheit, ob die Kinder ihre Wecker überhaupt gestellt hatten, also lief sie zur Weckzeit meist nervös vor den Zimmern auf und ab und verfluchte, was gerade zu verfluchen war. Zu alldem kam die ständige Angst, selbst zu verschlafen und daraufhin Telefonate mit mehreren Schulen führen und sich rechtfertigen zu müssen, und darüber schwebte der meist unsichtbare, aber manchmal auch ganz deutliche Vorwurf, man würde *seine Kinder vernachlässigen*.

Bei Gerda ist das mit dem Packen eher kompliziert. Sie macht es auf den letzten Drücker und nimmt am Ende alles mit. Klamotten für jede Wetterlage – Hamburg ist da ja der Endgegner –, ein Handtuch, falls die im Hotel keine haben, obwohl Hotels natürlich immer welche haben, aber Gerda war in ihrem Leben noch nicht oft in Hotels, also hat sie vergessen, wie das da ist. Und Bücher, drei, wegen der langen Zugfahrt, zwei schafft sie bestimmt, und eins noch zur Sicherheit.

Letzte Nacht hatte sie dann noch eine verrückte Idee, eine typische Nachtidee. Sie hat ein paar Dinge von früher rausgesucht und in einen Umschlag gepackt, damit Karla sich in Köln an ihre Zeit *hier* erinnern könnte. Paar Dinge, die sie sich in ihrem WG-Zimmer aufhängen könnte. Gerda weiß ja noch gar nicht, dass Karla nicht mehr in einer WG wohnt. In dem Umschlag stecken ein paar Fotos, Gemaltes von früher und ein Brief aus der Schulzeit. Es ist dieser Brief, den alle in der fünften Klasse an sich selbst in der Zukunft schreiben sollten. Darin beschrieben sie, wo sie sich als Erwachsene sehen, was oder wie sie sein würden. Diesen Brief bekamen dann alle nach dem Realschulabschluss wieder ausgehändigt, um sich total zu schämen. Karla wollte Künstlerin werden, Malerin oder Comiczeichnerin, das wusste Gerda. Ob es in dem Brief so steht, weiß sie aber nicht, sie hat ihn nicht gelesen, denn *das gehört sich nicht*. Karla hat den Brief nicht in ihre WGs oder überhaupt nach Köln mitgenommen, sie hat so gut wie gar nichts mitgenommen, eine ganze Kiste mit Karla-Sachen ist noch in Gerdas Keller, darin ist auch die Kuscheltierkatze, die Karla bekam, nachdem ihr die Mandeln rausgenommen worden waren. Alles andere hat Gerda mittlerweile weggegeben, natürlich mit Karlas Einverständnis (*Jo, okay*). Viel war sowieso nicht mehr übrig, bei den Sonntags wurden Bücher, Kuscheltiere, Puppen und Klamotten immer verteilt an all die anderen nachgeborenen Kinder oder an Kinder von Freunden, alles war im Grunde immer nur Leihgabe, im Durchlauf, deswegen hingen die Kinder vielleicht auch nicht so sehr daran.

Gerda hat noch keine Rückfahrt gebucht, vielleicht traut sie sich, ein paar Tage länger zu bleiben, wenn schon der Paarurlaub in diesem Jahr ausfällt. *Diese neue Spontaneität ist eine Wucht*, schreibt sie ihrer Freundin Karin per SMS.

19

Karla zieht den Rollkoffer durch Jungsspucke auf dem Boden Richtung Gleis 5, wo gleich der ICE nach Hamburg abfahren wird. Er kostet 10 Euro weniger als der IC, braucht aber 18 Minuten länger. Komisch fand Mascha das, als sie das Ticket für Karla buchte, dabei war sie sich doch sicher, dass ICEs immer am schnellsten sind. *Aber ob 3h 45 min oder 4h 03 min ist dir bestimmt egal, oder?* Sie hatte es am Telefon genau so ausgesprochen, mit den Abkürzungen *min*. Das fand Karla süß, gleichzeitig war ihr das alles sehr unangenehm mit dem Geld und der Planerei. *Es ist zu teuer*, hatte sie immer wieder gesagt, aber Mascha meinte, dass sie es doch durch drei teilen würden und dann wäre es *überhaupt keine große Sache* und *eure Unterkunft ist auch total günstig. Weißt du überhaupt, was ein Geschenk ist?,* hatte sie dann noch bescheuert gefragt. Mascha tut so, als wäre sowas normal in ihrer Welt. Dass man sich solche Erwachsenengeschenke macht, vorher war es immer ein Buch oder eine CD oder Gutscheine, die man nie einlöste. Karla ist noch nie als Gast in einem Hotel gewesen, findet das übertrieben und hatte gefragt, ob nicht auch Airbnb oder sowas ginge? Mascha hatte auch darüber wieder gekichert und Karla gab auf. Mascha erzählte, dass das heute nicht mehr so einen großen Unterschied mache. Und bei Airbnb würden teilweise Leute umgebracht, da hatte sie letztens einen Artikel drüber gelesen. *O Gott*, schrie Karla da in den Hörer und las die halbe Nacht Artikel über ebenjene Mordfälle. Es stimmte wirklich. Airbnb hatte sogar versucht, etwas zu vertuschen, und Reinigungskosten übernommen, um die Spuren der Toten zu tilgen. Zumindest war das einer der Vorwürfe in einem dieser englischsprachigen Berichte. Jetzt war sie halb beruhigt, dass sie in einem Hotel unterkommen würden, aber andererseits passieren in Hotels auch gewisse Dinge. Sie konnte gerade noch widerstehen, auch das noch zu googeln. Frieda hatte Karla, als sie klein war, mal lang und breit alles über das angebliche Mord-Hotel in Chicago erzählt. Sie hat immer diese Sendungen nachts geguckt, wo Leute in die Kamera erzählten, wie ihr Ehemann oder die Mutter verschwunden ist und am Ende der Cousin dran schuld war. Danach tratschte sie das Gesehene weiter an die, die es noch nicht gucken durften, ob sie wollten oder nicht. Frieda hat damals im Kinderzimmer quasi den True-Crime-Podcast erfunden. Sie hatte null Angst vor diesen Dingen, Karla dafür noch Monate später.

Den Rollkoffer die Stufen hochzutragen ist würdelos. Zu so einem blöden Ding hatte Natalie ihr geraten, und es wird nun mal fast jeder Rat von Natalie unhinterfragt angenommen, auch wenn Karla weiß, dass es eine schlechte Idee ist. Das trifft auch hier zu. Generell hat Natalie gar nicht öfter recht als andere Leute, sie ist eher so ein Bauchmensch und da geht oft einiges schief, aber es ist diese unbändige Liebe, die Karla dazu bringt, ihr immer wieder Vertrauen zu schenken. Und zwar bedingungslos. Aber Karlas Rucksack fällt auseinander, und Luca war so lieb und erlaubte ihr, seine rollende schlechte Idee auszuleihen. Mit Rollkoffer wirkt man sofort wie ein Arschloch, das passt ja vielleicht doch ganz gut. Dann fällt Karla auf, dass das Ding einen entscheidenden Vorteil hat: Sie hat das Treppenzählen vergessen. Oder ist es ein Nachteil? Sollte sie nochmal zurück? Wird jemandem etwas Schlimmes passieren, weil sie nicht darauf geachtet hat, mit dem linken Fuß zuerst die Treppe zu betreten und mit dem rechten oben abzuschließen? Sie kann sich gerade noch beherrschen, der Zug fährt glücklicherweise schon ein.

Karla lässt sich in einen Sitz fallen, seufzt halblaut auf, weil sie erleichtert ist, dass der Zug nicht allzu voll ist, fühlt sich irgendwie reich, weil sie in einem ICE sitzt, und glotzt dann einfach zwei Filme, die sie sich vorher runtergeladen hat: *Across The Universe* und *Mean Girls*. Beide Filme hat sie schon unzählige Male gesehen, sie beruhigen sie. Filme, in denen sie sich immer wieder einrichten kann, Filme, die sich wie ein Zuhause anfühlen. Nicht gerade die deepsten Schinken. Sie weiß auch immer schon, an welchen Stellen sie lachen und heulen wird. Hier im ICE kann sie aber nicht. Eine Gruppe Saufmänner steigt noch kurz vor Abfahrt ein. Vielleicht sollte Karla bei der nächsten

Station aussteigen. Es ist Düsseldorf. Als Kölnerin soll sie die Stadt schlimm finden, sie war aber noch nie da. Weitere nervenzehrende Aussteigüberlegungen spult sie dann auch bei jeder folgenden Stadt ab, insgesamt fünfmal.

20

Gerda hatte auf einen Platz im Ruheabteil gehofft, aber sie landet auf einem normalen Vierer. Aus dem Lesen wird wohl nichts. Na, auch okay, es sind ja nur drei Stunden. Gerda will sich nicht die Reiselaune verderben lassen. Sie packt sofort ihre Schnitte aus, weil sie schon Hunger hat. Dazu gibt es Tee aus der Thermoskanne. Wie einfach alles ist, wenn man nur für sich selbst Essen und Trinken mitnehmen muss. Sie beobachtet, wie ein paar Mütter durch den Zug torkeln, die einen halben Haushalt mit sich führen. In wenigen Sekunden sieht alles im Umkreis von zwei Metern wie ein Kinderzimmer plus Küchentisch aus. Es wird gemalt und geraschelt und gekrümelt und gequatscht. Selten sieht man auf Reisen auch mal Väter allein mit Kindern. Meistens gibt der Vater dem Kind ein Tablet, muss noch was am Laptop arbeiten, sagt deshalb *Ruhe* und *Die Mama wartet schon am Bahnhof auf uns.*

Gerdas Tee hätten die Kinder damals nicht angerührt, und dann hätten sie rumgeheult, weil sie *solchen Durst* hatten, die Schnitten wären wahrscheinlich auch verschmäht worden, es sei denn, Gerda hätte viel Frischkäse draufgepackt. Für sie selbst gibt es heute Hummus und Gurke. Als Wandertagsproviant wollten die

Kinder damals in den 90ern den ganzen Quatsch, den die anderen auch hatten, Milchschnitten, Knoppers und Käsebrötchen. Gerda blieb bei Schnitte, hartgekochten Eiern und Äpfeln, normalem Essen eben.

Es ist richtig *Wuling* im Zug, ihr gegenüber lässt sich ein älterer Mann mit riesiger Tageszeitung nieder. Es ist die Süddeutsche. Wuling ist schön, da kann Gerda ein bisschen lauschen und glotzen. Gerda versucht schon ihr Leben lang eine Person zu sein, die das Beste aus Situationen macht, spontan ist und sich auf alles einstellt, was kommt. Sie würde sich gern so sehen und gesehen werden, sie hätte gern, wenn *sie mal nicht mehr ist*, wie sie es immer nennt, dass die Leute sie als fröhlichen, entspannten, zugewandten Menschen in Erinnerung behalten. Dabei brodelt sie innerlich, vielöfter, als ihr lieb ist.

Gegen das Brodeln hat sie über die Jahre folgende Maßnahmen entwickelt:

Genervte Geräusche machen, schnell atmen (nicht langsam!), singen, etwas zerknüllen, ihre Nägel in ihren Oberschenkel oder, falls verfügbar, Leder oder etwas Ähnliches graben, Schimpfwörter auf einen Zettel schreiben, ganz schnell weggehen.

Gerda hat sich im Griff. Auch jetzt, wo ein Kind immer wieder von hinten gegen ihren Sitz drischt. Sie versucht, ruhig zu bleiben, souverän zu sein, es zu ignorieren. Gerda kennt das ja, sie sollte muttigelassen sein. Das Kind muss sich schließlich langweilen, klar, das ist der Job eines Kindes. Aus der Langeweile entsteht dann die Neugier, die Bewegung, die Kreativität. Es will etwas mit sich anstellen, sich und die Welt entdecken, herausfinden, wie lang der Zug ist und was die eigenen Gliedmaßen alles können. Aber es muss ruhig sitzen bleiben und das ist schwer, denn es ist gegen die Kindnatur. Die Mutter neben dem Kind hofft bestimmt auf Gerdas Verständnis, ist nervös, will keinen Ärger, will nicht vor allen Leuten mit ihrem Kind schimpfen müssen, will nicht als strenge Mutter dastehen, aber auch nicht als untätige, die ihrem Kind alles durchgehen lässt. Gerda will mit diesem ihr allzu bekannten Mutterkampf jetzt aber nichts zu tun haben, sie hat sich vorgestellt, wie sie lesend und ihren Tee trinkend im Zug sitzt, sie hat sich dabei die Menschen um sie herum als passive, ruhige Pappfiguren, als Ausstattung vorgestellt, nicht als dreschende Kinder und gestresste Mütter. *Seid doch bitte mal alle kurz ruhig,* würde sie jetzt gern sagen. Wie früher. *Ich will erstmal ankommen.*

Es dauert nicht mal bis Berlin und Gerda hasst das Kind, sie verflucht es von ganzem Herzen. Sie wünscht ihm eine schlechte Zukunft, schlechte Zähne, schlechte Geburtstagsgeschenke, schlechte Zeugnisse, einen schlechten Beruf, schlechte Freunde, schlechte Entscheidungen und ein eigenes schlechtes Kind. Sie meint es natürlich nicht so. Für den Fall, dass der Fluch schon durchgegangen ist, murmelt sie gedanklich ein *War nicht so gemeint* hinterher. Es ist ja nur ein Kind! Nach außen lächelt sie, atmet schnell tief ein und aus, summt irgendeine Melodie, kneift sich ins Bein. Wenn sie die Sachen, die sie denkt, nicht ausspricht, dann ist es okay, hat sie vor vielen Jahren beschlossen. Denn über ihre Kinder hat sie schon Ähnliches und Schlimmeres gedacht und sich dafür oft geschämt. Aber was in ihr passiert, ist geschützt, nicht veröffentlicht, Rohmaterial, und es bleibt eingepackt. *Dresch-dresch* macht es jetzt wieder von hinten. Gerda merkt, wie ihr Körper zuckt, sie steht auf, geht einmal den kompletten Zug auf und ab, steht eine Weile an einer Tür und schaut raus, um sich zu beruhigen. Als sie sich wieder hinsetzt, merkt sie, dass es rein gar nichts gebracht hat. Dieses Kind ist wirklich das Allerletzte, der Teufel soll es holen, ganz im Ernst, setzt sie hinzu.

21

Der erste Blickfang am Hamburger Hauptbahnhof ist dieser sehr einladende Bäcker, wo es all diese verschiedenen Franzbrötchen gibt. Karla kann sich von ihrem letzten Bargeld nur eins leisten, aber sich partout nicht entscheiden, auf welche Sorte sie nun am meisten Lust hat. Weiße Schokolade oder Pflaume? Cremig oder saftig? Sie will Gerda, die in ein paar Minuten ankommt, keinesfalls um Geld für ein zweites anhauen, das heißt, sie muss das Entscheiden vorher erledigen. Nach Geld fragen gehörte sich bei den Sonntags noch nie, man wusste, dass eh niemand was übrig hat.

Da kommt Gerda schon, und die Begrüßung findet direkt vor dem Franzbrötchenparadies statt, Karla kann Gerda also gleich fragen, ob sie sich auch eins kaufen will, das lockert bestimmt auf. Erstmal was in den Mund stecken, bevor man reden muss. Pflaume wird's wohl in Karlas Fall.

Karla ist steif und nervös wie sonst was, es ist alles genau so *awkward* wie gedacht. Gerda hingegen ist schläfrig, muss erstmal ankommen. Sie winkt ab und will kein Franzbrötchen, denn es ist ihr *alles zu süß.* Das ist wirklich eine der schlimmsten Eigenschaften an

Müttern: die Lüge, dass ihnen irgendwas zu süß sei. Oder *zu mächtig*, zum Beispiel Sahne auf Torte. Alle wissen, dass das Bullshit ist, dass sie das nur sagen, um besser zu sein als ihre Kinder, weil das Kindischste ist, Zucker zu mögen. Diese Franzbrötchen zum Beispiel kennt Gerda ja noch gar nicht, sie weiß gar nicht, wie süß die sind. Die tief eingeimpfte Konkurrenz unter Frauen, ganz besonders unter Müttern und Töchtern, wer sich denn bezüglich Essen mehr *im Griff* hat, kommt noch dazu. Karla entscheidet sich jetzt also doch noch um und wählt das Franzbrötchen mit weißer Schokolade, das süßeste!, und als sie wütend reinbeißt, weiß sie, dass niemand auf der Welt, der das isst, jemals sagen würde, es sei zu süß, weil es einfach nur supergeil und auf genau die richtige Weise süß ist. Nachdem sie es in Windeseile reingeschlungen hat und es ihr danach ein bisschen hochkommt, merkt sie, dass es wohl abermals passiert ist, das Reinsteigern.

22

Karla sieht anders aus, ganz anders. Die Umrisse passen, sie ist gleich groß, ihre Figur ist unverändert und ihre Klamotten sehen aus wie immer, Jeans und Pulli mit schwarzer Jacke drüber, sie trägt das kurze braune Haar wie erwartet, auch an ihrer Haltung ist alles wie gehabt, leicht gebückt, schludrig, Gerda hat sie sofort erkannt, trotz der übervollen Bahnhofshalle. Aber ihr Gesicht ist anders. Gerda kann nicht sagen, was es ist, ob Karla jünger oder älter aussieht, ob es runder oder eckiger ist, es ist einfach ein anderes Gesicht als das, an das sie sich erinnert. Wenn jetzt jemand kommen und sagen würde: Das ist nicht deine Tochter, sondern nur eine junge Frau, der wir ihre Klamotten angezogen, ihre Frisur verpasst haben und der wir einen Leberfleck genau über die gleiche Stelle neben der Nase gesetzt haben, könnte Gerda das glauben. Sie guckt Karla etwas zu lange zu irritiert an, wobei die schnell wegguckt. Vielleicht denkt sie, dass Gerda etwas Schlimmes denkt, sie wirkt irgendwie genervt, aber so ist es nicht. Oder vielleicht doch, wenn man bedenkt, dass Gerda das Gesicht ihrer Tochter vergessen hat.

Gerda ist außerdem etwas verwirrt wegen Karlas Getue beim Bäcker und fragt sich, ob sie schon irgendwas anderes verpasst oder falsch gemacht hat, aber sie ist selbst viel zu aufgeregt wegen der großen Stadt und dem unübersichtlichen Bahnhof. Sie verfällt sofort in die Mutti-Rolle und muss sich um alles kümmern. Sie tut so, als wüsste sie, wo es langgeht, dabei war sie auch noch nie in Hamburg. Sie erinnert sich aber daran, dass ihre Tochter nie verreist und zu Nervosität und Schusselei neigt. Aber Gerda hat Glück und ist zur richtigen Seite rausgeprescht. Es wäre ihr unangenehm gewesen, wenn Karla ihr Handy gezückt und Google Maps aufgerufen hätte, wie es die jungen Leute immer sofort machen. Man kann doch wohl noch Schilder lesen. Gerda hasst es, wenn sie so altbacken denkt. Vor dem Hotel werden beide nochmal nervös, weil im Internet steht, dass man die Reservierung ausgedruckt mitbringen muss, aber Mascha hat Karla aus Versehen nur die Rechnung geschickt. Ist aber alles kein Problem. Man kommt in Hotels immer irgendwie rein, solange bezahlt wurde und man den richtigen Namen sagen kann.

Zu Gerdas und Karlas Überraschung wirkt die Unterkunft ziemlich unseriös, obwohl es ein richtiges Hotel ist. Es befindet sich in einem recht dreckigen Hinterhof, der von heruntergefallenen Blättern übersät und voller Sperrmüll ist. Drinnen scheint nur eine Person zu arbeiten, ein grauer, lauter Mann, der etwas aggressiv und trotzdem flirtend auftritt. Er nennt Gerda und Karla *Ihr beiden Süßen,* berührt dabei Gerda am Arm, wirkt aber durch seine dumpfe Stimmlage und die zackigen Ansagen trotzdem irgendwie genervt. Hier ist der Schlüssel, da oben ist das Zimmer, schon bezahlt?

Nachdem sowohl Gerda als auch Karla *Es sind ja nur zwei Nächte* geflüstert haben, sind beide in entsprechender Stimmung. Heute ist ohnehin nur Ankommen und Ausgehen angesagt, morgen dann das Musical. Als drittes To-do steht für heute auch Reden auf der imaginären Liste, was Gerda unbedingt so schnell wie möglich hinter sich bringen will und Karla am besten gar nicht.

Da im Hotel, warum auch immer, nur mit einem Gast gerechnet wurde, gibt es für eine Person keine Handtücher. *Ha!,* sagt Gerda, und Karla weiß nicht, warum. Man würde ihr aber noch welche bringen, sagt der Mann von der Rezeption. *Nicht nötig!*, sagt Gerda viel zu schnell und forsch, und jetzt geht Karla so langsam ein Licht auf, wieso. Sie stellt ihren kleinen Koffer in die Ecke, direkt neben die große Kraxe von Gerda, damit der Vergleich klar wird, sagt nun auch *Ha!* und weiß auch da nicht so richtig, was das soll. Der Mann bringt trotzdem noch Handtücher. Es wäre jetzt möglich, sich eine regelrechte Burg aus Handtüchern zu bauen.

Dann der Hammer: ein Doppelbett. Es folgt ein Blick zum Bett, Blick aufeinander, Blick beschämt zum Boden, Blick wieder zum Bett und schließlich die Erlösung. Man kann das Bett unkompliziert auseinanderziehen und daraus zwei einzelne Betten basteln, was Gerda und Karla sofort und kommentarlos tun. Körperliche Nähe war nie ein großes Ding bei den Sonntags. Nicht weil sie verwehrt wurde, weil Gerda kalt gewesen wäre oder so. Aber mit vier Kindern war alles immer in Bewegung, es gab selten Ruhe zum Kuscheln, und irgendwann war es dann so komisch, wie es heute noch immer ist, überhaupt nur daran zu denken. Gerda hatte sich eine Funktionskörperlichkeit antrainiert, sie hatte das Gefühl, sie müsse fit bleiben für den Fall, dass irgendwas passiert. Kuscheln ist wie Hinsetzen, wenn man im Stehen arbeiten muss, man kann dann nicht mehr aufstehen, die Füße schmerzen umso mehr. Man hat von dem süßen Saft des Ausruhens gekostet, darf aber nicht. Kuscheln heißt auch Gemütlichkeit, Einschlafen und Sichfallenlassen, und das war eben keine Option. Auch unter den Geschwistern gab es das selten, der Waffenstillstand zwischen ihnen dauerte nie lang genug, dass die entsprechende Stimmung aufgekommen wäre. Karla wirkt auch heute auf Gerda nicht wie die große Schmuserin, sie war immer zurückhaltend mit ihrem Körper, wirkte fern, ohne es zu sein, vielleicht war es auch Angst. Es gibt bei den Sonntags aber Umarmungen zur Begrüßung, wie bei Bekannten ungefähr. Heute gab es keine. Beide Parteien wussten nicht, wie sie es hätten machen sollen.

23

Karla hat sich eine wasserdichte Exitstrategie für den heutigen Abend überlegt. Natalie könnte anrufen und eine große Krise mit ihrer Abschlussarbeit haben. Dann müsste das verliebte Pärchen, das immer füreinander da ist, stundenlang telefonieren. Karla würde dafür an der Elbe spazieren gehen und erst spät wiederkommen, wenn Gerda schon eingeschlafen wäre, sie solle bloß nicht warten, Natalie sei völlig fertig, so ein Gefasel eben. Gerda kennt Natalie nicht, sie weiß also nicht, dass Karlas Freundin nicht stundenlang am Telefon rumheulen würde, egal weswegen. Natalie hat keine Krise mit ihrer Arbeit, sie kommt mittlerweile total gut voran, ist fast fertig, guter Dinge, hat sich aber nach langem Betteln darauf eingelassen, mitzuspielen, sollte Karla sie brauchen, und hat zugestimmt, dass Karla sie anruft, wenn es nicht gut lief. Ein gefakter Notfallanruf wie bei einem schlechten Date.

Der Abend wirkt tatsächlich etwas datemäßig, zumindest was die Aufregung und das Setting angeht. Gerda lädt nämlich in eine Kneipe ein. Das hat sie sich so überlegt, das ist cool, entspannt, locker, auf Augenhöhe, man könnte was trinken, ein bisschen im Geplänkel und Qualm verschwinden. Blöderweise hat

Gerda keine konkrete Kneipe rausgesucht, sondern gedacht, man könnte ja einfach ein bisschen *auf die Schanze, auf die Piste,* so redet sie an diesem Abend und fühlt sich selbst blöd dabei. Also staksen die Sonntags betont gelassen durch die verregneten Hamburger Straßen und können sich nicht entscheiden, in welche Kneipe sie nun gehen sollen, wo sie sich reintrauen, wo sie nicht komisch rüberkommen, wo überhaupt noch Platz ist an diesem Freitagabend. Karla versucht schon seit geraumer Zeit, den Druck ihrer Blase zu ignorieren, aber nun reicht es ihr. Sie hat PMS – starke Gefühle, starker Harndrang. Sie muss jetzt jedenfalls pinkeln. Da sieht sie einen leeren, dunklen Innenhof voller Ecken, potenzielle Verstecke, und sagt: *Perfekt!*

Gerda denkt, sie hat eine Kneipe übersehen.

Mutter, ich muss mal pinkeln. Kannst du hier mal warten und bissl gucken?

Was?

Ich muss pinkeln.

Das hab ich verstanden, aber was soll das?

Ich geh hier auf dem Hof fix hinter diese Mülltonne da pinkeln, stell dich einfach hier an den Eingang.

Is nich dein Ernst jetzt.

Hä? Was soll das, ich muss wirklich wie Sau!

Wir gehen irgendwo rein, da kannst du pinkeln. Du pinkelst doch jetzt nicht da in irgend 'ne Ecke. Das ist doch peinlich. Komm jetzt!

Karla ist überrascht. DAS ist also die Grenze ihrer sonst so überbetont offenen Mutter. Sie muss lachen, was allerdings noch mehr auf ihre Blase drückt. Sie rennt schnell in den Hof, scheißegal, ob jemand den Eingang bewacht. Gerda geht weiter, sie schämt sich. Ist das lustig! Mit offener Hose lacht Karla jetzt laut. *Ich bepiss mich!*, schreit sie. *Ich meine, im wahrsten Sinne des Wortes!*

Karla lacht und merkt, dass sich etwas Bahn bricht, die Anspannung, aber auch das offensichtliche Bedürfnis – sie war seit heute Morgen nicht auf der Toilette. Gerda verdreht die Augen, aber das sieht Karla nicht. Egal, irgendein Eis scheint gebrochen. Es verschließt sich aber wieder, wenn Karla jetzt darauf rumreitet. Sie gehen schweigend weiter, und zum Glück findet sich endlich eine halbleere Kneipe. Eilig werden Jacken, Mützen, Tücher aus- und abgezogen, sich an den nächsten Tisch gesetzt. Manche Sachen macht man einfach nicht. Auch wenn Gerda kein Regelwerk dazu hat, keine Religion, keine konservativen Gepflogenheiten, keinen Knigge, sie hat einfach ihre Prinzipien. Muss man auch gar nicht diskutieren, sowas, das weiß man doch. Was sich gehört.

Bei der Kneipe handelt es sich um eine richtige Papakneipe. Zumindest ist das der Begriff, der Karla in den Sinn kommt, als sie sich umschaut, und zu dem Gerda sofort schmunzelnd nickt. Es sitzen hier ausschließlich Papas drin, also so wie Karla sie sich vorstellt. Für Gerda ist es komplizierter, weil sie vermutet, dass die Herren größtenteils in ihrem Alter sind, aber das will sie nicht so richtig wahrhaben. Die Männer sehen viel älter aus. Es muss sich doch ausgezahlt haben, dass ich nie geraucht und übermäßig getrunken habe, denkt sie. Karla schiebt diplomatisch hinterher: *beziehungsweise Opakneipe*. Gerda versteht, tut aber so, als wäre dem nicht so. *Na ja, die sind hier, glaube ich, in meinem Alter … Aber dann passt das mit den Opas ja.* Denn Gerda ist nun mal, neben allem Möglichen, was sie ist und sein will, auch Oma. Vierfache sogar.

Die Kneipe ist tapeziert mit Bildern von weißen, männlichen Jazz- und Blues-Musikern, laut Plakaten war die Hälfte davon auch schon mal für ein Konzert in New Orleans. Dazwischen Schilder mit kultigen Bier-Sprüchen drauf, Bilder von Pin-up-Frauen und aus Zeitungen ausgeschnittene Cartoons mit den üblichen Männerwitzen. Es geht in jedem darum, dass ER schweigend sein Bier trinken will und SIE ihn dazu anschreit. Natürlich wird hier geraucht, was Gerda und Karla nicht mehr gewohnt sind, weil sie beide aus ziemlich strengen Nichtraucher-Bundesländern angereist sind. Es stört sie zwar nicht, sie denken aber schon daran, wie morgen alles riechen wird.

Sie bestellen zwei Alsterwasser, weil das so hamburgisch klingt. Es ist die perfekte Bestellung, um im Hinblick auf den Abend eine gewisse Offenheit zu suggerieren. Man kann trinken, man kann aber auch gleich ins Bett. Außerdem zeigt man mit der Wahl, dass man kein Alkoholproblem hat, etwas, was sich Familienmitglieder, zusammen mit gesunder Ernährungsweise und genug Geld auf dem Konto, in regelmäßigen Abständen gegenseitig beweisen müssen. Sobald jeweils ein sehr langsam vollzogener Schluck getrunken worden ist, wissen Karla und Gerda, dass es jetzt nicht mehr rauszuzögern ist, das Unangenehme. Jetzt sitzt man ja endlich. Man hat alles erledigt. Man ist sozusagen angekommen. Es könnte keinen besseren Ort und keine bessere Zeit geben, um jetzt ein Gespräch zu führen. Niemand stört. Nirgendwo muss man heute noch hin. Die Atmosphäre sollte es leichter machen. Also wird es nun passieren. Der Rest der Kneipe weiß das auch, zumindest gucken alle so. Es liegt etwas in der Luft. Auf dem Weg hierher kam man noch mit Smalltalk über die Runden, doch alles, was beide über Hamburg wissen, ist bereits ausgetauscht, es gibt kein Drumherum mehr zu besprechen, jetzt geht es um die Wurst, um einander. Karla fällt auf, dass Gerda und sie sich selten von so nah angesehen haben. Es ist ihr viel zu intim. Sie sind jahrelang nur aneinander vorbeigehuscht, Karlas typischer Blick geht ohnehin zu Boden, Gerdas Augen haben immer das Umfeld auf dem Schirm. Karla drückt ihr Handy jetzt fester, bereit, gleich Natalie zu schreiben …

Na, dann mal los. Los!

So, jetzt erzähl doch mal, wie es so mit Natalie läuft. Gerda hat das Gefühl, dass Karla ihr jeden Moment entwischen könnte.

Na, gut halt. Sie schreibt grad ihre Masterarbeit fertig. Das ist natürlich manchmal sehr stressig. Die Grundlage für den Exit-Anruf ist gelegt.

Mh. Und sie wohnt noch in Leipzig?

Ja.

Und du willst in Köln bleiben? Man muss seinen Kindern alles aus der Nase ziehen.

Na ja, ja, auf jeden Fall. Karla weiß, sie muss nun erklären, wieso. Ihre Familie wohnt in Leipzig, ihre Freundin auch, es macht keinen Sinn, dass sie in Köln wohnt und nicht in Leipzig, dem Leipzig der Sonntags, Leipzsch halt, zuheeme. Der lebenswerten Stadt, die schon immer im Kommen ist.

Ich find's in Köln so schön und entspannt … Die Leute sind lieb. Weltoffen. Und Natalie liebt es da auch, sogar noch mehr als ich … Sie hat ja auch Verwandtschaft im Rheinland … und sie kriegt wahrscheinlich diesen tollen Job im Museum! Dann zieht sie her. Und ihr seid da nicht! Aber das denkt Karla nur.

Ach, wie toll ist das denn? Was wäre da genau ihr Job?

Es wäre ein wissenschaftliches Volontariat. Für so ein Projekt. Aber ich kann das nicht so gut erklären wie sie. Karla schämt sich, weil sie es nicht richtig verstanden hat. Außerdem ist Natalie IHRE Welt, Gerda soll da nicht so viel drin rumgraben.

Na ja, du hast uns ja noch immer nicht vorgestellt. Ich denke manchmal, wenn ich durch Leipzig laufe: Ist sie das vielleicht? Es stimmt überhaupt nicht, dass Gerda das denkt.

Du hättest bestimmt wieder was zum Meckern. Karla sagt es betont ironisch, weil es ein abgedroschener Spruch ist, meint es aber auch so.

Stimmt doch gar nicht. Stimmt wirklich nicht.

Du kannst schon manchmal etwas judgy sein. Karla hat keinen Schimmer, wieso sie das gesagt hat. Vermeidung sieht anders aus.

Quatsch, ich akzeptiere doch, wie ihr euer Leben führt. Ich finde es zum Beispiel mutig, dass du abgehauen bist. Auch wenn es jetzt nicht mehr so richtig Sinn ergibt.

Ich bin nicht abgehauen. Ich bin damals zu meiner Freundin gezogen. Das ist was, was ganz viele Menschen machen.

Ach ja, der Liebe wegen … Gerda lächelt. Karla war schon immer eine Romantikerin.

Genau sowas meine ich. Das ist herablassend. Wenn man sonst keinen Kontakt mehr hat, hat man gar nicht so viel zu verlieren, merkt Karla. Und sie kann sich ja jederzeit aus der Situation raustelefonieren. Feuer frei!

Na ja, das hat ja nicht so gut geklappt. Und jetzt hockst du doch allein in deinem tollen und arschteuren Köln. Ironischerweise hast du ja nun deine große Liebe doch zufällig im doofen Osten gefunden. Gerda dreht auch überraschend früh auf.

Das stimmt doch alles gar nicht. Zufall ist das auch nicht. Natalie und ich haben gemeinsame Bekannte, wir haben uns früher schon mal gesehen. Außerdem hab ich nie gesagt, dass ich den Osten doof finde. Wir haben 2019, meine Generation zieht eben hin und her, ist überall vernetzt. In Köln habe ich Freunde und da mache ich meine Ausbildung. Das ist doch alles total normal, Mann.

Wie läuft das denn so mit der Ausbildung?

Ich muss nochmal aufs Klo.

Auf dem Klo drückt sich die Wut erst so richtig hoch, sie kriecht Karla aus dem Hals, eine regelrechte Wutkotze kündigt sich an. Sobald sie wieder rauskommt, wird sie Klartext reden. Sie beschwört ihre Kraft wie ein Boxer vor dem entscheidenden Kampf. Wieso müssen sich eigentlich immer die Kinder rechtfertigen? Warum hat Karla nicht das Gespräch damit angefangen, Gerda diese substanziellen Fragen zu stellen? Man hätte das ganz anders aufziehen müssen. Gleich wird sie den Spieß umdrehen. Sie sind schließlich beide erwachsen, sie ist nicht abhängig von ihrer Mutter, verdient, seit sie 16 ist, ihr eigenes Geld beziehungsweise nicht, aber sie sind beide eigenständige Menschen. So, jetzt geht's los, jetzt kann die Mutter was erleben.

Gerda ärgert sich auch darüber, wie das bisher gelaufen ist. Sie würde sich auch gern nochmal aufs Klo zurückziehen, ihre Schnellatemübungen machen, sich wieder sammeln, aber dann würde sie Karla begegnen, das wäre seltsam. Sie krallt stattdessen ihre Fingernägel in den Ledersitz. Gleich will sie dem Kind vorschlagen, nochmal von vorn zu beginnen. Sie will zeigen, dass sie sich ehrlich interessiert, aber auch klarmachen, wie enttäuscht sie von der Kontaktaufgabe war, die sie bis heute nicht versteht. Sie will das Gespräch so führen, wie sie es sich die letzten Tage vorgenommen hat. Doch da stürmt Karla zurück an den Tisch. Das letzte Mal hat sie das als 17-Jährige gemacht: in Gerdas Beisein stürmen.

Wieso muss ich denn hier eigentlich wie bei Barbara Salesch erzählen, was ich angeblich alles vergeigt habe? Was ist denn mit deinem Job und deinem Stu-

dium und deiner Wohnung und deiner Beziehung? Na, das ging etwas zu schnell. Sie ist nicht sicher, ob überhaupt alles drüben angekommen ist. Kennt Gerda Barbara Salesch überhaupt?

Auweia, denkt Gerda. Von außen betrachtet sieht ihr Leben auch ziemlich unentschlossenen aus. *Gut gegeben*, findet sie. Kurz zweifelt sie … Hat Karla etwa recht? Aber nein! Der Unterschied ist nun mal, dass Gerda schon einiges erlebt, erreicht und vorzuweisen hat, sie hat eine Vergangenheit, hat ihre Lehren schon gezogen, ist schon klug und reflektiert und an dem Punkt, wo man jungen Leuten sagt: *Du wirst schon sehen*. Also weiter im Text.

Davon war doch gar keine Rede. Von vergeigt oder so. Ich will doch nur wissen, was so los ist. Das Einzige, was ich will, ist, dass ihr nichts bereut. Ihr sollt euer Leben genießen! Und was aus euren Freiheiten machen. Ich hab ein paar Sachen bereut, so ist das halt. Du wirst schon sehen.

Ja, das hab ich gemerkt. Dass du Sachen bereut hast. Uns zum Beispiel. Karla knallt ihre Handgelenke unterm Tisch gegeneinander. Dazu kommt dieses Lippenzucken, das Gerda noch von früher kennt. Es ist wirklich Karlas Gesicht.

Jetzt wurde es ausgesprochen. Die Bombe ist gezündet. Die Männer lassen von ihren Bieren ab, *all eyes on*

Mutter und Tochter, ein Raunen geht durch den Laden, die Musik setzt aus, irgendwo knarzt eine Schwingtür, eine Katze miaut, ein Luftstoß löscht das Licht einer Kerze, ein kurzes Geigengeräusch ertönt. So fühlt es sich zumindest an.

Ach, was für ein Quatsch. Gerda entwaffnet unspektakulär. *Aber das mit dem Kinderkriegen, das muss ja nicht unbedingt sein. Das muss nun wirklich nicht jeder machen. Darüber kann man doch sprechen, und ich war eben immer offen mit dem Thema.*

Nö, muss es nicht. Aber ich will es und Natalie auch, und sobald wir zusammenwohnen, werden wir es auch angehen.

Aha? Ist das nicht ein bisschen weit gedacht? Wie wollt ihr das denn machen? Gerda ist ehrlich interessiert, neugierig sogar, es kommt aber mal wieder völlig falsch rüber.

Wow, jetzt reicht es aber so langsam … Karla ist schon halb am Aufstehen, besinnt sich aber, dass sie in einer fremden Stadt ist, sie nachher ins selbe Zimmer muss wie Gerda und Gerda es wahrscheinlich nicht so gemeint hat, wie es gerade geklungen hat. Schließlich ist ihre Mutter selbst nicht nur an Männern interessiert, hat sich über Karlas Outing gefreut, ja, es schien ihrer Mutter sogar fast lieber gewesen zu sein, dass Karla ihr als erste Beziehung eine junge Frau vorstellte. *Man muss zu sich stehen*, war einer von Gerdas Lieblingssätzen, *man soll keine Lügen leben, sein Ding machen* und so. Direkt hatte sie damals Beratungsstellen parat, Broschüren, Vereine und so weiter, aber Karla brauchte keine Hilfe … Sie wurde auch später nie Teil einer queeren Szene oder überhaupt einer Szene, für sie war das nicht politisch, sie war einfach nur gern mit Mädchen und später mit Frauen zusammen. Karla atmet durch, guckt durch den Raum, ob noch alles an Ort und Stelle ist, und bestellt souverän mittels Nickblick zwei weitere Alsterwasser.

Wir überlegen uns was. Gehen zu einer Beratungsstelle, haben Freunde, die uns was spenden würden … Das ist unser Ding, wir finden schon einen Weg. Karla will nicht zugeben, dass Natalie und sie bisher nur rumgesponnen und noch nicht konkret darüber gesprochen haben.

Stimmt, da hast du recht. Aber bitte überlegt euch das nochmal ganz in Ruhe.

Ich bin jetzt 30, Nat ist 28, wir überlegen schon genug. Hast du bei Mascha eigentlich auch versucht, sie vom Kinderkriegen abzubringen, oder bei Fritz oder Frieda, oder machst du das nur bei mir?

Na ja, bei Mascha gab es nun wirklich keine Gelegenheit mehr dazu. Da sind mir sämtliche Gelegenheiten durch die Finger gerutscht, ich wusste noch nicht mal, dass sie überhaupt schon Sex hatte, da kam sie mit ihrem Ami-Typen und dem Babykram an. Und was Fritz angeht, der redet mit mir nicht über solche Themen, der blockt alles ab. Bei ihm ist es ja auch einfach so passiert, und du siehst, dass das nur so mittelgut läuft. Und Frieda will ja sowieso nicht …

Das ist für dich dann das größte Glück, oder? Die freie Frieda.

Na ja. Mir ist zumindest lieber, wenn ihr von niemandem abhängig seid, ja. Wir haben das ja alles bei Mascha gesehen. Es geht ganz schnell, und dann steht man allein da. Sie sagt *bei Mascha*, damit sie nicht von sich selbst reden muss, und fürchtet, dass das Manöver Karla auffallen wird.

Ich bin aber nicht Mascha, und Natalie ist nicht wie Dave und schon gar nicht wie Björn. Niemand ist wie Björn, dieses verdammte …

Arschloch!

Gerda und Karla hassen Björn, Maschas Exmann, gleichermaßen. Das verbindet. Nur kurz allerdings. Jetzt folgt einer dieser typischen Gerda-Monologe, deren Inhalt überhaupt nichts mit Karlas Situation zu tun hat. Dabei wird sie sanfter, deswegen hört ihre Tochter ohne Unterbrechung zu und kann zumindest währenddessen zur Abwechslung mal in Ruhe trinken.

Also, ja, so schlimm wie mit Björn wird es nicht kommen. Männer sagen ja so Sachen wie: Wenn das Kind erstmal aus dem Gröbsten raus ist ... Aber das ist viel später, als sie glauben. Sie haben ein Leben nach dem Kind und neben dem Kind. Von vielen Männern, mit denen ich bekannt war, wusste ich nicht mal, ob sie Kinder haben. Von den Frauen wusste ich es immer, weil sie entweder dabei waren oder eben eine große Rolle in ihrem Leben gespielt haben. Männer können viel leichter ein neues Leben anfangen oder herausfinden, dass das mit dem Familienleben für sie nichts ist, und dann ziehen sie eben einfach aus oder sind monatelang auf der Suche nach sich selbst und das scheint alles kein Problem zu sein. Wenn Frauen das machen, ist das Filmmaterial, ein Skandal. Im Ernst, ich hab letztens einen Film dazu gesehen, ich schau nachher mal, wie der hieß, der war auch total gut besprochen. Jedenfalls, als Frau soll man auf magische Weise für immer mit dem Kind verbunden sein, es ist zum Beispiel selbstverständlich, dass das Kind bei einer Scheidung bei der Frau bleibt. Aber es wird nicht magischerweise alles gut und fügt sich, wenn man ein Kind hat. Du bleibst, wer du bist, und obendrauf hast du noch ein Kind. Du hast einen Menschen mehr, um den du dich kümmern musst.

Und das ist schlecht, also, der Mensch, der ich bin, oder wie?

Nee, ich meinte ja auch gar nicht dich … Sondern generell …

Und außerdem wird es doch gar keinen Vater in der Konstellation geben, bei Natalie und mir ist das doch alles ganz anders …

Ja, wir dachten alle, es würde bei uns ganz anders. Es ist halt die Gesellschaft. Man hat es eben nicht allein in der Hand …

Ich hab schon verstanden, wir waren dir immer zu viel, du konntest nie dein Ding machen, und ich bin dir sogar peinlich. Wie vorhin mit dem Pinkeln! Du machst einen auf Hippie, bist ja so modern und weltoffen, aber dann darf man nicht mal seine, äh, Scheide zwischen ein paar Autos rausholen.

Nicht so laut.

Mutti, wir sind hier im beschissenen St. Pauli, die haben hier alle schon mal das Wort Scheide gehört.

Muss trotzdem nicht jeder mitbekommen.

Irgendwie beruhigend, dass du doch eigentlich total spießig bist.

Und dass du dich nicht nur noch versteckst, auch. Aber es muss ja nicht gleich öffentliches Pinkeln sein.

Wie auch immer.

Paar Minuten Schweigen, neue Gläser kommen.

Hast du eigentlich schon mal an die Umwelt gedacht? Deinen ökologischen Fußabdruck? Welche Welt diese hier in 50 Jahren sein wird? Sollte man in diese Welt wirklich noch Kinder setzen, wenn man gar nicht weiß, wie das hier alles in ein paar Jahrzehnten aussehen wird? Das frag ich mich echt.

Also, jetzt reicht's. Ist es nicht deine Generation gewesen, die den Planeten vor die Hunde hat gehen lassen?

Du klingst schon wie Max mit seinen Fridays for Future. Wobei die wenigstens was machen und nicht nur ihre Eltern und Großeltern beschimpfen. Und na ja, also wir Bürger der DDR waren sicher nicht diejenigen, die den Planeten kaputtgemacht haben. Meine Schwester und ich waren übrigens auch in der Umweltbewegung. Und wir sind ja auch nie geflogen oder sonst was, wie du weißt, bis heute nicht! Aber egal, es ist jedenfalls alles etwas komplizierter.

Von mir aus. Wobei ich aber doch anmerken will, dass du in den letzten 30 Jahren politisch nicht sonderlich viel für die Umwelt unterwegs warst. Und gab's in der DDR nicht mega die Umweltverschmutzung? Da hab ich letztens so 'ne Doku drüber gesehen Also, nur weil in der Vergangenheit so viel versäumt wurde, könnt ihr uns nicht unser Glück verhageln. Wir haben doch auch ein Recht darauf.

Aber hat man denn ein Recht auf ein Kind?

Keine Ahnung. Aber wir haben halt einen Kinderwunsch. Ich hab auch keine Lust auf diesen ganzen Politikkram, ich will einfach leben und mit Natalie eine Familie.

Was ist das eigentlich, ein Kinderwunsch? Ich weiß gar nicht, ob ich je einen hatte. Man hat es halt so gemacht. Wenn es gepasst hat, hat man es behalten, wenn nicht, hat man es wegmachen lassen. Es ist uns mehr so passiert. Und ihr habt doch jetzt noch viel mehr die Wahl, braucht keine Kinder für irgendwelche Privilegien, wie Wohnungen oder so … O Gott, apropos Wohnung, das wird ja auch alles so schwierig. Wo soll man denn heute mit einem Kind leben? Etwa in einer WG? Selbst bei uns in Leipzig haben es junge Familien mittlerweile schwer.

Der Wunsch ist eben da. Einfach da.

Und ist der unüberwindbar? Glaubst du, er ist biologisch oder anerzogen?

Karla weiß von Mascha, dass Mutti nochmal angefangen hat zu studieren, was ihr abstraktes Rumgefrage erklärt. Und sie liest jetzt immer diese feministischen Bücher, was Karla nun ausbaden muss. Wahrscheinlich fragt Gerda sich das alles selbst.

Wir wollen es. Es ist wie ein Traum. Zum Beispiel wie wenn man Schauspielerin werden will oder in ein bestimmtes Land auswandern will und eben alles daransetzt, dass es klappt. Und wer weiß, vielleicht adoptieren wir auch. Da wäre auch nichts mit problematischem Fußabdruck und so. Gegen Adoption wirst du ja sicher nichts haben.

Das fänd ich gut. Und überhaupt, es gibt so viele Menschen, die schon da sind und um die man sich kümmern müsste. Aber du weißt sicher, wie schwierig das wird mit einer Adoption? Vor allem für euch beide! Wollt ihr denn heiraten? Selbst dann wird es nicht einfach. Und man weiß doch nicht, ob es dann ein kleines Kind wird. Könnt ihr denn mit einem älteren … Ich meine, es wird wahrscheinlich nicht das Gleiche sein wie damals mit Frieda, falls du das denkst.

In Karlas Brust sticht es. Die Wutkotze hat sich zum Kloß im Hals verwandelt. Sie kann nichts mehr entgegnen, nichts mehr beantworten, will nicht mehr diskutieren, ihr tut plötzlich alles weh.

Natalie hat versucht anzurufen. Ich rufe mal zurück.

Sie geht mit dieser offensichtlichen Lüge einfach raus und fängt an zu laufen.

Es ist doch so, redet Gerda nun sich rechtfertigend und weiter an ihrem Alsterwasser nippend auf den Wirt ein, der alles mitangehört hat, *junge Eltern sagen oft nach einer Weile, dass wenn sie DAS gewusst hätten, also, wie stressig es mit einem Kind sein würde, wie müde, o Gott, wie müde, müde, müde sie sein würden, wie viel sie aufgeben müssten, wie schlecht die Welt eingerichtet sei für Kinder, wie schlecht man in die Bahn käme, wie nervig andere Eltern seien und so weiter, dann hätten sie es nicht gemacht. Sie verfluchen das Kind, schlaflos im Bett, im Zug, an der Kasse im Supermarkt, beim Elternabend und so weiter. Sie verfluchen ihren Partner, weil er das nicht verhindert hat. Und sie klagen die Welt an, dass ihnen niemand die Wahrheit gesagt hat, dass niemand sie gewarnt hat, dass das Bild übers Kinderkriegen und Kinderhaben total romantisiert ist. So kommen sie alle einzeln drauf, dass alles ganz anders ist und zu schwer für zwei Personen, oder anderthalb, und sind sooo enttäuscht, dass das berühmte Kinderlächeln eben doch nicht alles Anstrengende wieder wettmacht.*

Und Gerda ist diejenige, die diese Informationslücke nun endlich schließt. Die geheime Wahrheit über das Elternsein kundzutun, sieht Gerda als ihren Auftrag an. Es ist nicht so, als würde sie es genießen, aber irgendjemand muss den Job übernehmen.

Ist was Wahres dran, sagt der Wirt.

Ach, Sie Armer … Entschuldigung. Ich hab auch mal

in einer Kneipe gearbeitet, ich weiß, wie das ist … Sie merkt jetzt, dass sie etwas lallt. Sie kann sich gerade noch zurückhalten und fragt ihn zum Glück nicht: *Haben Sie Kinder?*

Sie bezahlt den Deckel, nachdem sie begriffen hat, dass Karla wirklich nicht mehr wiederkommt.

Im WhatsApp-Chat: *Geburtstag Mutti und Karla*

22.11.2019

Frieda
Okay, jetzt bin ich doch neugierig. @Mascha: Hast du was gehört?

Fritz
Haha, gut, dass du fragst, wir platzen auch gleich … Olivia ist kurz vorm Popcornholen

Frieda
Mascha, kommm saaaaag

Mascha
Boah ihr seid so scheiße

Frieda
Sorry, du Harmoniemaus. Es ist halt alles so süß von dir. Jetzt rück raus, sind deine Schäfchen im Trockenen, also im Nassen, also in Hamburg?

Mascha

Sie hatten wohl Probleme mit dem Hotel, das konnten wir aber klären

Fritz

Meine Güte, das sind die Oberbabys

Frieda

Bitte halte uns auf dem Laufenden, wenn es was Neues gibt, versüße mir die Nachtschicht!

Mascha

Ja, ja. Bis dahin kann ja Fritz mal erklären, wer Olivia ist??

Frieda

Ich weiß es schon! Die beiden wohnen praktisch schon zusammen!

Mascha

Wieso erfahre ich immer alles als Letzte?

Fritz

Weil du nervst

24

Geboren wurde Karla vor nun 30 Jahren, auf dem Sofa im alten Haus, in das sie gerade erst gezogen waren. Gerda hat die Geschichte oft erzählt. Der viel zu schwere Batzen, zu dem Karla in den letzten Wochen herangewachsen war, war das einzige Sommer-Kind, das zu spät auf die Welt kommen sollte, und Gerda hatte – es wurde langsam Winter und immer dunkler – längst die Geduld verloren. Sie lief den halben Tag nur noch durch die Bude, einerseits um damit die ersehnten Wehen auszulösen, andererseits aus purer Langeweile. Sie stellte die drei Radios im Haus auf den gleichen Sender ein und dann ging es los, jeden Tag unzählige Male hin und her und rauf und runter. Die Hits des Jahres waren der perfekte Wende-Mix aus dem recycelten *Über sieben Brücken musst du geh'n* und Roxettes *The Look*. Dazwischen wurde, sooft es ging, dieses Pfeiflied von den Scorpions und das Freiheitslied von Hasselhoff gepackt. Gerda äffte den Letztgenannten gern nach, sie konnte noch nicht so gut Englisch, *abinbooking for freedom*. Ost- und Westradio unterschieden sich eigentlich gar nicht mehr, außer dass es im Osten immer noch mehr Depeche Mode gab. Aber zum Glück kam auch mal Donna Summer: *If I wait too long for you I might explode, oh baby …*

Spaziergänge außerhalb des Hauses traute sie sich im letzten Schwangerschaftsmonat immer seltener und immer kürzer zu, sie wollte nicht, dass ES dabei passierte. Der Mann Peter war zu der Zeit viel arbeiten, und Gerda hatte in der neuen Gegend noch keine Freunde gefunden, also wollte sie kein Risiko eingehen, irgendwo zwischen Kanal und Wohnung dieses plötzliche Platschen zu vernehmen, das es so bestimmt nur in Filmen gibt, und dann jemand Wildfremden fragen zu müssen, ob man sie bitte zum Krankenhaus fahren oder ihr ein Taxi rufen könnte. Das mit dem Taxi wollte sie ohnehin unbedingt vermeiden, Gerda findet die Vorstellung, Taxi zu fahren, bis heute unangenehm und hat noch nie eins benutzt. Ein eigenes Auto hatten die Sonntags nicht. Stattdessen hatte Peter die Zweitautoschlüssel fürs Zweitauto von den Nachbarn bekommen, für alle Fälle. Peter war viel besser darin, Kontakte zu knüpfen, er grüßte auf der neuen Straße gefühlt schon jeden Zweiten, Frauen mit Winkehand, Männer mit einem leichten Schultergungs.

Jedenfalls – bei einem dieser Drinnen-Spaziergänge und fast am Ende der Treppe angekommen, passierte ES dann doch: *batsch!* Das Platschen, das es so bestimmt nur in Filmen gibt. Und dann war es schon fast zu spät. Unter heftigem Schwindel rief Gerda schnell zuerst den Notruf, dann Peter an und Fritz zu sich. Fritz war zu dieser Zeit zu Hause, weil die Kinderärztin wegen seiner Kindermigräne dazu geraten hatte, ihn erst nächstes Jahr einzuschulen. Mascha und Frieda waren im Kinderladen. Es dauerte nicht lang, da hatte Gerda Karla auf dem Arm, und Peter trudelte ein. Irgendwie war sie aufs Sofa gelangt, und Fritz hatte offenbar die Haustür aufgemacht, denn Stimmen schwirrten um sie herum. Berührungen und Bewegungen geschahen, wurden an ihr oder von ihr ausgeführt. Es passierte, geschah, ging vonstatten. Später erklärte Peter ihr die tatsächlichen Abläufe und die tatsächliche Dauer des Ganzen, er hatte es sich von den Leuten im Flur erklären lassen, dem Rettungsdienst und dem Arzt.

Später, als die Sonntag-Mädchen oft Treppenrutschen spielten, bis ihre Pos blau wurden, sagte Frieda mal, die sich angeblich noch an die Geburt ihrer Schwester erinnerte, obwohl sie mit ihren vier Jahren weder besonders zurechnungsfähig noch überhaupt dabei war: *fast wie du damals, Karla, als du geboren wurdest.* Sie hatte nur halb zugehört und glaubte, Karla sei auf der Treppe geboren worden, quasi einfach rausgeschlittert.

Karlas Held war von Beginn an Fritz, für ihre Eltern interessierte sie sich wenig. Fritz wurde angekuschelt, wenn er nah genug war, und angeschrien, falls zu weit weg. Auch beim Gutenachtsagen musste er dabei sein, was er erst toll und schließlich voll uncool fand. Eine Weile lang hatten die Eltern den Verdacht, dass Karla ihren Bruder vielleicht für ein Kuscheltier hielt. Sie wollte mit ihm das Zimmer teilen, musste aber mit Mascha, denn er war mit Frieda in einem. Die Ffffs blieben zusammen. Mascha fand es auch doof. Das jüngste Kind ist immer das unbeliebteste, weil es noch nichts kann und trotzdem alle Aufmerksamkeit bekommt, und man will möglichst wenig mit ihm gesehen werden.

Dann aber bekam Karla die Bücher über oder, wie sie damals dachte, von Ottokar Domma in die Finger, auch ihre Geschwister hatten sie schon gelesen, alles wurde – im *circle of life* – weitergegeben, von oben nach unten, auch buchstäblich, die Großen hatten oben im Haus ihr Zimmer, die Kleinen unten. Karla verliebte sich in den frechen Jungpionier Ottokar, wollte reden wie er, lustig sein wie er, so sehr in der Welt sein wie er. Womöglich war er für sie weniger Held oder Liebesobjekt als Identifikationsfigur, vielleicht ist das aber auch das Gleiche. Sie wollte natürlich auch aussehen wie er, wie auf dem Cover von *Ottokar gibt Auskunft*, auf dem er augenzukneifend feixt und lässig die Hände in die Jeans steckt, vermutlich nur, um eine Minute später wieder irgendwas Ulkiges mit ihnen anzustellen. Kurze Haare hatte Karla schon. Sie musste gar nicht darum bitten, es war Gerda klar, dass nur kurze Haare zu ihr passten, und wenn sie wieder zu lang wurden, legte Karla wortlos die Schere auf den Tisch, und Mutti wusste Bescheid. Leider waren ihre nicht so raspelig wie Ottokars, sondern dünn und faserig. Manchmal klaute sich Karla von Mutti auch noch einen Lippenstift, um sich die typischen orangen Bäckchen zu malen, die auch wieder frech wirkten und außerdem satt und glücklich. Dabei war Karla gar nicht wie Ottokar, vor fast all seinen Tätigkeiten grauste es ihr, zum Beispiel im Mittelpunkt stehen, Scheiße bauen, Ärger bekommen. Aber es wäre cooler gewesen, wie er zu sein, so viel war klar. Stattdessen hat sie sich bloß eingenässt.

Später wünschte sie sich, es hätte wenigstens mit der Scheidung der Eltern zu tun gehabt, mit dem Umzug in eine kleinere Wohnung, dem Schulwechsel, den Geschwistern, die auszogen, oder dem Verlust eines Haustieres – neben Leo gab es auch noch Ratten, Hamster und Mäuse –, aber es war schon vor alldem. Sie hätte es gern auf ein einschneidendes biografisches Ereignis geschoben, hätte gern eine handfeste Erklärung für ein handfestes Problem gehabt, das dann irgendwann einfach überwunden wäre. Tatsächlich aber war es schlichtweg ihr verdammter Körper, der nicht richtig war, nicht richtig funktionierte, nicht so wie vorgesehen, nicht ihrem damaligen Entwicklungsstand entsprechend, etwas, das mal wieder nicht so wie bei ihren Geschwistern klappte. Die blöden Läuse hatten wenigstens alle Sonntags immer gleichzeitig, außer Gerda und Peter komischerweise.

Schon in dem Alter, in dem man dachte, die Telefonnummer, die man in ein Poesiealbum schreibt, bleibt für immer, war das wichtigste Gefühl von allen für Karla Scham. Ihr halbes Leben, so kam es ihr vor, hat sie verbergen müssen, dass sie es nachts nicht rechtzeitig aufs Klo schaffte, dabei waren es nur zwei Jahre. Allerdings sogenannte *prägende*. Am prägendsten war die Zeltnacht im Kindergarten, in der es alle mitbekamen. Zu Hause im Doppelstockbett wurde die Matratze und die unten schlafende Mascha durch eine Gummiunterlage vor Karlas Fehler geschützt. Ihre Träume passten sich auf die dümmste Weise ein: Mal kamen Bäche darin vor, mal Toiletten, mal Badewannen.

In den Jahren, in denen Karla noch ihr *peinliches Problem* und bis dato *schlimmstes Geheimnis* hatte, wurde sie im Rahmen der sogenannten *Vogelhochzeit,* die es alljährlich im Kindergarten gab, auch noch zum Mädchen gemacht. Sie hatte Angst davor, weil es ihr wie eine Prüfung vorkam, weil es sich anfühlte, als müsste sie nun irgendwas zeigen, was sie gar nicht hatte. Zum Beispiel eine Ahnung davon, was eine Hochzeit überhaupt bedeutet und was sie damit zu tun hatte. Oder die armen Vögel. Leider heirateten bei der Vogelhochzeit keine Vögel, sondern man selbst, das Kind. Als Vogel. Alle Kinder liefen in einem Kreis herum, hatten Schnäbel auf der Nase, die mit Gummibändern um die Köpfe gespannt waren und die Haare so unangenehm hochzogen, sangen und sägten schließlich mit der Person, die sie *heirateten*, an einem Baumstamm. Es mussten Mädchen und Junge sein, und es war vorher klar, dass Erstere eine Art Kleid und Zweiterer eine Art Anzug tragen würde. Niemand verhinderte das, Peter sowieso nicht und Gerda leider auch nicht. Wie Vögel sahen die Kinder überhaupt nicht aus, die Schnäbel verschwanden nach der ersten Teepause (kalter, gesüßter Pfefferminztee), und das Sägen war sinnlos mit diesen Kinderhänden. Mit Toni, den Karla geheiratet hat, hat sie danach nicht mehr gesprochen, die beiden haben sich geschämt.

Der Kuckuck schreit, der Kuckuck schreit,
er bringt der Braut das Hochzeitskleid.
Fiderallala, Fiderallala, Fiderallalalala.

Später musste nie wieder ein Kleid über Karlas Körper gestülpt werden. Manchmal vergaß sie das mit dem Mädchending, wurde aber dann und wann daran erinnert. Im Schwimmbad. Beim Klettern. Beim Fußball. In Fritz' Zimmer. Von Frau Lehmann, der Nachbarin mit den Süßigkeiten. Während der Scherzanrufe mit den Mitschülern bei den Sexhotlines. Von den Männern, die ihr aus Autos zuriefen.

Abzuhauen war schon früher Karlas Wahl Nummer 1 in unangenehmen Situationen, und damit auch bei Streitereien. Eine Türknallerin war sie nicht. Meistens ging sie leise. Sie stellte sich oft vor, gar nicht mehr wiederzukommen. Sie lief oder fuhr mit dem Fahrrad ganz weit weg und stellte sich vor, dass sie doch von Sauerampfer, Bucheckern und im Winter von Schnee leben könnte (an Äpfel, Kirschen oder Walnüsse hat sie nicht mal gedacht). Ist doch ganz einfach. Ihr Kinder-Ich hätte kein Verständnis für den Wohnungs-Stress seiner erwachsenen Version.

Besonders schlimm waren schon immer die Streits mit Gerda und Mascha, weil sie mit diesen beiden am meisten Zeit verbrachte. Die eine musste sich generell um sie kümmern, die andere sie zur Schule begleiten und mit ihr das Zimmer teilen. Die Streits mit den beiden waren erbittert und zogen sich dementsprechend in die Länge. An Maschas Art zu streiten nervte Karla besonders, dass für Mascha alles ein riesiger Joke zu sein schien, sie lachte zwischendurch sogar manchmal oder machte einen Witz, als würde sie den Streit von außen betrachten. *Über was für 'nen Müll wir hier streiten*, sagte sie dann zum Beispiel. Oder *wie unnötig das jetzt ist, so ein Fass aufzumachen*. Oder *ob man gerade nichts Besseres zu tun* hätte. Und *was für eine irre Argumentation mal wieder*. Sie konnte so arrogant sein. Irgendwie wie Natalie, wenn man (Karla) genau darüber nachdenkt. Was sie aber lieber nicht tut, sonst fallen ihr womöglich noch mehr Gemeinsamkeiten auf.

An den Streits mit Gerda nervt Karla, dass die Mutter sie weniger ernst nimmt als sich selbst. Alles findet nur im Schatten ihres riesigen Straußes an Lebenserfahrung statt. Immer nimmt Gerda an, dass man, wenn man erstmal in ihr Alter gekommen ist, genau ihrer Meinung sein wird. Es gibt nur eine mögliche Entwicklung, und zwar die zu Gerdas Standpunkt. Wenn Gerda mit Fakten nicht weiterkommt, weil ihr jüngeres Gegenüber ausnahmsweise etwas besser weiß, switcht sie auf die Gefühlsschiene um. Und sagt dann Sachen wie: *Das ist dann wohl eine andere Sichtweise, aber ich bin mittlerweile an einem Punkt in meinem Leben, wo ich das akzeptieren kann.* Frieda rastet in solchen Fällen in der Familien-WhatsApp-Gruppe manchmal aus, weil es schließlich nicht um Sichtweisen geht, sondern um Argumente, um harte Wissenschaft gar, und dann schreibt Gerda sowas wie *Schade, dass dich das Thema so emotionalisiert*, und dann schreibt lange niemand mehr was, und man weiß, dass Frieda und Mascha in eine private Chatunterhaltung gewechselt sind, damit Frieda sich aufregen und Mascha sie beschwichtigen kann. Fritz ist meistens Gerdas Meinung oder betont desinteressiert, und Karla hält das alles gar nicht aus und ist deshalb inaktiv. Am meisten nervt Karla natürlich, dass Gerda genauso stur ist wie sie. Und wenn Karla ganz, ganz ehrlich wäre, ist sie es sogar noch ein bisschen mehr. Schließlich ist sie diejenige, die hier durch eine fremde Stadt irrt, wo sie mittlerweile auf einem gruseligen Spielplatz gelandet ist.

Warum kann man denn nicht wie die Gilmore Girls sein? Ein Tropfen Regen klatscht auf Karlas Nase. Und sollte Hamburg nicht hübscher sein? Wenigstens jetzt und hier, damit sich das alles nicht so sinnlos anfühlt? Der Streit wäre nur Teil einer Serien-Episode, am Ende kommt die Auflösung, die Figuren sind durch den Streit weitergekommen, es musste passieren, gut, und die nächste Folge kommt bestimmt. Es sollte hier jetzt mehr aussehen wie in Stars Hollow mit den Autoarmen Straßen und dem immer perfekt einfallenden Lichtstrahl. An der Ecke spielt ein Gitarrenheini, dazu ertönt zarter *Lalala*-Gesang, es laufen einem immer die gleichen zwanzig Leute über den Weg, man sieht den Supermarkt, das Antiquariat, ein Hotel, ein Café, und der Rest ist Kulisse. Man muss sich fix einkriegen, um wieder nach Hause und schlafen gehen zu können.

Dass Hamburg so nicht aussehen würde, ist Karla klar. Aber die Elbe, die Schiffe, die Street-Art, das ganze Beatleszeug, das könnte wirklich besser aussehen, knuffiger. Stattdessen hat sie bis jetzt praktisch nur Müll und Autos gesehen. Und dazu noch der Streit, der alles noch hässlicher macht. Mascha und Gerda sind schon eher wie die Gilmore Girls, und Karla ist der schweigsame, mürrische Luke. Natürlich ist er aber reinen Herzens und eigentlich der Sympathischste. Klar, so will Karla gern gesehen werden, wer denn nicht? Bescheiden, aber doch der beste Mensch, ein Underdog. Mascha wird mit Max so ein Mutter-Tochter-Gespann, nur dass Max halt ein Sohn ist, was ja egal ist. Und Lorelai Gilmore war auch so jung wie Mascha, als sie schwanger wurde.

Karla stellte sich zwar noch nicht als Teenager, aber schon seit Anfang ihrer Zwanziger vor, wie es wäre, ein Kind zu haben. Und es wurde immer häufiger, immer mehr, es wurde sozusagen größer. Das hypothetische Kind nahm immer mehr Raum ein. Das hypothetische Kind war in ihren Tagträumen anfangs nur in seltenen, besonders schönen Momenten dabei, wenn sie verliebt kuschelte oder auf einer Wiese saß oder es an einem

Sonntagmorgen Cornflakes gab. Irgendwann war es aber auch bei Alltagsmomenten dabei, beim Zähneputzen, beim Einkaufen, beim Aufwachen. Anfangs lag das hypothetische Kind immer rum, niedlich, babyhaft, es streckte die Füße hoch mit seinem großen Windelpops und machte *ah-ah, ei-ei-ei* und lächelte dieses Babylächeln, das alle glücklich macht. Später wuselte es brabbelnd durch Karlas Beine hindurch, mittlerweile läuft es sozusagen ganz normal mit, das hypothetische Kind.

Karla hatte viele Puppen, die sie sehr liebte. Sie waren zunächst ihre Freundinnen, erst als sie größer wurde, begriff sie, dass sie sich ja um sie kümmern sollte, sie verstand später erst, was Babysein bedeutete und dass sie als Puppenbesitzerin eigentlich sowas wie die Mutter hätte spielen sollen. Als sie das tat, war sie eigentlich schon zu alt dafür, ihre älteren Geschwister lachten dementsprechend. Also versteckte sie die Puppen, Anna, Christine, Timmi und die vierte, unterm Bett und holte sie nachts heimlich raus. Sie spielte nie Mutter-Vater-Kind, sie dachte eigentlich die ganze Zeit, man wäre eh ganz normal allein mit Kindern, es war bei Mutti ja auch so. Und sie wusste auch nicht, welche Rolle sie spielen sollte. Mutter nicht, Vater ging wohl auch nicht, sie war ja ein Mädchen. Sie kümmerte sich einfach, als sie selbst.

In Karlas Nachtträumen kommen Kinder mittlerweile auch vor, aber da ist es nie schön. Sie sehen oft vernachlässigt aus, sind schief und krumm, sie hat irgendwas falsch gemacht. Sie sind abgemagert oder lösen sich auf, sind verschwunden oder werden nach viel zu langer Zeit wiedergefunden. In manchen Träumen verwandeln sie sich in Tiere, Mäuse, Ratten, Hunde, in ganz schlimmen sind sie nur aus Papier, werden zu Staub. Wahrscheinlich ist das das schlechte Gewissen, weil sich Karla so schlecht um die Tiere der Sonntags gekümmert hat. Aber ist es vielleicht auch eine Warnung? Würde sie *es* denn hinbekommen? Könnte sie aufstehen und rausgehen und *es* schaffen? Mit Kindern muss man alles Mögliche schaffen, eigentlich alles. Alle sagen, dass man über sich hinauswächst, aber ist *es* denn überhaupt da? Ist *es* in ihr angelegt, was wachsen könnte? Überdenkt sie ewig Sachen, die noch lange nicht in Sicht sind? Will Natalie überhaupt Kinder mit ihr? Wieso druckst sie diesbezüglich immer so rum?

Normalerweise würde Karla nicht sagen, sie habe einen Kinderwunsch, wie sie es heute gegenüber Gerda getan hat, weil damit so viele Diskussionen und Fragen einhergehen, auf die sie noch keine Antworten hat. Sie dachte, Gerda würde nicht fragen oder diskutieren, sie hat ja selbst drei Kinder bekommen und eins adoptiert. Es gab in der Vergangenheit schon Fragen und Diskussionen, wenn Natalie und Karla sagten, dass sie eines Tages Kinder möchten. Manche Leute fragen nicht direkt, setzen aber bei dem Thema diesen *Ihr-seid-doch-zwei-Frauen-hä-wie-soll-das-gehen*-Blick auf. Karla will darüber nicht reden, außer mit Natalie, aber Gedanken hat sie sich schon viele gemacht. Karla kann sich nicht vorstellen, selbst ein Kind zu bekommen, sie sieht dabei immer Natalie. Sie stellt es sich auch oft vor, obwohl es ihr irgendwie übergriffig vorkommt, weil Natalie zwar sagt, sie könne sich vorstellen, schwanger zu sein, aber dann setzt sie hinzu, *irgendwann mal*. Nur: Meint sie mit *irgendwann* in ein paar Jahren oder in einer anderen Welt? Läuft das, also die Beziehung der beiden, denn darauf *hinaus*? Wenn Karla zu lange darüber nachdenkt, wird sie sehr nervös. Natalie hat große Angst davor, hat sie mal gesagt. Natalie ist zu klug, um Schwangerschaften zu romantisieren. Sie hat alle möglichen Dokus gesehen, sie weiß ganz genau, was mit dem Körper passiert und schiefgehen kann, obwohl sonst Karla die Hypochonderin der beiden ist. Aber Karla glaubt daran: Natalie wäre schwanger, es wäre einfach nur schön und alles würde gut gehen. Karla würde sich aufopfernd kümmern. Es gäbe jeden Tag Blumen und die frischesten Mahlzeiten. Mit ihrer Hand auf Natalies Bauch wäre sie allumfänglich beschützt.

Selber schwanger werden kann sie bestimmt auch gar nicht, auch wenn sie das gern für Natalie tun würde – ihr das abnehmen. Aber sie glaubt, dass sie die Organe dafür gar nicht hat, auch wenn ihr kein Arzt der Welt je etwas Entsprechendes gesagt hat. Aus Mitleid vielleicht? Dabei wird man in dieser Familie schnell schwanger. Mascha und Gerda haben dieses sogenannte gebärfreudige Becken, von dem Karla früher oft gehört hat. Karla hat es nicht. Fast alle Frauen der Sonntag-Familie waren schon mal schwanger, auch Frieda, die überhaupt keine Kinder will. Sie hat es sogar damals in die WhatsApp-Gruppe geschrieben: *Oh nooo, ich bin schwanger, bekomme es aber nicht. Liebe Grüße!*

Karla schämt sich, dass wegen dieser Kindersache so ein großes Fass aufgemacht wurde, zwar nicht von ihr, aber sie hat schon mitgemacht. Es ist ja sowieso total unrealistisch. Gerda hat recht mit ihrer Augenverdreherei.

Natalie ruft jetzt wirklich an. Sie sagt, sie bekommt das Volontariat nicht. Ganz Hamburg stürzt vor Karlas Augen zusammen und gleich noch die ganze Welt.

25

Gerda macht sich keine großen Sorgen um Karla. Sie ist eher irritiert, wieso das so schnell eskaliert ist. Sie war sich sicher, dass Karla schnell zurückkommen oder nur vor der Kneipentür stehen würde. Sie hat generell kaum noch Angst um ihre Kinder. Es ist so ähnlich wie mit ihrer Kitzeligkeit. Die Kinder haben sie jahrelang beim Spielen oder zum Ärgern so viel gekitzelt, dass sie heute gar nicht mehr kitzelig ist. Hin und wieder hat ein Enkelkind oder ein Mann es nochmal versucht und ist gnadenlos daran gescheitert. Da war die Enttäuschung dann immer groß. Gerda hatte so lange so viel Angst um so viele Kinder gehabt, dass es schließlich aufgehört hat. Sie kamen irgendwann immer nach Hause, eines Tages war das eben nachts. Was gewesen wäre, wenn sie es nicht getan hätten, war ohnehin unvorstellbar.

Gerdas Nachbarin Aylin hatte ihr bei einem Gespräch im Hausflur, bei dem es darum ging, wie oft man Besuch von den Kindern bekommt, gesagt, dass es *voll ostdeutsch* sei, dieses lockere Verhältnis von Gerda zu ihren Kindern. Sie nannte es erst *kühl*, dann aber – pietätvoll – *locker*. Das hatte Gerda irritiert; nicht nur wegen ihrer eigenen Wahrnehmung, sondern weil sie das so selten hörte, etwas sei *voll ostdeutsch*. Klar, es gab die normalen Abwertungen in den Medien mit den Klischees über die Doofheit, Weltfremdheit oder Faulheit der Ostdeutschen, aber sonstige Eigenschaften, etwa in Bezug auf Familie, Essen, Kultur und sowas, wurden doch sonst meist als *deutsch* bezeichnet. Aber es gibt natürlich Unterschiede zwischen Wessis und Ossis, die auch Gerda in den vergangenen Jahren immer stärker bemerkt, weil sie immer öfter Kontakt zu Westdeutschen hat, die nun mal in ihre Gegend ziehen.

Ostdeutsch ist laut Aylin außerdem – die beiden waren unterdessen zum weiteren Eruieren in Aylins Wohnung umgezogen, es wurde Teewasser aufgesetzt –, dass die Kinder unregelmäßig kämen und nicht zu festen Anlässen, wie zum Beispiel jeden Sonntag zum Essen. Oder dass man nicht ständig mit ihnen telefoniert. Gerda ruft ihre Kinder nur an, wenn *was ist*. Sie klingelt nicht *einfach mal so durch*. Außerdem sei es ostdeutsch, dass man sie nicht finanziell unterstütze. Aber wovon denn, hatte Gerda naiv gefragt? Es ist doch gar nichts übrig. Dass man die Kinder einfach machen lasse, sei auch eigen. Dass man nicht genau wisse, was sie machen. Dass man mit der Wohnung der Kinder nichts zu tun habe. Dass man sie nicht zu Eheschließungen und Kinderkriegen dränge. Dass man geschieden sei, mehrmals sogar. Dass es egal zu sein scheint, wer die Kinder betreut, während die Mutter arbeiten geht. Und so weiter und so fort. Es wurde irgendwann sehr spezifisch, Aylin hatte offenbar einiges aufgesogen und das musste mal raus. Gerda staunte und fühlte sich ertappt. Sie wurde auch ein bisschen sauer, aber verstand dann, dass ihre Lieblingsnachbarin aufrichtig verblüfft war.

Ist doch genau richtig, sagte Gerda damals und findet es noch heute. Man mischt sich insgesamt nicht viel ein und ist nur am Start, wenn es sein muss. Man lässt den Kindern Freiraum, durch den sie Unabhängigkeit lernen, selbstbewusst werden, ihren eigenen Weg gehen können. Man sorgt dafür, dass sie viele Bezugspersonen haben, so dass sie schneller vertrauen, sich öffnen, um Hilfe bitten. Man muss natürlich aufpassen, dass die Kinder nicht vom Weg abkommen, man muss auch mal streng sein und seine Meinung sagen können, das hat Gerda Aylin auch erklärt. Die Kinder bekamen nicht alles, das war gar nicht drin, wäre aber auch nicht gut gewesen. Mit Rumschreiereien an der Kasse musste Gerda sich kaum aufhalten. *Is nicht, geht nicht* ist doch schnell gesagt. Und sobald das erste Kind groß genug war, um auf die anderen aufzupassen, ging Gerda natürlich allein einkaufen.

Vieles nervt sie natürlich auch an diesem Urteil über ostdeutsche Eltern- und vor allem Mutterschaft. Es ist ja nicht so, dass sie eine Wahl gehabt hätte, als die Kinder erstmal da waren. Man musste arbeiten gehen, man musste den Kindern einen Schlüssel geben, man musste Schlange stehen und es hat eben lange gedauert, alles, was weit weg von Kuscheln und Spielen war. Und während die Männer auf einem Hobby bestanden, das sie neben der Arbeit ausüben wollten – rumschrauben, Platten sortieren, subversive Politgruppe –, musste Gerda wecken, waschen, schmieren, bringen, waschen, abholen, kochen, abwaschen, waschen, einkaufen, räumen, waschen, waschen, waschen, überall war immer Wäsche, sie musste hohe Berge bezwingen, jeden Tag. Dafür hatte man sogar einen Tag frei von der Arbeit. Haushaltstag. Da konnte man dann noch mehr Wäsche waschen. Aber rumheulen will Gerda deshalb heute auch nicht, das bringt nichts mehr. Das ist wahrscheinlich auch schon wieder typisch ostdeutsch.

Kennst du das Wort abkindern?, haute Gerda damals irgendwann raus, um das Gespräch mit Aylin aufzulockern. Da lachen immer alle, denn es ist ein ulkiger Ossibegriff. Es funktionierte. Gerda ärgert sich im Nachhinein manchmal, wenn sie die DDR und ihre Ossivergangenheit verhohnepiepelt, um sich anzubiedern. Manche Sachen waren damals aber auch wirklich panne.

Die Distanz von Gerdas Eltern zu ihren Kindern war noch größer, sie hatten mit deren Leben quasi gar nichts am Hut. Sie wollten sie vor allem großziehen. Sie hatten genug mit sich selbst zu tun, sie wirkten noch beschäftigter, als Gerda es war, sie waren so beschäftigt, dass Gerda sich immer etwas anstrengen muss, sie in Erinnerungen an ihre Kindheit dazuzudenken. Da ist vor allem ihre Schwester Drea und verschiedene Katzen, die die Familie hatte. Die bekamen teilweise gar keine Namen mehr, sie kamen und gingen, wurden aufgenommen und verschwanden wieder.

Dinge, mit denen ihre Eltern hauptsächlich beschäftigt waren: das Haus behalten, arbeiten gehen, gesund bleiben, sich nicht ablenken lassen, schweigen, sich ab und an doch ablenken lassen durch viel Schlaf (Mutter) oder Alkohol (Vater). Alles musste bleiben, wie es ist, es wurde einfach nur verwaltet, nichts durfte verrückt werden. Kein Schritt nach vorn, aber vor allem keiner zurück. Sie rasten durch ihr Leben, wollten es schnell erledigt haben, ihre Kinder in die Volljährigkeit rüberretten und dann abtreten. Sie wollten nicht innehalten, nichts sacken lassen, nichts verarbeiten, nichts träumen, sich nicht fallen lassen, nicht gedenken, nicht fühlen. Sie starben dann beide auch tatsächlich, kurz nachdem Gerda und ihre Schwester aus dem Haus waren. Die Mutter an Krebs, der Vater an einem Herzinfarkt. Es ging in beiden Fällen schnell. Die Beerdigungen waren schon durchgeplant, alles bezahlt, Schulden gab es keine, aber natürlich auch kein Erbe. Drea und Gerda räumten das Haus aus und das war's, alles in allem. Drea nahm so viele persönliche Dinge mit, wie sie verstauen konnte, Gerda behielt ein paar Fotos. Beiden war bewusst, dass es das nicht wirklich gewesen ist, dass sie irgendwann etwas aufarbeiten müssten, aber sie verschoben es immer wieder, blieben unverabredet, vieles unausgesprochen, bis Drea abhaute und Gerda mit Alltag beschäftigt war.

Familie, das lernte Gerda schon früh, ist etwas, was man sehr wohl wählen kann. Sie knüpfte in den Gruppen, in denen sie sich seit ihrer Kindheit tummelte, ob in der Schule, im Chor oder beim Handball, oft Verbindungen, die sich tiefer anfühlten als die zu Hause. Drea liebte sie so sehr, weil sie wirklich gut zueinanderpassten, weil sie sich verstanden und aneinander Freude hatten. Auch als Gerda selbst Kinder hatte, änderte sich dieser Eindruck nicht. An eine magische Verbindung der DNA oder der Familienlabel wegen glaubt sie nicht. Man sollte also möglichst wenig Druck aufbauen, muss keinen Zusammenhalt einfordern, aber man kann Auffangbecken sein.

Besonders schwer fiel Gerda dieser Drahtseilakt bei Frieda. Sie hatte Frieda adoptiert, als sie zwei Jahre alt war. Ihrem Mann, dem Vater von Fritz, war es sozusagen recht, er hatte nichts dagegen, aber auch nicht so viel dafür. Gerda jedoch wollte, bevor sie selbst ein weiteres Kind bekommen würde – und sie wollte unbedingt zwei haben –, eines adoptieren, weil sie das für richtig hielt. Wenn schon welche da sind und die haben niemanden, wieso sollte man dann ständig selber welche machen? Sie hatte schon dieses Wunder der Geburt und den Kram davor erlebt und so wundervoll war es ja dann doch nicht gewesen. Die Adoption war aber auch nicht einfach. Die blöde Zuständige sagte beiläufig oder doch ganz absichtlich, es sei einfach unmöglich, jemanden für dieses eine Kind zu finden, wer wolle das denn, *dieses Kind, das so undeutsch aus-*

sieht. Da meinte Gerda: *Wir.* Und so kam Frieda zu den Sonntags, die damals noch nicht Sonntag hießen, sondern anders. Für Frieda machte Gerda Ausnahmen, viele Ausnahmen. Bei Frieda war sie manchmal vielleicht etwas zu fürsorglich. Die anderen waren eifersüchtig, sie hatten es alle im Laufe ihres Lebens sogar mal türzuschlagend zugegeben. Aber sie liebten und beschützten Frieda auch immer, wenn es darauf ankam. Wenn Frieda rassistisch angegangen wurde, wenn Karla homophob beleidigt wurde oder wenn Mascha ihre Mobber und aufdringliche Männer abwehren musste, da wurden sie zur Gang, die zusammenhielt. Nur Fritz hatte selten Probleme, er war ein klassischer Sonnyboy. In ganz schlimmen Momenten, bei ganz schlimmen Streits, verwendeten sie die Waffen der Außenwelt auch gegeneinander, da fielen die diskriminierenden Scheißwörter auch in den Kinderzimmern. Danach schämten sich immer alle lange, auch Gerda – für die ganze Welt.

Gerda schämt sich auch jetzt. Sie hat vergessen, wie sensibel Karla ist. Es ist aber auch nicht einfach, sie zu verstehen, sie ist nicht gerade ein offenes Buch. Man will das ja nicht so zugeben, man sollte es vielleicht auch nicht sagen, vielleicht sollte man deshalb sogar in Therapie. Aber wenn Gerda ganz ehrlich ist, oder wäre, dann liegt das Missverstehen auch daran, dass nicht all ihre Kinder ihr gleich nahe sind. Und das nicht nur räumlich. Sie liebt sie alle, sie mag sie alle, aber, und sie traut sich das kaum zu denken, es ist nicht so, dass sie mit allen Kindern gleich gern Zeit verbringt. Sie hat nun mal nicht mit allen gleich viel gemeinsam, das ist genau wie mit allen anderen Menschen – mit manchen hat man mehr zu besprechen und mit manchen gibt es eine bessere Dynamik als mit anderen. Frieda ist ein bisschen so, wie Gerda gern wäre, und bei manchen Sachen sind die beiden sich auch ein bisschen zu ähnlich. Zum Beispiel was ihren Pragmatismus angeht. Der kann dazu führen, dass die beiden sich wochenlang nicht beieinander melden, weil *es war ja nix*. Sich zu vermissen ist nicht Anlass genug, nur zu quatschen auch nicht. Es braucht einen Grund. Wenn sie sich dann sehen, läuft es wieder wie geschmiert, sie reden stundenlang bei Rotwein über Gott und die Welt, diskutieren halbwissend politisch, mögen beide die Natur, gehen in den Wald, spielen Karten, sie würden sich nie zusammen langweilen. Sie sind sozusagen Freundinnen.

Mit Mascha hingegen ist es eine eher klassische Mutter-Tochter-Kiste. Mascha braucht Gerda noch immer, sie braucht ihren Rat, ihre Nähe, will mit ihr die Feiertage verbringen, braucht sie als Oma für ihre Kinder, sie kümmert sich und will bekümmert werden. Gerda genießt das manchmal, sie würde ohne Mascha manchmal fast vergessen, dass es diese Familie noch als Familie gibt. Mit Fritz ist es komplizierter, aber es wird besser. Er war ein Arschloch als Teenager, hatte eine fiese Mackerphase, wollte oder musste kompensieren, dass um ihn herum *nur Weiber* waren, *Weiber mit Proble-*

men, hysterische, flennende Weiber, wie er behauptete. Angeblich wurde er von seinen Freunden aufgezogen, weil er keinen richtigen Vater hatte. Gerda war sich nicht sicher, ob das stimmte, Fritz wusste schon immer gut zu manipulieren. In den vergangenen Jahren ist er weicher geworden und will unbedingt eine Familie, tut aber stets alles dafür, zu vermeiden, dass es dazu kommt. Er hat einen 5-jährigen Sohn, Noah, den er selten sieht, und Gerda versucht, sich möglichst wenig deshalb einzumischen.

Gerda und Karla haben sich noch nicht oft so heftig gestritten. Das erste Mal war wegen eines Handyvertrags, den Karla nicht haben konnte, das zweite Mal war wegen der abgebrochenen Ausbildung vor ein paar Jahren und das dritte Mal ist nun wohl heute. Gerda weiß, dass die Eskalation heute eine Folge des vorherigen Streits ist, der nie zu Ende gestritten worden ist, und vermutlich auch von dem vorher mit dem blöden Handyvertrag und auch von all den anderen, die nicht gestritten worden waren.

Gerda streunert nun in Hamburg regelrecht umher, findet ihre Tochter natürlich nicht beziehungsweise wird nicht von ihr gefunden, und es fängt an zu regnen. Die Passanten hasten sofort los und suchen Unterschlupf. *Komisch,* denkt Gerda, *die Leute haben heute richtig Angst vor Regen, als wäre Regen schon eine Naturkatastrophe. Früher ist man doch auch ständig in den Regen gekommen, spaziert sogar, er gehörte doch dazu.*

Man hatte einen Regenschirm und damit genug. Der Regengeruch macht Gerda richtig melancholisch, so selten scheint er ihr geworden.

Gerda versucht nochmal an ihre Trennung zu denken, das ist jetzt ein guter Moment dafür. Sollte sie nochmal traurig sein? Aber es ist okay. Nach ihm ist es bisher wirklich okay. Nach ihm ist es normal. Nach ihm ist es sogar gut. Sie ging schon ein paar Mal spazieren, ohne an ihn zu denken. Sie dachte bisher nicht daran, ihn nochmal anzurufen oder jemandem ausgiebiger davon zu erzählen. Nach dem Mann Wolfgang ist alles in Ordnung, nach ihm ist alles noch da. Nach ihm ist die Welt weiterhin laut und weit. Alles ist gut. *Hm,* denkt Gerda jetzt laut. *Hm.*

Da kommt eine WhatsApp-Nachricht:

Mascha
Hat alles geklappt?

Nein, offenbar hat gar nichts geklappt, null Komma nix.

26

Das Ziel ist, sich ins Hotel zu schleichen, dort unauffällig die Sachen zu holen, abzuhauen und nachher eine Nachricht zu schreiben. Die Nachricht könnte dann liebevoll und verständnisvoll sein, defensiv, vielleicht sogar entschuldigend. Alles einfacher als zu bleiben. Es könnte klappen, Karla hat immerhin noch nicht ausgepackt und hatte es sowieso nicht vor – für zwei Nächte, das ist doch Quatsch. Außerdem ergibt sich im Hotel für jemanden mit Neurosen, wie Karla sie hat, die einmalige Gelegenheit, dass wirklich alles übersichtlich an einem Ort ist – im Koffer halt. Während Gerda nach der Ankunft ihr Kleid, ihre Bluse, ihre Strickjacke, ihre Hose, ihren Rock, ihre Pullover, ihre Unterhemden und ihren Mantel sorgfältig in den Schrank gehängt und es sich sozusagen gemütlich gemacht hat. Dann hat sie die Hälfte davon wieder rausgenommen, weil die beiden ja in die Kneipe wollten und sie dafür irgendwas anziehen musste. Was für eine Verschwendung von Energie und Zeit, denkt Karla. Sie steigert sich mal wieder rein, so weit, dass ihr irgendwann der liebe Wolfswanderer in der Lausitz einfällt, den sie in ihrer Ausbildung mal für eine Radiofeature-Übung mit dem Aufnahmegerät begleitet hat. Der hatte erzählt, dass Wölfe immer nur in den Spuren anderer Tiere latschen, um Energie zu sparen. Die Menschen hingegen verschwendeten alles immer direkt. Seitdem wollte Karla erstens genau so handeln und zweitens Wolfswanderer werden.

Wieso hat Gerda überhaupt so viel dabei? Ist sie eine *dieser Frauen*? Das wäre Karla neu. Sind sie jetzt etwa das klassische Klischee, die eine eine typische Frau, die zu viele Sachen einpackt, die andere stur wie ein Kerl? Karla prüft sich: schweigsam, schnell wütend, pinkelt auf die Straße. Was würde das für den Streit bedeuten? Karla wäre der Klotz, der nicht mit Gefühlen umgehen kann und abhaut? Gerda wäre da draußen oder bereits im Hotelzimmer, sanftmütig und bereit, die Wogen zu glätten? Bitte nicht! Sie hofft darauf, dass Gerda nach Karlas Abhauen einfach ihr Ding gemacht hat, etwas gelesen oder Fernsehen geguckt hat und mittlerweile – das Telefongespräch mit Natalie ging eine Stunde – schläft. Karla hat den Regen in einem Hauseingang abgewartet und muss nun dringend zum Hotel zurück, wenn sie den letzten Flixbus noch bekommen will, den sie sich eben ergoogelt hat. Zum Glück haben beide jeweils einen Zimmerschlüssel bekommen, sonst wäre das Unterfangen gar nicht möglich. Sie muss an ihre Zeit als Schlüsselkind denken, an das Ausgesperrtsein, wenn Mascha den Schlüssel hatte und sonst wo war, denn zwei Kinder teilten sich je einen Schlüssel. Damals stiefelte sie ums Haus herum, immer wieder um den Block, betete dabei, jemand möge bitte schnell nach Hause kommen, klingelte wieder und wieder und wieder, sobald sie an der Tür vorbeikam, erfand immer wieder neue Regeln – wenn sie die Umrundung diesmal in weniger Schritten schaffte oder auf der anderen Straßenseite ging oder die ganze Zeit die Daumen drückte, würde jemand da sein –, heulte manchmal, wenn das alles nichts nützte, stiefelte wieder los, betete, klingelte.

Außerdem gab es noch die verschlossene Tür innerhalb der Wohnung. Mutti hatte meistens ihre Schlafzimmertür abgeschlossen, wenn sie nicht da war. Wahrscheinlich hatte sie irgendwann aus irgendeinem Grund damit angefangen, in einer Zeit, an die sich Karla nicht erinnert. Sie fragt sich, ob Gerda das schon gemacht hat, als die Männer noch da waren, und ob die das komisch fanden. Vermutlich begann es danach. Die Sonntag-Kinder empfanden es als reine Gemeinheit, dass sie nicht noch ein weiteres Zimmer zum Ausbreiten hatten. Man gönnte sich aber auch gegenseitig nichts, die Kinder schlossen ihre Zimmer schließlich auch ab. Sonst wurden schamlos die Tagebücher der anderen gelesen, die Schubladen nach Wertvollem durchsucht und Cremes sowie Lipglosses dezimiert. Durch das permanente Abgeschließe schien alles auf der anderen Seite natürlich besonders verführerisch. Irgendwas musste man ja zu verbergen haben. Karla nahm ihre größten Schätze sogar mit in die Schule, so wenig Vertrauen herrschte irgendwann. Erst seit Karla alleine in der Wohnung wohnt, verschwindet dieses Gefühl allmählich. Niemand nimmt was weg, niemand stöbert, niemand stürmt einfach ins Zimmer, wie das Geschwister manchmal einfach machen, um irgendeinen Gegenstand, der rumliegt, durch den Raum zu werfen, das Bett zu verwüsten und einem dann noch einen Gungs auf den Kopf zu geben. Niemand kommt. Außer vielleicht der Dieb, den Karla manchmal vermutet.

Aber abzuschließen, das würde Gerda im Hotel nicht wagen. Niemand kann hier seine Ruhe haben, das ist nun mal der Deal. Sie ist, am Hotel angekommen, superaufgeregt, wie soll das denn jetzt klappen? An der Rezeption ist schon mal keiner, sie hört irgendjemanden kichern, etwas klirrt, Schritte kommen näher, die aber keine Person zutage fördern. Als sie dann oben den Schlüssel umdreht, behutsam ins Zimmer tapst, liegt da Gerda, die Glotze ist an, und sie ist noch wach. Schöne Scheiße, der ganze Plan ist hin, Karla muss bleiben, ein Abhaudrama vor den Augen ihrer Mutter, das kriegt sie nicht hin. Hätte sie doch nur noch eine halbe Stunde draußen ausgeharrt! Sie geht sehr lange ins Bad, es ist sehr unnötig und sehr auffällig, weil sie überhaupt keine Skincare-Routine oder sowas hat. Auch keine Zahnseide oder solchen Quatsch. Nur ein 5-in-1-Männerduschgel. Gerda weiß also, dass Karla auf dem Klo hockt und Zeit schindet. Sie sagt zum Glück nichts dazu, als Karla dann wieder raustrottet. Nett von ihr.

Wo warst du denn?

Bissl rumgelatscht. Mit Natalie telefoniert. Die hat Probleme mit ihrer Masterarbeit, wollte reden. Deswegen bin ich auch weg. Als ich zurück zur Kneipe bin, warst du schon weg. Sorry, voll die Zeit vergessen.

Keine schlechte Lüge, aber doch sehr offensichtlich eine Lüge, das merkt Gerda natürlich.

Na, dann bist du jetzt sicher müde. Gute Nacht.

Gute Nacht.

Gerda ist genervt, sie denkt das Wort *kindisch*. Karla sieht plötzlich wieder aus wie 14 und verhält sich auch so. Aber: Hat sie sich je anders verhalten? Weiterentwickelt? Kriegt die Fresse nicht auf, ist schlecht gelaunt, haut ab, dackelt anderen hinterher, weiß nicht, was sie will. Auch Gerda benimmt sich nun wie eine jüngere Version ihrer selbst, eine von pubertierenden Kindern umgebene Mutter, der die Geduld ausgeht. Sie sehnt sich zurück in die Kneipe.

Karla hingegen fühlt sich gerade sehr 30-jährig. Zu viel ist gewesen und zu viel Zeit ist verstrichen, das alles aufzuräumen, was sie vor sich aufgetürmt sieht. Natalie kommt wahrscheinlich nicht nach Köln. Sie will sich jetzt auch in Berlin, Leipzig und Hamburg bewerben, diesem verschissenen Hamburg hier, dem hässlichen, dem regnerischen, dem verrauchten, weil sie verzweifelt ist und sich alle Wege offenhalten muss. Alle Wege offenhalten. Es gibt für sie nämlich mehrere Wege, nicht nur einen, wie für Karla, und diese sind offen und können offengehalten werden. Karla, diese Idiotin, die 30 Jahre alt ist und sich dummerweise im vergangenen Jahrzehnt nicht mehrere Wege erschlossen hat, die sie jetzt öffnen kann, sondern das Gegenteil gemacht hat, die immer nur weggeworfen und Wege aussortiert hat. Sie will sich jetzt einfach nur gepflegt in den Schlaf weinen, aber da ist ihre verdammte Mutter, nur anderthalb Meter entfernt.

Bis sie ein Teenager war, wollte Karla oft bei ihrer Mutter schlafen, heute ist es für sie unvorstellbar. Es entwickelte sich damals, sie erinnert sich nicht, in welchem Alter, eine regelrechte Obsession um das Thema Alleineschlafen. Sie hatte Gerda in den Nächten, in denen Mascha bei Freundinnen übernachtete, angefleht, an ihre Tür geklopft und unerbittlich geheult, damit sie sie bei sich aufnimmt. Sie glaubte, sie würde die Nacht nicht überstehen, sie glaubte nicht, dass sie vorbeigehen würde. Sobald die Sonne weg war und in der Wohnung die Lichter ausgingen, fühlte sich alles an wie ein ewiger Tunnel, dessen Ende sie sich nicht vorstellen konnte. An den nächsten Morgen glaubte die kleine Karla nicht, es gab ihn ja faktisch noch nicht. Ein Gefühl für Zeit war nicht vorhanden, jede Nacht fühlte sich quälend lang an. Es war mehr als die berühmte Angst im Dunkeln, es war ein Todeskampf. Es ging dabei auch nicht um Monster, es ging um das Gefühl des unendlich tiefen Fallens, vor dem es Karla graute. Die Stille der Familie in der Nacht bedeutete für sie, dass sie vielleicht schon weg waren. Vielleicht sogar tot. Dass so viele Stunden niemand sichtbar war, konnte Karla einfach nicht aushalten. Sie malträtierte sich dann stundenlang selbst mit den schlimmsten Gedanken und stellte sich detailliert vor, wie ihre Familie sterben würde, wie sehr es ihr wehtun würde, sie spürte den Schmerz bereits. Der warme Körper eines Familienmitglieds wäre der Beweis gewesen, dass es weitergeht. Sie hätte es damit unter Kontrolle gehabt, es beobachten können, das Atmen und das Blutpumpen und sowas. Aber Gerda machte die Tür nicht auf.

Eine Zeit lang ließ Mascha Karla in ihr Bett, wenn es für Karla nicht genug war, dass jemand im selben Zimmer war. Meist musste Karla aber, wenn Mascha wirklich schlafen wollte, dann in ihr Bett zurück. Anders war es in den für alle schlaflosen Nächten, das waren die, in denen Mutti und Vati stritten. Dann durfte Karla immer bei Mascha bleiben, sie musste nicht mal fragen. Und dann gab es diese eine Nacht, die tatsächlich nie geendet hat. Da ist Geschrei im Flur. Dann in der Küche. Mascha neben Karla, die immer wieder sagt: *Bleib hier*. Karla, die sich immer wieder in Maschas Bauch vergräbt, nur um immer wieder hochzuschrecken und zu horchen. Etwas fällt runter, etwas knallt. Dann Ruhe. Gefürchtete, verhasste Ruhe. Was ist es für eine Ruhe? Eine endgültige? Wieder Stimmen, wieder Geschrei, wieder Ruhe. Karla reißt sich aus Maschas Armen, läuft in die Küche, 5-jährig. Mutti zeigt auf eine Stelle an ihrem Körper, sagt zitternd *guck, was er mir angetan hat*. Mutti hält etwas in der Hand, etwas, womit sie sich wohl schützen wollte. Ihn sieht man gar nicht. Oder? Was war mit der Stelle, was hat er gemacht, was für einen Gegenstand hält sie? War alles ganz anders? Ist es überhaupt passiert? Es ist so lange her, zu einer Szene geworden, die man auch in einem Film hätte gesehen haben können. Eine Szene, von der man nicht mehr hundertprozentig weiß, wo sie vorgekommen ist, sie ist schwammig, löchrig. Karla hat eine blühende Fantasie, haben sie in der Schule oft gesagt.

Neben ihr schnarcht es jetzt ganz leise, Karla hört genau hin. Beruhigt schläft sie ein.

27

Während Karla sich schlafend stellt, weil sie immer noch erwägt, heimlich abzuhauen – ihr Plan ist inzwischen weiter gediehen, er besteht jetzt daraus, nicht nach Köln, sondern direkt nach Leipzig zu fahren und Natalie mit großer Geste irgendeine Art Antrag oder sowas zu machen –, braucht Gerda Kaffee.

Im Café, das im Vorderhaus des Hotels ist, hingeplauzt, stellt Gerda fest: Sie hat Knast. Sollte sie mit dem Frühstück auf Karla warten? Sollte sie ihr Bescheid sagen, wo sie ist? Wird sie es sich denken können? Gerda weiß, dass ihre Tochter sich schlafend gestellt hat – als ob sie ihre Kinder nicht schon tausendmal gesehen hat, wie sie sich schlafend stellen, als ob sie den Unterschied nicht kennt. *Die halten einen für blöd,* murmelt Gerda. *Bis man dann eines Tages wirklich blöd wird, dann wollen sie es nicht wahrhaben.* Sie wird also nicht auf Karla warten, denn sie hat Knast. Bis sich die feine Dame irgendwann dazugesellt, kann Gerda ja noch diverse Kaffees trinken.

Gerda hat zu ihrer Überraschung ganz gut geschlafen, sie war nur verwirrt, als sie aufwachte, und hat lange gebraucht, bis sie begriff, wo sie ist und wer neben ihr liegt. Sie war schnell müde vom Gedankenkreisen in den Stunden zuvor, so viel durcheinandergedacht hat sie schon lange nicht mehr und auch nicht so weit zurück. Sie war erschöpft davon, dass sie sich plötzlich Vorwürfe machte, die sie sich nie machen wollte. Aber sie war auch erleichtert gewesen, dass Karla vorm Schlafengehen einfach gelogen hatte und dass das Gespräch nicht weiterging.

In ihrem Traum ist sie durch ein Gebäude gewandelt, das tut sie häufig in ihren Träumen. Oft sind es Schulen und Kindergärten oder Häuser und Wohnungen, manchmal ist es irrerweise auch der Bundestag. Es sind Gebäude, die sie entweder schon kennt und die sich dann verändern, oder auch bisher nie Gesehenes. Diesmal war sie passenderweise in einem Hotel und ist erstaunt, dass ihr Gehirn, obwohl sie ja gerade in einem ist, nicht den einfachen Weg gegangen ist und von dem Hotel geträumt hat, das sie jetzt kennt, das sie ganz frisch ihrem Hirn hinzugefügt hat, das sie gestern bewusst und neugierig inspiziert hat. Stattdessen hat sie von einem ganz anderen geträumt, einem viel größeren, verwinkelteren. In dem hat sie dann nach Karla gesucht, im Keller, auf dem Dachboden, in den Zimmern, im Garten, auf den Terrassen. Einmal huschte sie an ihr vorbei, das war's, sie hat sie nicht mehr gefunden.

Am Nebentisch von Gerda nimmt jetzt eine Frau Platz, sie wird wohl um die 50 sein, und zwei Jugendliche – eindeutig ihre Kinder, wie man an ihren Nasen erkennen kann – gesellen sich dazu. Sie sind quasi drei Mal die gleiche Person, nur dass es drei unterschiedliche Frisuren und verschiedene Alter gibt. Der Junge ist wahrscheinlich schon volljährig, das Mädchen maximal 15 Jahre alt. Die Mutter fängt relativ bald zu weinen an, warum ist schwer zu sagen, es wird nicht viel dazu gesprochen. Erst als sie, die Mutter, auf die Toilette geht, bricht es aus den Teenies raus. Sie streiten sich darum, wer mehr für die Mutter da gewesen sei. Er habe es doch immer versucht, das Mädchen will dagegenhalten, gibt aber schnell auf, die Tränen der Mutter waren wohl zu überzeugend. Ein Kind hat sich nicht genug angestrengt und weiß es, das andere nicht. Irgendwann kommt der mutmaßliche Vater dazu, der sich im weiteren Verlauf tatsächlich als ebenjener herausstellt, denn er wird dementsprechend angesprochen. Seit seinem Erscheinen wird nicht mehr geheult, die Kinder versuchen sich in richtiger Körperhaltung und dann werden ein paar Fotos gemacht. Die ganze Situation ist nicht zu durchschauen. Hat die Mutter Geburtstag und die Kinder haben es vergessen? Wollen sich die Eltern scheiden lassen? Ist jemand todkrank? Ist das eine Filmszene? Sind alle Hamburger so? Gerda geht alle Theorien durch, aber vom Nebentisch ist nichts mehr rauszubekommen. Der Vater hat das reinste Schweigen mitgebracht.

Gerda ist genervt, dass sich diese kleine Hamburg-Reise so unverblümt als Selbstfindungstrip herausstellt. Sie hatte nicht erwartet, so viel Zeit zum Nachdenken zu haben. Sie betrachtet sich von außen, wie sie überlegt, ob ihre Kinder eigentlich für sie da sind. Eine Frage, die sie sich noch nie gestellt hat. Könnte sie an einem Kaffeetisch heulen, weil sie irgendwas von den Kindern braucht? Ist es denn eine Einbahnstraße mit diesem Kümmern? Könnte Karla nicht auch mal einen Schritt auf sie zu machen? Hat sie in den vergangenen Jahren überhaupt mal gefragt, wie es Gerda geht? Gerda braucht dringend etwas zu essen. Sie bestellt das kleine große Frühstück, fragt sich, was das nun wieder sein soll, und entschließt sich, Karla eine Nachricht zu schreiben.

Die versteckt sich weiter unter der Decke und entschließt sich, nun doch nochmal auf ihr Handy zu sehen. Wie spät es ist und so. Natalie hat Karla mit Sprachnachrichten zugebombt. Sie sagt, sie habe durch die Absage über Nacht eine ordentliche Krise bekommen und müsse jetzt dringend mal ein paar Tage allein sein, dafür würde sie sich in die Wohnung von einem Freund einquartieren, der übers Wochenende weg sei. Für sie sei das Ganze auch nicht einfach, sie habe sich auf Köln, auf Karla und ihre Familie im Rheinland gefreut, habe schon mit einer Zusage gerechnet, weil mehrere vom Projekt gesagt hätten, das würde schon klappen. Karla solle bitte nicht vorbeikommen, sie wisse, dass sie daran bestimmt gedacht habe, und finde das auch total niedlich, aber es sei erstmal keine gute Idee. Am Ende würde sie sie trösten müssen und das wäre grundsätzlich auch okay, aber nicht jetzt. Sie liebe

Karla und die beiden würden einen Weg finden. Karla solle jetzt wirklich mal das Wochenende durchziehen. Es sei wichtig wegen dem Seelenfrieden und so.

So eine Scheiße. Karla kann nicht nach Leipzig und nach Köln auch nicht, sie würde sich zu Tode schämen vor Natalie und Luca, außerdem ist das Ticket heute zu teuer, es ist einfach alles aussichtslos, sie muss hierbleiben. Und während Karla versucht, rumzuheulen, sich aufzuregen und zu toben, merkt sie, dass es nicht geht. Sie hat genug davon. Sie wird wach, sie steht auf, sie sagt: *Ich bin fucking 30.* Einen Durchbruch nennt man sowas. Einen kleinen zwar, eher ein Durchguckloch, aber immerhin. Sie zieht sich an und geht einfach, ohne weiter nachzudenken, zum Café, von dem ihr Gerda in der SMS berichtet hat.

Moin, Moin, sagt Karla, weil nun auch schon alles egal ist.

Gerda lacht. Angeblich darf man nur einmal Moin sagen. *Entschuldige, dass ich schon bestellt habe, ich hatte ganz schön Knast.*

Jetzt lacht auch Karla, denn das hat sie schon ewig nicht mehr gehört. *Knast haben ist ein ostdeutscher Ausdruck. Weiß ich von Natalie, die weist mich immer darauf hin, wenn ihr sowas auffällt. Genauso wie einen Fitz haben, jemanden angungsen, etwas ditschen, Leute willkürlich Kunden nennen.*

Karla hat sich mittlerweile das Sächsisch komplett abgewöhnt. Als sie das letzte Mal bei ihrer Familie war, hat Fritz gefragt, ob sie *vielleicht och ma wiedor ordntlich redn wörde.*

Weder Gerda noch Karla machen Anstalten, irgendwas Tiefgründiges zu besprechen. Karla nimmt auch das kleine große Frühstück, weil es lustig ist. Sie nagen an ihren Körnerbrötchen, belegen sie mit Gouda und Camembert, verschmieren Marmeladen auf der anderen Hälfte und spießen ihre Eierkrümel auf. Als der Orangensaft kommt, sagen beide *Ah* und finden, dass man sowas früher viel zu selten hatte. Es gab immer nur Schnitte und gesüßten Tee. Karla zeigt verspätetes Verständnis, weil sie ja heute weiß, wie teuer frische Brötchen und Säfte in Cafés sind. Gerda sagt, dass sie die Rechnung übernehmen will, Karla ist sichtlich erleichtert, weil sie sich sowas aktuell wirklich nicht leisten kann. So dümpeln sie eine Weile rum, mit Smalltalk und Meinungen über die Stadt, bis Gerda mit der sogenannten Sprache rausrückt.

Du hast doch erzählt, dass Natalie so Probleme mit ihrer Masterarbeit hat. Und es scheint ja sowieso schwierig bei euch zu sein …

Was? Karla kann sich nicht vorstellen, dass Gerda das ganze Gesterndrama wiederholen will.

Also, ich meine, das denke ich mir so, bei einer Fern-

beziehung ist es immer schwierig. Ich finde es bewundernswert, wie ihr das durchzieht.

Karla findet Gerdas Gerede *sus,* wie die jungen Leute auf TikTok sagen, das sie sich kurz vor ihrem 30. Geburtstag installiert hat. Das selbst ist auch irgendwie sus, also suspekt.

Worauf ich hinauswill: Ich hab mir die König-der-Löwen-*Tickets vorhin nochmal angesehen, das sind so Partner-Gutscheine, keine Ahnung, wie Mascha das gedengelt hat. Jedenfalls sind die flexibel einzulösen, also muss man nicht zwingend heute Abend hin. Für heute sind nur Plätze reserviert, wenn wir da gleich Bescheid sagen, werden sie wieder für die Abendkasse freigegeben.*

Willst du lieber morgen hin? Aber da wollten wir doch wieder abreisen … Karla wird nervös. Denkt Gerda, die beiden bleiben länger?

Also, um ganz ehrlich zu sein … Gerda nippt an der leeren Kaffeetasse, tut aber so, als wäre noch was drin, der Nervositätsklassiker. *Um ganz ehrlich zu sein, muss ich da eigentlich gar nicht hin. Versteh mich nicht falsch, also ich mache das mit dir, wenn du willst, aber ein Fan von* König der Löwen *bin ich nicht gerade. Ich verstehe Maschas Gedanken, ich fand die Sachen, die wir früher zusammen so gemacht haben, super, die paar Ausflüge und Konzerte, aber* König der Löwen, *o Gott.* Jetzt bricht es aus ihr heraus. *Dieses Anfangslied, zum Beispiel, war ja mal ganz schön – bis du es 673-mal am Tag gehört hast, dann diese kitschige Papa-Sohn-Kiste, der doofe Vogel, dieser Monarchiequatsch, dieser schreckliche Tod des Königs, der Onkel, das ist doch alles Sadismus pur, Timon und Pumbaa waren maximal zwei Szenen lang lustig und diese Elton-John-Nummer kann ich auch nicht mehr hören. Can you feeel the loooove tonight. Nein, kann ich nicht! Ich fürchte, es ist so, dass ich* König der Löwen *hasse.* Gerda ist ganz außer Atem. Sie hat zur Untermalung der Elton-John-Sache die Arme ausgebreitet und mit ihrer Stimme geknödelt.

Karla prustet los. Sie muss wirklich aus voller Kehle lachen. Die Leute gucken schon. So hat sie ihre Mutter noch nie erlebt. Und ihr wird auch sofort klar, wie süß das eigentlich ist. Sie hat ihr wirklich jahrelang vorgespielt, dass sie *König der Löwen* mag, hat gesagt *Ja, ja, das sehen wir uns irgendwann mal an, das wird toll* und hat sich nie wegen Karlas Obsession beschwert. Die Gerda, die eigentlich sonst recht viel gemotzt hat, die oft genervt wirkte, die sich sonst nicht zurückhielt mit *bitte leiser / bitte weniger / bitte nicht hier / bitte nicht heute.* Und sie hat sich auch während der wochenlangen Reiseplanungen nichts anmerken lassen. Etwa Karla zuliebe?

Gerda lacht auch. Sie legt Karla nun eine Hand auf die Schulter. *Ich würde natürlich mit dir hin, es wäre bestimmt zumindest witzig. Auf eine Art. Aber nimm doch die Gutscheine und geh mit deiner Natalie hin. Ich glaube, ihr habt euch das verdient. Und besorgt euch ein ordentliches Hotel, ein romantisches.*

Karla antwortet schief singend, wie als Kind. *It's enough for this restless warrior / Just to be with you …* Dann antwortet Karla nochmal richtig. *Scheiße, dann müsste ich nochmal nach Hamburg. Aber Natalie würde es hier wohl gefallen. Ja, so machen wir's.*

Sie hofft, damit aus der Reise entlassen zu sein, wie früher bei Hitzefrei. Sie kann jetzt gehen.

Schweigen und Rumgucken.

Wieder Karla. *Stellt sich nur die Frage: Was jetzt?*

Na, für heute wird uns sicher noch einiges einfallen. Und dann … Gerda wollte es eigentlich nicht erzählen, erzählt es jetzt aber doch. *Ich habe noch ein bisschen frei und wollte ein paar Tage an der Ostsee dranhängen. Wenn ich schon mal unterwegs bin. Sonst mache ich das doch wieder nicht.*

Cool, wo wolltest du hin?

Ehrlich gesagt hab ich noch nichts gebucht, ich wollte morgen früh spontan gucken und dann was für den Abend buchen. Verrückt, oder?

Ja, wie eine Backpackerin. Wo waren wir früher mal? Boltenhagen, oder?

Genau. Und zweimal Usedom.

Ich kann dir beim Suchen helfen, ich hab diese App, mit der gucke ich mit Natalie manchmal, wo wir hinkönnten, und dann machen wir es doch immer nicht.

Oh, ja, danke! Gerda geht nochmal Kaffee bestellen.

Beim Zurückkommen hat Karla schon alles gescannt. *Also, in Boltenhagen gibt es einiges, klar, ist ja November, aber guck mal hier, in Trinow, diese Hütte ist ja der Hammer. Direkt am Strand …*

Es wird Google angeschmissen.

Trinow … Mmmh … Sagt mir nichts, aber toll, da ist ja direkt so eine Halbinsel. Aber die Bude ist zu groß, das brauche ich nicht. Gibt es noch was Kleineres? Oder kommst du mit?

Jetzt hat Gerda offensichtlich vergessen, dass es vor kurzem noch ganz schwer war, und haut einfach so eine Frage raus. Und Karla hat es auch vergessen. Sie stutzt kurz, guckt heimlich nach was Kleinerem, stellt fest, dass es teurer ist als die wunderschöne Bude, und sagt: *Joa, warum nicht? Die Wohnung ist wirklich sehr schön – und sehr groß.*

Die beiden tun ganz normal, ihnen schwant erst langsam, was ihnen da gerade rausgerutscht ist: drei weitere gemeinsame Tage an der Ostsee.

Und was machen wir jetzt? Beatles-Museum?

Beatles-Museum. Und sag Mascha nix.

Auf keinen Fall.

28

Kannst du mal schauen, ob wir ein Flexticket haben?, fragt Gerda Karla eine weitere nervige Orgafrage, während sie gerade aus Hamburg rausfahren. Gerda hat viel länger ein Smartphone als Karla, überhaupt ist sie schon seit den frühen 2000ern ein Handyprofi, aber manchmal hat sie keinen Bock, aktiv zu sein, schaltet lieber auf Autopilot. Nur dass das bedeutet, dass dann jemand anderer Pilot sein muss. Gerda behauptet, sie käme mit kaum einer App zurecht, und Karla muss deswegen qua Generation liefern, *das habt ihr nun von eurer Arroganz, da müsst ihr uns jetzt eben immerzu helfen,* denkt sich Gerda. Sie will das mit dem Ticket wissen, weil sie gern einen kurzen Abstecher machen würde, in das Kaff, in dem sie früher mal einen Freund hatte. Da fährt der Zug nämlich vorbei, das hat sie in der Verbindungsauskunft gesehen, die Karla vorhin rausgesucht hatte. Es ist wirklich kein Umweg, kein großer Akt, es wäre also egoistisch von Karla, das auszuschlagen.

Es ist ein Flexticket. Also steigen sie aus, um eine Stunde später weiterzufahren. Gerda will *einfach nur ein bisschen gucken*, sagt sie, *ob sie was wiedererkennt*. Karla fragt nicht nach, ahnt aber, was los ist, als

Gerda sagt: *Ich kannte hier mal jemanden.* Karla weiß, dass ihre Mutter kein sogenanntes Kind von Traurigkeit ist und es wahrscheinlich um eine Liebelei geht. Sie überlegt, ob die Person, um die es hier geht, vielleicht tot ist, bleibt aber erstmal stumm. Dann fragt sie nur, ob sie hier im Café am Bahnhof warten soll? Sie habe eh ein Buch dabei. Das stimmt gar nicht, sie will einfach in ihrem Smartphone daddeln und Natalie ein paar Sprachnachrichten zurückschicken.

Ja, lass uns das so machen. Bis gleich!

Sie umarmen sich. Karla lächelt schon wieder. Es ist verrückt.

Gerda fragt sich, ob sie den Weg wiederfinden wird. Hier hatte er sie immer abgeholt. Am Gleis 2. Dann ging es die Bahnhofstraße lang, dann kam ein Kreisverkehr, dort war ein Italiener, wo sie mal Eis essen waren, irgendwo war noch ein Musikladen, und dann kam schon die kleine Zweizimmerwohnung, an deren Inventar sie sich auch noch ganz genau erinnern kann. In ihrer Erinnerung war sie oft hier, tatsächlich war es aber nur viermal. Sie hatten sich über eine Zeitungsannonce in einem Leipziger Stadtmagazin kennengelernt, er hatte ein paar Platten abzugeben. Sie haben ein paar Mal telefoniert, um ein Treffen auszumachen, das einfach nicht zustande kommen wollte, stattdessen verquatschten sie sich über alles andere. Mascha hatte zu der Zeit gerade Mele bekommen, ihr ging es nicht gut, also wohnte Gerda ein paar Wochen bei ihr, und er war mit seinem Umzug beschäftigt. Er wollte bald eines Jobs wegen in den Norden ziehen, es war wirklich schlechtes Timing. Also fuhr Gerda eines Tages mit weichen Knien hierher, in dieses Kaff, um ihn zum ersten Mal zu treffen. Um die Platten ging es da schon nicht mehr.

Ihr gefiel der Ort sofort und er gefällt ihr auch heute. Alle Häuser sind aus Backstein, alles ist rot. Es sieht genauso aus wie damals, nichts ist anders, nichts wirkt größer oder kleiner, wie es manchmal ist, wenn man nach vielen Jahren an einen Ort zurückkehrt. Es ist November und genauso verregnet, wie es sich für diesen Monat gehört. Wie damals. Früher war immer Regen, Regen war immer früher. Mit jedem Schritt kommen Erinnerungen an seine Gestik und Mimik wieder. Sie hatte sein Gesicht vergessen, wird ihr gerade klar. In ihrem Kopf war nur noch eine Karikatur von ihm übriggeblieben. Die Mütze, die er immer trug, die spitze Nase, der ungleichmäßige Bart und die dick gerahmte Brille, das war noch da. Aber nicht seine grünen Augen, das giggelnde Geräusch, das er machte, wenn er lachte, wie er immer so leicht an ihr vorbeiguckte, wenn er aufgeregt war, seine rauen Hände, die er immer in der Jeans versenkte, sein Hintern in dieser Jeans. Ihr fällt wieder ihre weiche Regenhaut von damals ein, die Jacke, die sie trug, wie lange sie gebraucht hatte, um sie auszuwählen, weil sie gedacht hatte: *Die Jacke wird das Erste sein, was er von dir sieht.* Es ist alles wieder da.

Am besten erinnert sie sich an ihren letzten Besuch im Sommer. Es fand gerade die Loveparade in Duisburg statt, die beiden saßen fassungslos vorm Fernseher und versicherten einander immer wieder, dass ihre Kinder ganz bestimmt nicht dort waren. Aber die jungen Leute, die sich da drängten und in die Kameras weinten, sahen einfach genauso aus wie ihre jungen Leute. Irgendwann in der Nacht hatten sie das letzte Kind erreicht, und jedes einzelne fand es absurd, was sollten sie denn in Duisburg. Die Identifizierung mit den Eltern der toten jungen Leute beherrschte das ganze Wochenende, und Gerda hatte über die Jahre immer wieder daran denken müssen.

Es ist zwar ein Kaff, in dem gerade mal 10 000 Menschen wohnen, aber Gerda findet die Wohnung einfach nicht mehr. Der Kreisverkehr stimmt, sie sieht den Italiener, der Musikladen ist dort, wo sie ihn vermutet hat, aber da, wo das Haus sein müsste, da ist es nicht. Nicht mehr? Ist es etwa abgerissen worden, zusammengefallen, im Boden versunken, weggeflogen? Sie läuft noch ein wenig rum und entdeckt so viel, was sie bei ihren Besuchen nicht gesehen hat, weil sie sich immer nur gegenseitig angeguckt haben – und plötzlich steht sie davor. Es ist ganz woanders, aber es ist ohne Zweifel das Haus. Sie ist aufgeregt, dreht sich mehrmals um sich selbst, will nicht hingucken und dann doch. Auf dem Klingelschild steht: *Er wohnt hier nicht mehr.*

Es ist eigentlich egal, denkt sie schnell, sie hatte natürlich nicht vor, zu klingeln oder einen Zettel zu hinterlassen, es wäre nur irgendwie beruhigend gewesen, zu wissen, dass er noch dort war, noch vorhanden, theoretisch erreichbar.

Heute nennt man das, was die beiden hatten, eine toxische Beziehung, durch die Entfernung konnten sich beide an ihrem Standort immer irgendwelchen Quatsch übereinander überlegen, bis aus den Projektionen nur noch ein Gegeneinander wurde. Es ging nicht gut aus, und Schluss wurde letztendlich per E-Mail gemacht. Gerda wusste schon bald danach: Es ging nie so richtig um ihn, und hier und heute auch nicht so sehr. Sondern um die Zeit und irgendwie auch den Ort. Es war das erste Mal seit langem, dass sie sich wieder richtig was traute, als sie damals in den Zug stieg und hierherfuhr. Als die Kinder alle ausgezogen waren, sie in ihrer ersten Alleinewohnung seit Jahrzehnten saß und rauswollte in die Welt und zu den Leuten. Klaro, er ist nur ein Symbol dieser Zeit, einer Aufbruchszeit, an die man sich später vor allem deshalb so stark erinnert, weil sie so anstrengend war. Und doch wünscht sie sich gerade, sein Name wäre noch da, die Wohnung würde noch so aussehen wie damals, das Bett wäre noch von den beiden verwuschelt und seine Platten würden noch verstreut auf dem Boden liegen, weil sie sie aus dem Regal genommen und angehört hatte, wenn er arbeiten war. Sie wünschte, sie könnte ganz kurz zurück in diese Szene, nur für einen Moment.

Dabei hatte sie natürlich alles aufgeschrieben. Nur hatte sie die Zettel jetzt nicht dabei. Gerda hatte sich genau notiert, warum es damals nicht gepasst hat und sie die Vergangenheit nicht romantisieren sollte. Sie weiß, sie darf das nie vergessen. Auch dass seine Platten eigentlich gar nicht so gut waren.

Das letzte Mal hörte sie von ihm, als er die Krebsdiagnose bekam. Die Aussichten waren gut und er war, laut eigener Aussage, ein zäher Hund, der nach der Behandlung endlich ganz ans Meer ziehen wollte. Da wird er jetzt sicher sitzen und U2 oder Wilco hören. Gerda will Karla das alles gleich im Zug erzählen, macht es dann aber doch nicht. Schnell weg, schnell weiter.

29

Ruf doch den Mann von der Ferienwohnung jetzt mal an! Gerdas Bockigkeitsphase ist angebrochen.

Nein, ich finde das schon, ich hab es mir auf Maps genau angesehen, es ist nicht so groß hier. Es gibt doch hier nur diese eine Straße. Leute, die nach 1980 geboren sind, telefonieren nicht. Nie.

Karla fühlt sich mit ihrem Rollkoffer nun erst recht wie eine absolute Idiotin in diesem viel zu ruhigen Kaff, es ist irre laut, wie er über alles drüberrumpelt. *Da ist ja der Typ! Sag ich's doch!*

Der Typ von der Ferienwohnung steht komischerweise einfach an der Straße und wartet. *Creep …* nuschelt Karla.

Glücklicherweise ist er aber zurückhaltend. Er schaut den beiden Frauen nicht mal in die Augen. Das findet Karla allerdings auch schon wieder verdächtig. Er bringt sie in das kleine Häuschen, eine Putzfrau huscht gerade noch raus, zeigt *hier ein Zimmer, da ein Zimmer, Bad, Handtücher, da steht das Internet, also das Passwort, haha, da ist der Thermostat, so geht die Ter-*

rassentür auf, da ist das Meer. Das mit dem Fernseher ist etwas kompliziert, da müssen Sie …

Gerda sagt ernsthaft: *Ach, wir brauchen doch keinen Fernseher.*

Der Ferienwohnungstyp versteht sofort und erklärt nun, nur an Karla gewandt, wie der Fernseher funktioniert. Dann geht er, mit gesenktem Kopf. Er tut Karla leid. Ihr Mitgefühl verfliegt allerdings, als sie, während Gerda mal wieder ihre vielen Sachen auspackt, auf der Ferienwohnungsseite sein Profil aufruft. Er hat noch weitere sieben Häuser im Angebot und wohnt eigentlich meistens in Konstanz. Der König von Trinow himself hat ihnen also die Tür geöffnet, ein reicher Tropf.

Er scheint nicht der Einzige zu sein, der *nach der Wende ordentlich zugeschlagen* hat, wie Gerda konstatiert. Beim ersten Spaziergang bemerken die beiden, dass locker ein Drittel der Häuser hier Ferienwohnungen sind und viele davon jetzt im Winter leerstehen. Karla stalkt die dazugehörigen Besitzer auf den Portalen. Der Ort wirkt so verlassen, stellenweise wie eingemottet, als wäre über allem eine Plane drauf.

… Und woanders gibt es Obdachlose. Unglaublich! Besetzen sollte man das alles hier, sagt Gerda linksradikal. Es ist der Einfluss ihrer Nachbarin, weiß Karla, Aylin, die in der Mieterbewegung aktiv ist. Karla wird auch immer wütender. Mutter und Tochter steigern

sich so rein in ihren Hass auf Vermieter, Wessis und ihre jeweiligen Wohnsituationen, dass sie beschließen, im einzigen offenen Kiosk ein Bier zu kaufen und sich damit fröstelnd auf eine Bank zu setzen. Karla bringt Gerda bei, dass das cornern heißt. Gerda sagt, das ist einfach rumlungern.

Jetzt einfach schön Ostsee.

Da es November ist, wird es schon bald wieder dunkel, und es regnet auch schon wieder. Gerda hat noch auf der Fahrt gesagt, im Herbst sei die Ostsee am schönsten, Karla findet keinen Anlass, ihr zu glauben. Es gibt keinen goldenen Herbst. Es gibt jedes Jahr nur einen einzigen schönen Tag zwischen Sommer und Frühling, das ist dann der mit den Blättern und der Sonne und dem Spaziergang, an den sich alle als Herbst erinnern. Die Wahrheit ist grau und bedeutet nasser Wind im Gesicht. Zurück in der Ferienwohnung wird ein Einkaufszettel geschrieben. Nun kommt raus, dass Karla sich quasi überhaupt nicht ernährt, sie hat nämlich kaum eine Idee, was man draufschreiben könnte, außer Cornflakes, Milch und Äpfel.

Du wirst doch wohl auch mal was kochen?

Nein, nie.

Wie kannst du dann überhaupt noch laufen?

Ich esse Obst, Gemüse, Süßkram, Nudeln, Döner. Oh, und Nasi Goreng hau ich mir ab und an in die Pfanne. Karla schämt sich für nichts mehr, sie muss ihrer Mutter mit 30 nichts mehr vormachen, sie sind jetzt auf Augenhöhe, wie sie kürzlich beschlossen hat. Aber sie wollte sie auch ein bisschen schocken, es stimmt alles nicht so ganz. *Okay, wenn Natalie da ist oder ich bei ihr bin, koche ich supergern. Dann backe ich sogar. Und mit Luca manchmal. Das ist der, der eigentlich mein Mitbewohner ist.*

Aber du musst dich doch auch ernähren, wenn du allein bist, du musst dich doch auch um dich kümmern. Eine regelrechte Mutter-Lektion.

Ja, ich bin ein bisschen im Standby, wenn ich allein bin. Aber es ist auch irgendwie übertrieben, für sich allein zu kochen, es ist immer zu viel, und dann trocknet alles ein oder verschimmelt.

Ja, das merke ich neuerdings auch immer öfter. Seit der Mann Wolfgang weg ist und Mascha mit den Kindern seltener da ist, weil sie jetzt einen kochenden, sich kümmernden Mann zu Hause hat, bleibt auch Gerda häufig auf ihren Gulaschs sitzen. Sie erwägt kurz, Karla von ihrer Tupper-Phase zu erzählen, lässt es dann aber.

Aber jetzt sind wir ja zu zweit!

Im Nahkauf gibt es nicht viel und fast gar nichts Vegetarisches. Mascha hätte hier so ihre Probleme, aber Karla und Gerda ist es gerade egal. Neben den üblichen Ja!-Produkten gibt es viel typisch Ostdeutsches, wahrscheinlich für die Nostalgieurlauber oder aus Protest gegen die Zugezogenen. Karla schielt etwas zu lange auf die Königsberger Klopse aus der Dose, Gerda guckt angewidert. Sie will zum Abendbrot *Schnitte* essen, hat sogar schon zum Steinofenbrot und Vollkornbrot gegriffen. Zwei Sorten vom Schrecklichsten. Ein Albtraum für Karla. Es ist wie früher. Allein das Wort Schnitte triggert sie. Es gab immer Schnitte, Schnitte, Schnitte. Und jeden Abend spielte Karla das gleiche masochistische Spiel. Sie fragte: *Mutti, was gibt's heute Abend?* Und Mutti sagte immer: *Schnitte.* Seit sie ausgezogen ist, hat sie nie wieder *Schnitte* gegessen.

Karla muss intervenieren. *Lass uns bitte Nudeln machen. Ich mache eine frische Soße mit Gemüse. Tomaten, Paprika, Zucchini, Möhren, sowas.*

Gerda tut beeindruckt.

Und morgen gibt's frische Brötchen. Mit O-Saft!

Beide strahlen. Urlaub!

Mittlerweile ist es schon recht spät, der Tag ist wie weggespült. Beide denken auf dem Weg vom Supermarkt darüber nach, dass sie heute ja noch gar nicht gestritten haben. *Nur eine Frage der Zeit*, denkt Karla. *Wahrscheinlich gut, dass wir nicht alles nochmal aufdröseln*, denkt Gerda.

Mascha hat beiden natürlich schon geschrieben, und beide haben natürlich noch nicht geantwortet. Als sie zurück in das Haus kommen, sieht es viel kleiner aus, so im künstlichen Licht, mit spiegelnden Fenstern, ohne den weiten Blick aufs Meer. Sie probieren alle Lichter aus, bis es halbwegs gemütlich ist. Neben der Badtür bemerkt Gerda dabei ein Loch in der Wand.

Guck mal, ein Männerloch, sagt sie.

Was?

Na, ein Männerloch. Fast jede Wohnung hat eins. Musst du mal drauf achten. Da ist bestimmt irgendein Mann mal wegen irgendwas ausgerastet. Manchmal sind es auch Türen, in die reingelatscht wurde.

Ach ja … Karla lacht, aber dann fällt ihr noch was von früher ein, von dem sie nicht sicher ist, ob es passiert ist. Sie hat jetzt das Bedürfnis, den Fernseher anzumachen, hält sich aber zurück. Sie muss ja erstmal kochen. Glücklicherweise fällt Gerda ein, dass Sonntag ist und der *Tatort* kommt, den sie immer guckt. Ob es okay für Karla sei, wenn sie den gucke, während Karla koche? *Super okay*, sagt Karla, deren sozialer Akku längst aufgebraucht ist.

Mascha schreibt wieder. Gerda antwortet ihr, dass alles gut ist, sie würden ihr später erzählen, wie es war. Mascha denkt ja immer noch, die beiden seien auf dem Heimweg und gestern beim *König der Löwen* gewesen. Man muss es ihr schonend beibringen.

Als das Nudelwasser aufgesetzt ist und die Soße kocht, befällt Karla eine Aufräumattacke. In dieser Küche ist natürlich alles falsch angeordnet und eingeräumt, die Töpfe müssen nach unten, die Schüsseln nach oben, und wieso sind die Gläser da und die Tassen da und was sollen die flachen Teller bei den Pfannen? Wieso sind die Teebeutel im Besteckkasten und die Kaffeefilter unter der Spüle? *Ist das ein Witz?*, fragt Karla rhetorisch. Eine Katastrophe, deren Beseitigung Karla zwar kurz beruhigt, aber nur so lange, bis ihr klar wird, dass sie jetzt noch zwei weitere Tage hier rumräumen wird, und für wen? Für Herrn Wessi aus Konstanz oder Koblenz, sie hat es vergessen. Sie sagt zu Gerda: *Bitte lass uns morgen was unternehmen, was einen ablenkt, Heimatmuseum oder so,* da sieht sie, dass Gerda eingeratzt ist. Zum Essen wird sie nochmal kurz wach, aber auch nur halb. *Können ja morgen den Rest futtern,* sagen beide gleichzeitig. Da wird nochmal gelacht. So kann ein Tag enden.

Für Karla endet der Tag allerdings noch nicht, denn sie kann nicht einschlafen. Es tanzen zu viele Gesichter vor ihr rum. Natalie, Gerda, Mascha, Peter, ihre Dozenten, ihr Vermieter, der Wessi aus Konstanz oder

Koblenz, die Jobcenter-Sachbearbeiterin, bei der sie nächste Woche einen Termin hat, weil sie bald kein Bafög mehr bekommt, aus irgendeinem Grund der Wirt aus der Kneipe von vorgestern und Luca. Heutzutage haben Ängste wenigstens Namen und Adressen, das ist doch schon was.

Sie schreibt Luca. Sie vermisst ihn. Er ist auch noch wach, er vermisst sie auch. Er kommt in zwei Wochen für ein paar Tage nach Köln, wenn das für sie okay ist und sie ihn aufnehmen will. Es ist für sie sehr okay und natürlich will sie ihn aufnehmen, *es ist ja deine Wohnung. Unsere,* schreibt er zurück. Luca ist der Beste. Sie wollen darüber reden, wie es weitergehen soll. Er hat auch Probleme, sie wollen sich bei ihren Anträgen helfen.

Karlas Fenster geht nach hinten raus, leider nicht in Richtung Meer, auf das sie jetzt gern starren würde. Danach hätten die Zimmer aufgeteilt werden sollen, nach dem Bedarf an schlaflosem Rausglotzen. Es gehen drei Straßen ab, zwei kleine, eine große. Die Lichter der Autos blinzeln wie verfrühte Weihnachtssterne durch die vergessene Lücke des Rollos und kriechen an die Wand, um für einen kurzen Moment die Dunkelheit wegzuschieben. Alle paar Minuten fahren welche vorbei, als wäre das hier eine gefragte Stadt, ein wichtiger Knotenpunkt, teilweise klingen sie sogar wie richtig schwere Kaliber. Karla stellt sich vor, dass es Laster, Reisebusse, Wohnwagen, Traktoren und Lieferanten sind, sie schaut aber nicht nach, und vielleicht bildet sie sich das auch nur ein. Sie fahren sowieso alle an andere Orte.

Gerda ist wohl die einzige Person auf dem Planeten ohne Schlafprobleme. Das liegt daran, dass sie früher jede Sekunde ohne Kinder zum Schlafen nutzen musste, sie kann bis heute immer und überall schlafen. Morgen früh wird sie wieder nur verwirrt sein, wo sie ist.

Karla entschließt sich um 1:43 Uhr, nochmal aufzustehen, sie muss einiges abchecken, sie ist noch nicht fertig. Ob die Haustür wirklich abgeschlossen ist und die Fenster zu und ob der Herd aus ist und ob das Essen abgedeckt ist und ob der bisher entstandene Müll richtig getrennt ist und ob überhaupt die ganze Welt noch steht und ob Gerda noch da ist.

30

Die Uhr steht auch an Tag zwei wieder auf Spazieren, man kann hier nichts anderes tun als immerzu spazieren. Man will es auch nicht anders. Man will immer nur auf das Meer sehen, es nicht aus den Augen lassen, sich in jeder Sekunde klarmachen, dass man am Meer ist, dem heiß ersehnten Meer, zu dem man sich immer versucht zu beamen, wenn man rumliegt und sich einen schönen Ort vorstellt. Man will alles aus dem Meer rausholen und 100 imaginäre Fotos machen und dann nochmal 100 echte. Es wird wahrscheinlich keinen Menschen auf der Welt geben, der vor dem Meer steht und etwas Schlechtes denkt. Und zwar sowohl über das Meer als auch über die Welt. Man sollte alle, die etwas Böses im Schilde führen, also immer erstmal ans Meer stellen. Dann schauen sie drauf und sagen *Aaaah,* statt etwas Böses zu tun.

Die tatsächliche Uhr steht auf Mittag und Gerda hat Karla netterweise ausschlafen lassen. Sie hatte mitbekommen, dass ihre Tochter nachts noch lange wach war, das Bett hatte gequietscht und irgendwann hörte sie die Haustür auf- und zugehen. Sie hatte zwar überlegt, nachzuschauen, ob alles okay ist, war aber, bevor sie sich sorgend zeigen konnte, schon wieder eingeschlafen. Gerda sitzt wieder vor der Glotze, als Karla ins Wohnzimmer trottet. *Jetzt aber raus aus der Hütte, du kriegst schon vierecksche Oogen,* sagt Karla zu ihrer Mutter, endlich kann sie sich rächen. Gerda hat noch was vom Frühstück stehen lassen, sie selbst hatte aber bereits *Knast*.

Immerhin sieht man an diesem Montag mehr Leute auf den Straßen, es hat endlich aufgehört zu regnen und die Leute müssen arbeiten. Auch Gerda muss am Mittwoch wieder arbeiten, und Karla hat eigentlich ihre Ausbildung und ihre Aufträge, worüber sie Gerda nur vage ins Bild setzt, also ist die Abreise für morgen Nachmittag angesetzt. Das heißt, heute muss das Wetter genutzt und den gesamten Tag abspaziert werden. Heute Abend wollen Gerda und Karla mal eins der zwei offenen Restaurants ausprobieren, ob man da reservieren muss? Jemand müsste sich mal kümmern. Beide vergessen aber, sich zu kümmern.

Das Ziel ist die Halbinsel, die die beiden vorher schon auf der Karte gesehen haben. Es ist nicht weit bis dahin, maximal eine halbe Stunde zu Fuß. Der Strand auf dem Weg gehört nur ihnen und ein paar Hundebesitzern. Der Wind schlägt so hart um sich, dass man sich kaum unterhalten, aber viel nachdenken kann. Gerda überlegt, wie sie Karla nach ihrer finanziellen Situation fragen kann, Karla denkt nur an Natalie und überlegt, ob sie bereit wäre, mit ihr in irgendeine andere Stadt zu ziehen. Als sie der Insel näher kommen, merken sie, dass etwas nicht stimmt. Sie sehen Zäune. Ein Tor. Wachposten. Verbotsschilder. Sie verstehen es erst sehr spät, werden schon beobachtet, aber dann dämmert es ihnen: Man darf wohl tatsächlich nicht auf die Insel. Die beiden können es nicht fassen, laufen noch eine Weile von links nach rechts, um doch noch einen Zugang zu finden, das kann doch nicht sein, aber nochmal nein: Man darf nicht weiterlaufen. Karla zückt das Handy, um herauszufinden, was da los ist. Ihr Gesicht versteinert, sie ist kurz davor, das Handy ins Meer zu werfen. Gerda will natürlich wissen, was Phase ist. Karla sagt nur: *Ist Privatgelände. Man darf schon seit 30 Jahren nicht drauf. Lass zurückgehen.*

Auf dem Rückweg übertrumpfen sich die beiden in Selbstmitleid und Reuegebaren, dass sie kein anderes Ostseeziel gewählt haben. Alles hier ist zu. Und es fängt tatsächlich schon wieder an zu regnen. Gerda kapituliert: *Jetzt wünscht man sich doch zu* König der Löwen, *oder?* Ernster könnte die Lage nicht sein.

Die Nordsee wäre, glaube ich, näher an Hamburg gewesen, sagt Karla nun etwas, was sie schon vorgestern sagen wollte.

Ja, aber die soll hässlich sein.

Stimmt, das hab ich auch gehört.

Zwischen dem Schimpfen wird auch immer wieder gelacht. Gerade geht es um lang zurückliegende Familienausflüge und was dabei immer alles nicht geklappt hat. Von vielem hat Karla damals nichts mitbekommen, weil es sozusagen hinter den Kulissen stattfand, sich zwischen den Erwachsenen abspielte, manchmal waren auch die älteren Geschwister beteiligt. Zum Beispiel hat Karla sich nie gefragt, warum Peter eigentlich nie dabei war, und sie wusste nichts von den umfangreichen Ausreden, die er sich für sein Wegbleiben einfallen ließ. Von spontanen Darmproblemen bis zu kuriosen Arbeitsverpflichtungen war alles dabei, er schmückte seine Erzählungen immer so aus, dass Gerda wusste, dass er log. Es amüsiert sie zwar beim Erzählen, aber im Grunde verletzt es sie bis heute. Nicht nur weil sie sich um alles kümmern musste, sondern auch weil es ihr damals die Gewissheit verschaffte, dass ohne sie nichts laufen würde. Aber vor allem weil Peter sie damit verrückt machte, wenn er ihre Zweifel an seinen Geschichten als paranoid abstempelte. Es hat Jahre gedauert, bis Gerda ihrer eigenen Wahrnehmung wieder trauen konnte. Ein minikleiner Teil von ihr konnte ihm irgendwann sogar verzeihen. Er wurde ab und zu von Angstzuständen geplagt, wie Gerda Jahre nach der Scheidung erfuhr. Verreisen war für ihn wohl ein Albtraum, er brauchte sein geschütztes Heim, allein die Planung eines Urlaubs versetzte ihn in Panik, reimte sie sich durch seine Andeutungen zusammen. Gerda schob es lange auf seine Faulheit und Passivität. Karla bekommt Herzklopfen, als sie von Peters Geheimnis erfährt. Sie hat das nie über ihren Vater gewusst. Wie so vieles nicht, wie das meiste nicht. Und das erklärt so vieles, vielleicht sogar das meiste – über ihn, über sie. Warum hat er das nie erzählt? Warum hat Gerda es nie erzählt? Warum hat Karla es sich nicht gedacht? Warum hat es sie nie interessiert?

Weitere Dämme brechen: Gerda und Karla beschließen tatsächlich, in der Ferienwohnung etwas zusammen zu spielen. Das Regal unter dem Fernseher gibt einiges her, Brettspiele, Karten, Würfel. Als sie Uno sehen, den Verursacher schlimmer Sonntag-Streits, besinnen sie sich gerade noch rechtzeitig und verquatschen sich lieber. Vielleicht weil Karla heute ihre Tage bekommen hat, ist sie plötzlich auch ganz offen. Ihr ist etwas eingefallen, als sie gestern auf Gerda in dem Kaff gewartet hat, in dem diese *mal jemanden kannte*. Karla weiß natürlich, dass es sich dabei um einen Mann gehandelt hat, auch wenn Gerda offensichtlich nicht davon erzählen will.

Du, Mutti. Ich hatte auch schon mal … also eine Geschichte mit einem Mann aus dem Norden. Der wohnte aber in Kiel.

Wie, was, ein Mann? Wann soll das denn gewesen sein? Gerda schmunzelt, sie macht sich bereit für lustigen Tratsch.

Es ist keine lustige Geschichte oder so. Ich erzähle es jetzt und du darfst nichts dazu sagen, während ich rede.

Und nichts fragen. Gar nichts. Du darfst nicht so gucken, dass ich mich schäme, und auch keine süffisanten Laute machen, wie du sie manchmal machst. Du darfst schon gar nicht dein Augenverdrehlachen benutzen.

Gerda benutzt ihr Augenverdrehlachen und schwört, dass damit aber nun Schluss ist. Karla wackelt mit ihren Beinen und kneift ab und zu in ihren Arm, während sie erzählt, Ticks, die Gerda schon kennt.

Finn war 26, als Karla ihn kennengelernt hat. Karla lernte ihn im Internet kennen, zu einer Zeit, in der es noch peinlich war, jemanden im Internet kennenzulernen, deswegen wusste auch niemand von ihren Freunden davon. Karla war damals in einem Zeichnen-Forum, denn sie war Manga-Fan und zeichnete selbst welche. Man sprach da über Techniken und Vorbilder, tauschte sich aus über aktuelle Cartoons, Mangaserien und -magazine und zeigte sich sogar, wenn es das Uploadvermögen zuließ, seine Ergebnisse. Die Forumleute waren lieb zueinander, es gab wenig Reibungspunkte. Es gab einen Thread, der *Kaffee-Ecke* hieß, in dem man über alles Mögliche sprechen konnte, Familie, Job, Politik, Schule, Musik. Karla fand Finn von allen am nettesten, ihr gefiel sein Name und er war besonders aktiv. Er antwortete ihr in diesem Thread oft, was schön war, weil es sonst kaum jemand tat. Zuletzt ging es immer um Fußball, denn gerade war WM. Es war der Sommer 2002. Karla war 12, als sie Finn kennengelernt hat.

Da Karla immer nur in Informatik und während der offenen Computerstunde am Mittwochnachmittag in der Schule Zugang zu einem Computer hatte, gab Finn ihr irgendwann seine Handynummer. Ihr erstes eigenes Handy, ein süßes, kleines Trium Mars, hatte sie nach langem Betteln von Gerda zu Weihnachten bekommen. Nun hatte Karla endlich eine richtige Verwendung für das Ding. Die Nächte, in denen sie sich mit den Klingeltönen, Weckertönen, dem Licht, den verschiedenen Bildschirmhintergründen und den zwei vorhandenen Spielen noch aufgeregt beschäftigt hatte, lagen schon eine Weile zurück und die Begeisterung für die neue Technik war schon längst verflogen, wie das bei Kindern nun mal so ist. Also schrieb Karla Finn eines Nachmittags eine SMS:

huhu hier ist die karla vom kaffee, wie gehts :-)

Es ging schnell. Er antwortete innerhalb von Minuten. Schon am Mittag des nächsten Tages war ihre CallYa-Karte leergesimst. Das war eine Katastrophe, weil Karla Finn nicht Bescheid gesagt hatte und ihm jetzt nicht mehr auf seine letzte Nachricht antworten konnte. Sie hatte sich geschämt und wollte ihm nicht erklären, wieso sie nicht einfach Guthaben nachladen konnte. Sie würde frühestens in zwei Wochen wieder Taschengeld bekommen. Gerade hatten sie sich ausgetauscht, was sie am Nachmittag machen wollten – er wollte sich mit einer Freundin in der Stadt treffen und sie musste einen Vortrag für Bio vorbereiten. Sie wollte ihn unbedingt fragen, ob die Freundin seine feste Freundin war, weil sie dann enttäuscht gewesen wäre. Aber er hatte *eine Freundin* geschrieben und sie hätte natürlich auch nicht wirklich gefragt, das hätte sie sich nicht getraut.

An diesem Morgen hatte er ihr einen *Guten Morgen* gewünscht. Aber nicht nur das. Er hatte ihr auch noch eine Rose geschickt:

@->–>–

Sie war bereits hoffnungslos süchtig. Sie war verliebt. Sie wollte nur noch Finn. Es gab keine Zeit mehr vor diesem Morgen, sie wollte nie wieder an die Zeit vor der Rose denken. Ihr Leben begann jetzt und mit ihm, so fühlte sich das an. Sie wurde gesehen und vielleicht sogar bald geliebt. Wenn sie jetzt keinen Fehler machte. Und sich nicht zu melden war natürlich der größte. Aber sie musste einen ganzen Tag lang warten, bis sie das wieder konnte, weil sie erst am nächsten Tag wieder ins Computerkabinett konnte. Dann konnte sie ihm schreiben, dass sie kein Geld mehr auf dem Handy hat und er sich nicht wundern soll, dass sie ihm nicht antwortet. Hoffentlich wäre er nicht sauer, hoffentlich hätte er bis zum nächsten Tag nicht schon jemand anderen, hoffentlich wäre er noch an ihr interessiert, hoffentlich würde er ihr nochmal eine Rose schicken.

Sie hielt es nicht aus. Der Gedanke, dass morgen zu spät sein konnte, dass er das alles, was er hier anbot, wieder zurückziehen konnte, machte sie verrückt. Zu Hause setzte sie sich neben das Festnetztelefon und überlegte, ihn anzurufen. Nur schnell Bescheid sagen, dass sie kein Geld hatte, aber morgen im Forum online sein würde. Ihr wurde schlecht vor Aufregung, sie ging durch den Flur, auf und ab, Mascha und Fritz nervten sie abwechselnd mit irgendwelchem Unfug und sie musste immer neue Ausreden liefern, weshalb sie die ganze Zeit im Flur abhing. Sie bildete sich ein, dass er sich bei dem Treffen in die Freundin, in *eine Freundin,* verlieben würde, und es zerriss ihr das Herz. Gegen 18 Uhr schaffte sie es, sie rief an und er ging dran. Es waren nur gestammelte Fetzen, *kein Geld auf dem Handy, wollte nur Bescheid sagen, kann leider nicht lange reden, sorry.* Er war irritiert, bedankte sich, dass sie Bescheid gesagt hatte, wirkte dabei aber so lieb und hatte eine so schöne Stimme, dass die Scham über das Gestammel schnell wieder der Freude über ihn wich. Karla lag danach grinsend und grunzend im Bett, sie klopfte in ihre Matratze, um die Aufregung abzuschütteln. Zwei Stunden nach dem Telefonat schrieb er ihr eine SMS, in der stand, wie gern er ihre Stimme gehört habe und dass sie ja vielleicht bald mal länger telefonieren könnten. Sie bekam eine *Gute Nacht* gewünscht und wurde *mein Engel* genannt. Sie schrie in ihr Kissen. Sie hatte es jetzt geschafft, sie hatte einen Freund.

Am nächsten Morgen bekam sie eine SMS-Benachrichtigung. Finn hatte ihr einen Code geschickt, mit dem sie sich via SMS 15 Euro aufs Handy laden konnte. Das machte er von da an regelmäßig. Natürlich verwendete Karla das komplette Geld nur für SMS an ihn, alles andere wäre Betrug gewesen. Nach etwa einer Woche schickte er ihr SMS-Küsse, wenige Tage später erklärte er ihr, er würde sie gern mit Zunge küssen, es ging schnell weiter und weiter, bis er ihr schließlich erklärte, was er mit ihr machen würde, wären sie zusammen in einem Raum, dann auf einer Couch, dann: in einem Bett. Er schrieb ihr Briefe und sie ihm. Auf seinem Foto sah er komisch aus und sie sah es sich nie wieder an. In ihrer Fantasie hatte er gar kein Gesicht, er war einfach nur ein warmer Mensch, der sie halten würde. Sie schickte ihm, nachdem ihr die Ausreden ausgegangen waren, ein Bild von ihrer Schwester Mascha, weil sie sich ähnlich sahen, aber sie älter war, als hübscher galt und mädchenmäßiger war.

Schon nach zwei Wochen stöhnte er ins Telefon und hatte ab da regelmäßig Telefonsex mit ihr. Karla lag aufgeregt da und log darüber, was sie anhatte oder nicht anhatte und gerade mit ihren Fingern tat. Sie wusste auch nicht, was sie sagen sollte, und sie konnte sowieso nichts sagen, weil die Geschwister vielleicht vor der Tür lauerten und lauschten, und natürlich traute sie sich nicht zu stöhnen. Aber das war halt Liebe. Er war in ihrem Ohr, er widmete ihr all diese Zeit, sehnte sich nach ihr, er wollte sie und er schrieb ihr danach immer, dass er sie liebe. Er war ihr Geheimnis, sie hatte da was ganz Großes gefunden.

Wenn ich 60 bin und du bist 74, ist das mit dem Alter egal, schrieb Karla ihm einmal. Irgendwann würden sie sich treffen und dann für immer zusammen sein. Das war der Deal, es war abgemacht.

Die Erinnerungen, die Karla abgesehen von dieser Anfangszeit an Finn hat, sind sehr löchrig, auch wenn sie noch jahrelang immer wieder Kontakt hatten. Einmal schrieb sie ihm, dass sie gerade bei einer Klassenkameradin zu Hause war, und er antwortete, er würde gern mit beiden schlafen, was sie nicht nur eifersüchtig machte, sondern auch anwiderte. Ab und an sagte er, er wolle sie gern besuchen, aber das ginge ja nicht. Sie solle irgendwann zu ihm kommen. Karla hatte hundert Ausreden dafür parat. Und sie hatte Hunderte Male Angst, dass er vor der Tür stehen würde. Dann hatte er eine Zeit lang tatsächlich eine Freundin und beschimpfte Karla, weil sie traurig darüber war. Und er machte sich über sie lustig, was sie sich denn einbilden würde, sie hätte sich da nur reingesteigert. Das war wahrscheinlich das Schlimmste.

Als sie 15 oder 16 war, schrieb sie ihm, dass er ein Kinderficker sei, und machte theatralisch Schluss, wenn man das überhaupt so nennen kann. Sie entschuldigte sich kurz danach wieder, es war doch ihr Finn, der ihr damals dieses Gefühl gegeben hatte. Er sollte es ihr wieder geben. Sie hatten doch ihren Pakt, ihr Irgendwann. Außerdem wusste er alles über sie, sie hatte ihm jeden Gedanken, den sie in diesen Jahren hatte, erzählt. Wenn er in Wahrheit dieses Monster wäre, das ab und an durchblitzte, könnte er das gegen sie verwenden, irgendjemandem erzählen, es ausstellen, er hat doch die Briefe und alles. Immer wieder hatte sie Albträume davon, dass Mutti es herausfinden würde. Sie fühlte sich wie eine Verbrecherin und schämte sich wegen dieser Sexsachen. Jahrelang hatte sie Schiss und fühlte sich gleichzeitig wie auf Entzug.

Als sie 19 Jahre alt war, kam er wieder an, diesmal auf StudiVZ. Karla hatte bis dahin immer noch keine Beziehung gehabt und sie fragte sich ständig, was mit ihr nicht stimmte, warum sie sich in niemanden verliebte. Als Finn wieder in ihrem Postfach auftauchte, wurde ihr klar, dass es daran lag, dass sie beide wohl füreinander bestimmt waren. Er war nun da und sie volljährig, also könnte es doch jetzt klappen. Fast alles war so wie damals. Die Nachrichten, der Telefonsex, das Gerede um ein Treffen. Monatelang konnte Karla es hinauszögern, denn sie hatte schon wieder diese Panik, dann buchte er ihr ein Ticket nach Kiel, als Überraschung. Sie wusste, sie musste dahin, entweder um ihn umzubringen oder um mit ihm zu schlafen, es musste jedenfalls endlich irgendetwas passieren, diese Sache musste irgendwie enden oder in etwas Richtigem aufgehen. Sie war bis zu dem Zeitpunkt noch nie allein irgendwohin gefahren. Die Zugfahrt war die schlimmste Reise ihres Lebens, alles sträubte sich.

Sie trafen sich auf dem Parkplatz am Bahnhof. Er kam gerade in seinem Auto an, als sie das Gebäude verließ. Sie umarmten sich, als wäre all der Wahnsinn nie gewesen, und liefen ziellos durch die Straßen. Die beiden dort Rumlaufenden waren ganz andere Leute als die, die sie in den vergangenen Jahren waren, es machte keinen Sinn. Karla weiß nicht mehr, worüber sie geredet haben. Es war so langweilig und irrelevant, dass sie schon währenddessen alles vergessen hatte. Es ging um nichts, er hatte nichts zu sagen, er war nicht furchteinflößend und nicht interessant. Er war ein erschreckendes Nichts, er war eine Wurst. Er war hässlich und blöd. Er war kein Monster und er konnte ihr nichts. Karla war endlich wütend. All das wegen dem? Auf der Toilette von McDonald's, wo sie sich einen Kaffee geholt hatten, buchte sie sich spontan eine Mitfahrgelegenheit für denselben Abend nach Hause. Irgendwie brachte sie noch ein paar Stunden mit ihm hinter sich, an die sie heute keine Erinnerungen mehr hat, dann log sie ihn an, sie habe sich ein Hotelzimmer genommen, und war weg. Das war's. Am nächsten Tag schrieb er ihr, wie schön es gewesen sei und sie sei so süß. Sie schrieb ihm nie wieder und dachte acht Jahre lang nicht mehr an ihn.

Als Natalie und Karla gerade zusammengekommen waren, fragte Natalie, ob und welche Männer es denn in Karlas Leben gegeben habe, da fiel er ihr wieder ein, baute sich in der Erinnerung wieder zum Monster auf. Er hat so viel kaputtgemacht und falsch zusammengesetzt. Ja, er hatte sie und das Verhältnis von Sex zu Liebe falsch programmiert. Sie fand ihn am Tag nach diesem Gespräch auf Facebook. Es war plötzlich alles so einfach. Sie könnte ihn einfach kontaktieren. Es kostete nichts mehr und es ging so schnell, aber es war so egal. Wenn sie das ihrem 12-jährigen Ich hätte sagen können: Da ist er, nur einen Klick entfernt, ich könnte ihn haben. Da war er sogar schon, nur einen Meter entfernt. Ich hätte ihn haben können, hätte neben ihm liegen können in seiner Wohnung. Aber ich will ihn nicht. Und du willst ihn auch nicht. Stattdessen überlegte Karla, ihn zu melden, für irgendwas. Kann man jemanden auf Facebook melden wegen irgendeiner Art von Missbrauch vor 15 Jahren? Seine Likes und Interessen, die er dort angegeben hatte, waren: Modelleisenbahn, SANDRA-Fanseite, Jennifer Lopez ft. Pitbull – On The Floor (Radio Edit), Musik, *Ice-Age*-Filme, Truck Channel HD, Mario Barth Comedian, nametests.com, Nightwish Fan Group. Das war der Typ.

Karla versucht zu lachen und betont nochmal *Mario Barth und Nightwish*, aber Gerda hat Tränen in den Augen.

Das war also der, der dir diese Briefe geschrieben hat. Diese dicken Briefumschläge?

Ja, über die du dich lustig gemacht hast.

Richtig. Über die ich mich lustig gemacht hab. Scheiße. Ich dachte, du hattest einen komischen Brieffreund. Der dich volllabert.

Genau so war es ja auch.

Hm.

Karla ist froh, dass Gerda dazu nicht viel einfällt.

Außer: *Es ist nicht deine Schuld, nix davon.*

Ich weiß. Ich bin da auch schon ewig drüber weg.

Tatsächlich weiß Karla erst seit gerade eben, dass sie nicht schuld daran ist. Sie hat bis heute manchmal das Gefühl, dass der Typ lauert. All die Nachrichten, langen Texte, das stundenlange Gesäusel ins Telefon und die dicken Briefe, es kam so viel von ihm, er hat sie zugebombt. Er hat sich in ihr Leben reingeschrieben, und sie versucht bis heute, sich zu entziehen, sich unsichtbar zu machen. Aber es ist nicht nur er, das weiß Karla spätestens seit dem Treffen. Er war nicht unschuldig, aber er war auch so lächerlich, dass er nicht an allem schuld sein konnte. Darüber hinweg ist sie also auch noch nicht wirklich. Das weiß Gerda natürlich auch. Sie hat plötzlich einen ganz anderen Blick aufgelegt und guckt so, als ob sie beide gleich alt wären oder so. Jedenfalls gleich auf irgendeine Art und Weise.

Nach der längsten Umarmung, die sie je hatten, einem sehr kurzen Spaziergang und endlich im Restaurant angekommen, wo sie wirklich lieber hätten reservieren sollen, jetzt haben sie nämlich einen ziemlich schlechten Tisch in einer unbequemen Ecke, versuchen Gerda und Karla nicht damit aufzufallen, dass sie in ihrem Leben so gut wie noch nie in Restaurants waren. Sowohl Gerda als auch Karla können sich an die wenigen Male noch gut erinnern, die ersten zwanzig Minuten verbringen sie damit, diese Ereignisse zu rekapitulieren. Zählt das chinesische Restaurant, in dem wir als Familie mal waren? Da gab es so ein Buffet. Zählt. Und Grieche? Zählt, wenn es Ouzo zum Schluss gab. Schnitzel im Biergarten? Zählt. Karla kommt auf ungefähr fünf Male, Gerda auf das Doppelte.

Karla bemerkt plötzlich: *Wir haben uns übrigens noch gar nicht gratuliert.*

Was?

Haben wir noch nicht.

Wollen wir eine Flasche Wein?

Wollen wir. Aber ich mag nur weißen.

Mist, ich nur roten. Dann lieber doch zwei Gläser.

Sie kommen dann beide jeweils doch auf eine Flasche, die Wirtin gibt den beiden weitere Gläser aus, weil sie das mit den Geburtstagen mitbekommen hat und Mitleid der schlechten Plätze wegen hat.

Zurück in der Ferienwohnung gucken sie sich noch eine Youtube-Doku über die gesperrte Halbinsel an. Das schlimme Wort Treuhand fällt. Der sehr gut angezogene Investor aus NRW, dessen Plan, ein Ferienressort auf der Insel zu bauen, gescheitert ist, will die Insel nicht der Gemeinde zurückgeben, sei aber zu irgendwelchen Kompromissen bereit. Ein Freund von ihm hat auch einen Schlüssel für die Insel. Vor lauter Wut schläft diesmal Karla als Erste ein.

31

Nächte mit Natalie sind meistens lila, genauer blaulila. Sie haben auch Musik, es geht so Richtung elektronischer R'n'B. Für Karla haben Nächte und Menschen Farben und manchmal auch Musikgenres. Zahlen und Buchstaben haben auch Farben und außerdem Charaktereigenschaften. Wenn sie Musik hört, tauchen wiederum Landschaften vor ihrem inneren Auge auf. Bei jedem Orgasmus sieht sie ein Gemälde vor sich. *Ist schwer zu erklären*, sagt sie immer zu Natalie, wenn die mehr darüber wissen will und natürlich alles persönlich nimmt, was Karlas Hirn einfach so macht. Die Nächte unter einem Dach mit Gerda sind ein sattes Dunkelblau, die Tage hellblau, aber nicht das sonnige, es ist eher ein graues, jedoch mit gelben Schlieren. Das liegt nicht am Wetter, sondern an der angenehmen Langeweile, die seit der Abreise aus Hamburg entstanden ist. Karla kann selbst nur darüber spekulieren, wieso die Verknüpfungen so passieren, wie sie es tun. Das Musikgenre wäre wahrscheinlich Country oder Folk, sie will nachher mal Gerda fragen, ob sie sowas hört.

Aus der Küche ist dieses Geräusch zu hören, das andeutet, dass es gleich stressig wird. Etwas ist heruntergefallen. Wahrscheinlich eine Tasse, denn es klang nicht so, als sei etwas kaputtgegangen, ein Teller zum Beispiel. Es war dumpf und kugelte. Wenn jemand aus der eigenen Familie in einer Küche rumwütet, versteckt man sich lieber, sagt die Erfahrung. Wenn man da jetzt rausgeht, gerät man ins Fadenkreuz, kriegt die Wut ab, die sich jetzt noch auf Gegenstände fokussiert. Die Küche ist das familiäre Schlachtfeld, jeder ist da schon mal ausgetickt. Irgendjemand hat über Stunden, Tage oder gar Wochen etwas angestaut und dann fällt einem etwas runter und damit brechen alle Dämme. Doch plötzlich hört Karla ein Pfeifen. Sie kriecht unter ihrem Kissen hervor, lugt aus dem Zimmer raus – Gerda hat einfach nur den Abwasch gemacht. *Hier findet man nichts*, feixt sie.

Karla will sich revanchieren und sie auf einen Coffee to go aus der Bäckerei einladen, damit die beiden nochmal cornern können. Natürlich scheint am Abreisetag die Sonne.

Jetzt nochmal schön Ostsee.

Alle paar Jahre mal an die Ostsee würde mir reichen, resümiert Karla. *Für mich hätte die DDR, glaube ich, ausgereicht.*

So ein Quatsch, sagt Gerda, glotzt aufs Meer und schweigt.

Sie glotzen eine Weile so nach vorn, bis Gerda meint: *So, jetzt müssen wir mal, der Typi kommt in einer Stunde.* Jetzt wird es kompliziert: Zwei ostdeutsche Frauen checken aus.

In der Buchungsbestätigung stand: *bis spätestens um 14 Uhr auschecken, ggf. später auf Anfrage.* Sowohl Karla als auch Gerda wissen das, weil sie es beide mehrere Male nachgelesen haben, auch, um einander besserwisserisch darauf hinweisen zu können. Nun wird diskutiert, warum man das *ggf. später* nicht in Anspruch genommen hat, dann hätte man noch weitere Weilen aufs Meer glotzen und schweigen können, aber nun ist es sicher zu spät, der Mann wird Termine haben. Aus irgendeinem Grund hat Karla die Schlüssel zusammengefriemelt, was Gerda nicht versteht, *sollten wir nicht alles so abgeben, wie wir es vorgefunden haben? – Dann müsste man auch das Geschirr wieder sinnlos verteilen.* Das will Gerda lieber nicht gehört haben. Sie mährt die Schlüssel wieder auseinander. Nun wird sich in Bescheidenheit übertroffen, man darf bloß nichts zurücklassen. Die beiden fangen jetzt ernsthaft an zu putzen. Es wird staubgesaugt. Der Müll wird weggebracht. Leere Gläser und das bisschen Pfand eingepackt. Es wird ein weiteres Mal gesaugt, weil *jemand* wieder zu viel rumgelatscht ist. Es werden die Betten abgezogen, Handtücher zusammengeknüllt, sämtliche Oberflächen abgewischt. Zum Glück ist die Stunde bald vorbei und der Typ steht auf der frisch gesaugten Matte. *Jo, alles okay, gute*

Heimreise, sagt er und hat gar nicht reingeguckt. Die Putzfrau steht schon draußen.

Willst du nicht lieber mit nach Leipzig kommen?, fragt Gerda etwas, was ihr jetzt erst einfällt zu fragen. *Wenn es Natalie doch so blöd geht?*

Nee, nee, die muss sich auf ihre Arbeit konzentrieren, und ich muss ja auch wieder ranklotzen. Sie kommt aber bald, lügt Karla. Das mit dem Jobcenter-Termin und dass sie ihre Ausbildung eigentlich schon gar nicht mehr macht, will sie Gerda einfach nicht erzählen. Was in Köln passiert, wird weiterhin nur in Köln passieren.

Gerda hat fünf Stunden Fahrt vor sich und Karla neun.

Na gut, dann … Aber wir sehen uns bald wieder, oder? An Weihnachten?

Bestimmt!

Und schreib doch mal wieder mehr im Familienchat!

Klar.

Zu Hause beim Auspacken sieht Gerda, dass sie vergessen hat, Karla den Erinnerungsmitbringselumschlag zu geben. *Zum Glück!,* seufzt sie.

Kurz nach Osnabrück ist Wuling im Familienchat:

Gerda

Juhu, Karla kommt zu Weihnachten nach Leipzig!

Shit. Karla macht schnell ihr Handy aus.

32

Vier Monate später: One world together at home.

14. März 2020

Mascha

Die Klassenfahrt von Mele wurde jetzt abgesagt.
Und Tobi hätte eigentlich einen Auftrag in Tschechien,
das klappt vielleicht auch nicht

Fritz

Das kann doch alles nicht rechtens sein

Mascha

Na Hauptsache, wir haben genug Klopapier xD

Frieda

Mein Chef erlaubt immer noch kein Homeoffice,
obwohl alle anderen schon haben

Gerda

Ich weiß auch nicht, ob ich meine Kurse jetzt absagen soll

Mascha

Na ja, es geht ja um die Alten

18. März 2020

Gerda

Merkel nun wieder

Fritz

Zum Glück können wir uns eh alle keinen Urlaub leisten

Mascha

Das macht mir alles so Angst

Fritz

Wie ist es bei dir im Westen, @Karla?

Karla

Die Zahlen sind ganz schön hoch, es hat viel geschlossen

Ich bleib lieber zu Hause

Gerda

An der Uni sollen ab April die Vorlesungen per Video stattfinden, das kann ich mir nicht vorstellen und wie ich meinen Schülern vernünftig Unterricht geben soll, ist mir auch unklar

1. April 2020

Fritz

Es wird alles nochmal bis zum 19. verlängert

Mascha

Eine Freundin von mir hat jetzt ein Baby bekommen und der Vater durfte es nicht sehen

Fritz

Mein Chef hat gesagt, wenn wir das Restaurant länger zulassen müssen, brauchen wir es gar nicht mehr aufmachen

Mascha

Meine Frise sieht schon richtig kacke aus … Ich backe jetzt Kekse

Fritz

Ich auch

Frieda

Bitte macht jetzt nicht auch diesen Hefescheiß, meine Mitbewohnerin züchtet nur noch irgendwelche Sachen und es ist voll eklig

Olivia (Fritz)

Ich muss natürlich normal weiterarbeiten, was mit uns in der Pflege ist, ist allen egal

Mascha

Dir wird wenigstens applaudiert, ich lass mich einfach nur von meinen Kindern anschreien

Sorry, war nicht so gemeint

Frieda

Ich hab auch keinen einzigen Tag mehr frei, weil ich keine Kinder hab, muss ich für alle übernehmen

Gerda

http://www.leipzignews.de/kolumne/warum-ostdeutsche-besser-im-umgang-mit-der-krise-sind

Mascha

Hahaha, davon kann ich mir auch nix kaufen

33

Hüfthoch ist das Loch, das in Gerdas Flur klafft, es ist sehr offen und sehr da. Es klafft nicht nur, es kläfft. Es sieht durch seine zerfledderten Konturen aus, als fletsche es die Zähne, es rieselt Schutt und knurrt in Form von Maschinen, die man von drüben hört. *Es ist die Gentrifizierung, die jetzt nicht nur hier angekommen ist, Gerda, sondern in uns reinkriechen will, oder nein, uns wie ein schwarzes Loch aufsaugen will, ein Loch, verstehst du, da ist es doch schon, guck hin! Guck hin!*, warnt – oder beschwört – Aylin. Sie ist eventuell verrückt geworden. Sie sagt mittlerweile nur noch schlimme Dinge, wenn sie mit Gerda auf ihrem Balkon sitzt. *Sie wollen uns komplett mürbe machen, uns ignorieren, uns austrocknen lassen, uns fluten, sie wollen uns mit aller Kraft hier raushaben, wer weiß, wozu sie noch imstande sind.* Mit *sie* meint sie die Verwaltung, die Vermietung, die Käufer, den Makler, alle möglichen Leute, die beteiligt sein könnten, und alle Politiker, die nichts dagegen machen. *Entmietung* ist das häufigste Wort, das sie mittlerweile benutzt. Gerda weiß das alles und sieht es ähnlich, aber der Fatalismus von Aylin macht sie wahnsinnig. Fatalismus würde sie taub machen, und sie will funktionieren, falls sie wirklich kämpfen muss.

Das Loch in der Wand ist von den Bauarbeitern, die die Nachbarwohnung sanieren sollen. Sie wurde verkauft und soll jetzt den Wünschen der Käufer entsprechend fit gemacht werden. Die Wünsche scheinen groß zu sein, denn es wird sehr viel gemacht, viel Staub, viel Lärm. Die armen Bauarbeiter waren schon zwei Monate da, als der Baustopp wegen Corona kam. Der Stopp kam natürlich nicht sofort, die neuen Besitzer haben ihn rausgezögert bis zum Get-no. Die Arbeiter haben weitergemacht und sich nicht gewehrt, sie brauchen schließlich das Geld. Gerda stellte ihnen manchmal Kaffee vor das Loch und es kam ihr seltsam vor, als wären sie Hunde in einem Zwinger. Dabei ist die Wohnung nebenan viel größer als ihre. Das Loch ist da, weil ein neuer Balken auf die andere Seite muss und die Wand zu dünn ist, und so ganz hat es Gerda nicht verstanden. Jedenfalls haben sie das Vorhaben nicht mehr geschafft, also bleibt es jetzt auf unbestimmte Zeit so, wie es nun eben ist. Jeden Tag überlegt sie, nach drüben zu klettern, aber irgendwie glaubt sie, dass ihr das schlechte Laune machen würde. Aylin war natürlich schon drüben.

Erinnerst du dich, als das Haus hier auf der Straße gebrannt hat? Wusstest du, dass keiner der ursprünglichen Mieter danach zurückziehen durfte? Sie haben alle direkt die Kündigung bekommen. Es wird jetzt komplett saniert und alle Wohnungen werden verkauft. Corona wird es diesen Wahnsinnigen noch einfacher machen, viele werden ihre Miete nicht mehr bezahlen können und dann … Aylin kennt kein anderes Thema mehr. Sie sagt mittlerweile auch so Sachen wie: *Wenn die mich hier rauswerfen, gehe ich in den Knast, ich werde nicht auf der Straße leben.* Gerda sagt dann: *Nein*. Und: *Wir werden irgendwas finden, zur Not muss man in eine andere Stadt, weiter im Osten.* Aylin sagt: *Ich fange nirgendwo nochmal neu an, ich bin 66.* Gerda muss sie loswerden, sie muss denken. Sie behauptet, sie habe ein Zoom-Meeting. Dabei hat sie ihre beiden Deutschkurse schon heute Morgen gegeben. Sie sind nicht gut gelaufen, die jungen Leute kennen sich mit Technik nicht automatisch gut aus, das Installieren, die Mikroeinstellungen, das mit den Kopfhörern, es hat alles ewig gedauert, und die Hausaufgaben hatten noch weniger gemacht als sonst. Die jungen Leute wirkten schlaff, wie ausgepustet. Sie wollten vor allem über ihre derzeitige Situation reden, ihre jetzt noch unsichereren Jobs und Aufenthalte, die Angst um die Familien zu Hause, die Frage, wann sie sie wiedersehen würden. Gerda ließ das zu, es war offensichtlich wichtiger als die Behördenbegriffe, die sie gerade lehrt – es hat ja eh alles zu.

Entmietung, Entmietung, Entmietung … Gerda hat ein Ohrwurt, also einen Wortohrwurm. Das Wort stand auch in diesem Flyer, den sie letztens an einer Haltestelle gefunden hat. Entmietungsstrategien sind zum Beispiel: Baulärm durch unnötige Reparaturen, übertriebene Modernisierungen, Gerüste mit Bauplanen aufstellen, die die Wohnungen verdunkeln, widersprüchliche Briefe schicken oder Anliegen der Mieter ignorieren, unangekündigte Besuche durchführen, Wasser, Strom, Heizung abstellen, Flur/Hof/Keller verwahrlosen lassen, Bedrohung. Gerda erkannte einige dieser Beispiele aus ihrem Umfeld wieder. Auf dem Flyer wurde zu einer Demo gegen den Mietwahnsinn aufgerufen, leider lag das Datum schon in der Vergangenheit. Gerda hatte sich schlecht gefühlt, weil sie einfach nicht weiß, was sie tun soll, eine Demo hätte ihr wenigstens ein bisschen das Gefühl gegeben, aktiv zu sein, statt alles einfach nur mit sich machen zu lassen. Sie wird nicht drum herumkommen, sich Aylin anzuschließen und mit ihr zu den Treffen der Mieterbewegung zu gehen, egal wie wahnsinnig die sie macht. Hoffentlich machen sie auch welche auf Zoom, Gerda ist da mittlerweile Profi.

Gerda liegt auf ihrem Bett und starrt die Decke an. Sie fragt sich, wie viele Decken, wie viele Tapeten sie in ihrem Leben schon angestarrt hat, wieso die alle gleich aussahen und ob sie hier nicht alles verändern sollte. Wieso lebt man nicht so, wie man es sich als Kind erträumt hat? Vor allem wenn man allein lebt, keine Kompromisse machen muss und das auch so beibehalten will? Wieso sind keine Blumen an der Decke, wieso hat nicht jede Wand eine andere Farbe, wo sind die Muster, wieso hat sie diese tollen, in der Nacht leuchtenden Klebesterne immer nur in die Kinderzimmer geklebt und nie in ihr Schlafzimmer? Wieso hat man nicht Hunderte Kissen, die überall auf dem Boden verteilt sind, wieso ist nicht die ganze Wohnung ein einziges Bett? Sie würde am liebsten sofort anfangen, alles zu ändern. Aber würde sich das denn noch lohnen?

Er hat sie natürlich doch erwischt, Aylins Fatalismus – und Gerda lenkt sich von der drohenden Wohnungssuche oder gar Wohnungslosigkeit auf möglichst kindische Weise ab. Sie hat schon vieles probiert, das verhasste Backen, 80er-Jahre-Aerobic-Videos auf YouTube, Schreiben, alte Filme gucken, dieses Achtsamkeits-Buch, das sie aus dem Bücherschrank gezogen hat, nach Jobs suchen. Nur kann man sich nicht immer mit sich beschäftigen, mit seinem Körper, seinem Hirn, seinen existenziellen Bedrohungen. Aber mit anderen ist es auch nicht gerade schön momentan. Bei allen ist es düster, die Themen sind hart, jeder wabert in dicker Schweregrütze. Wenn Gerda aus dem Fenster sieht, kann sie von Tag zu Tag beobachten, wie die Blicke der Leute sich zunehmend verfinstern, sie wirken immer weiter weg, werden wie vom Flugzeug aus allmählich zu Ameisen. Nicht weit weg von Gerda demonstrieren Leute, die komisch aussehen, im Internet werden sie Nazis genannt. Gerda will nicht nachsehen, ihr sind es schon im Internet zu viele, und irgendwas soll schon wieder mit Ostdeutschland sein.

Deswegen widmet sie sich einer Leidenschaft, die sie seit Jahrzehnten verlässlich vom Alltag ablenkt und dabei nicht allzu sehr okkupiert, eine Leidenschaft, von der sie glaubt, sie hätte sie stets unter Kontrolle.

Die Liebe! Sie hat ihr Verknalltsein in Robert aus dem Lesecafé intensiviert, absichtlich, sie hat zu sich gesagt, dass es jetzt losgeht. So macht sie das, wenn sie denkt, sie habe nun Zeit für sowas. Sie schmeißt sich rein. Meistens wird auch was draus.

Es fängt damit an, dass das Café wie alle möglichen Gastrobetriebe schließen muss. Anfangs verkauft Robert noch Kaffee aus dem Fenster, mit Maske und so, auch Muffins und Kuchen wandern über das Brett. Gerda geht zweimal hin. Beim ersten Mal schafft sie es nicht, mit ihm zu reden. Das ist seltsam, weil die beiden sonst auch immer geredet haben. Aber jede Begegnung ist seit Corona so bedeutungsvoll. Man muss umsichtig miteinander umgehen, die Gesprächsthemen werden sofort intim, jeder ist plötzlich offen mit seiner Psyche, und wäre einer von beiden in den nächsten Tagen positiv, müsste man sich kontaktieren und das wäre unangenehm. Dabei hätte man vorher vielleicht sogar gesagt, die beiden seien Freunde. Aber was Freundschaften und enge Kontakte angeht, wurde alles neu ausgewürfelt, enger geschnürt, Freunde sind nur noch die, die man regelmäßig trifft oder anruft. In der neuen Zeit ist die Beziehungsform von Gerda und Robert zu *Bekannte* geschrumpft.

Als Gerda zum Café kommt, steht Robert irgendwie neben sich, kaut gerade auf seinen Fingernägeln rum, ist überrascht, sie zu sehen. Ein Freund würde sich freuen, erleichtert aufatmen, *Ah, endlich ein bekanntes, geliebtes Gesicht* sagen, er würde stöhnen, schimpfen und sich ausheulen. Genau so hat sie es sich erhofft. So ist es aber nicht, er hält seine Fassade aufrecht. Also zieht Gerda mit ihrem Hafermilchkaffee wieder von dannen und ist ganz niedergeschlagen und will nie wieder hin. Es ist alles plötzlich so schwer.

Bereits zwei Tage später geht sie natürlich doch wieder hin. Sie hat bei einem Spaziergang einige Zeit damit verbracht, darüber nachzudenken, und ist nach einer Dreiviertelstunde draufgekommen, wie sie an ihn rankommen kann. Sie setzt das Ganze sofort in die Tat um, geht zu ihm und fragt ihn geradeheraus: *Du wirktest vorgestern irgendwie geknickt, wie geht es dir denn mit allem? Also, falls du darüber quatschen willst. Falls nicht, nehme ich einfach meinen Becher und bin wieder weg.* Robert grinst, seine Maske wird ganz horizontal: *Das hat mich schon lange keiner mehr gefragt. Ehrlich gesagt, es läuft alles total scheiße und ich bin ziemlich einsam.* Sie verabreden sich für den nächsten Tag zum Spazierengehen. Das ist auf einmal ganz einfach, weil es das Einzige ist, was man machen kann, und zwar egal wie eng die Beziehung zueinander ist. Pärchen gehen genauso spazieren wie Väter und Söhne oder Geschäftspartner oder eben einfach Bekannte.

Robert erzählt, dass er seine Mutter pflegen muss und dass sich das mit dem Öffnen des Cafés überhaupt nicht lohnt, es ihm aber hilft, durchzuhalten, wenn er jeden Tag ein paar Stunden dort verbringt. Die beiden reden über die Gegend, werden nostalgisch. Gerda erzählt Robert von der Zeit des Cafés, bevor er es übernahm. Es war sehr dreckig, voller alter Umwelt-Demo-Plakate, und die Decke war tapeziert mit alten Lenin- und Stalin-Buchumschlägen. *Schon witzig, früher wollte niemand in die Gegend kommen wegen des gefährlichen Rufs und nun wegen der Yuppies.* Robert lacht und fühlt sich ein bisschen ertappt. Das Café ist heute wohl genau dazwischen, halb abgeranzt, halb posh. Die beiden haben sich für weitere Spaziergänge verabredet, aber Gerda spürt, dass Robert einfach gerade ganz andere Dinge als Verknallen im Kopf hat. Für sie ist das okay, schließlich findet sie ihn schon seit Jahren toll, und sie hat Zeit.

Sie erzählt ihm, ihr fehle der Wuling. Er kennt das Wort nicht. Zu Hause fragt sie sich, ob es nicht eigentlich *das Wuling* heißt. Allein zu Hause zu sein hat Gerda früher nur Spaß gemacht, weil draußen so viel Leben war und manchmal auch in ihrer Wohnung. Alleinwohnen war die Erholung. Jetzt wünscht sie sich in ein Hausprojekt oder sowas. Wuling – so könnte ihre Autobiografie heißen. Sie fängt an, sich Notizen zu machen, sie macht es sehr selten und sehr langsam, es sind einzelne unterschiedliche Zettel, mal aus dem A4-Block, mal alte Kassenbons, mal Post-its, sie will es so, weil es besser zu ihr passt. Die Welt wird immer ruhiger und gleichzeitig dröhnt es in ihren Ohren. Als ob sich etwas nähert, schwelt. Gerda braucht Leute. Sie klappert und hakt alle regelmäßig ab. Frieda muss immer arbeiten, sie sehen sich nur manchmal draußen, weil Frieda ihrer vorerkrankten Mitbewohnerin wegen auf keinen Fall krank werden darf, Fritz verkriecht sich in jeder freien Minute mit seiner neuen Freundin Olivia, die auch besonders aufpassen muss, weil sie Altenpflegerin ist. Mascha kommt auch nicht mehr, zu hoch das Risiko, das die Kinder in sich tragen, Karin pflegt, Robert pflegt, Aylin kämpft und denkt, was Corona angeht, sei sie unbesiegbar, weil sie *es schon hatte*. Gerda war gefühlt schon mit sämtlichen Freunden und Bekannten spazieren, aber einer nach dem anderen fällt aus, fällt flach, liegt flach.

Gerdas Nächte werden kürzer, aber nicht auf die gute Art. Früher hat sie oft gedacht, *wenn die Kinder erstmal aus dem Haus sind*, die schlimmsten Jobs überstanden und die ersten Enkel in der Pubertät, kann sie endlich all den Schlaf nachholen, der ihr über die Jahre gefehlt hat. Schlaf nachholen, Bücher lesen, Schwimmen gehen, flanieren, eines dieser kitschigen Hobbys anfangen (Steine bemalen, Körbe flechten, jede Familienzusammenkunft fotografieren und in Bücher drucken lassen) und schnell wieder aufgeben, Filme gucken, Musik hören, noch mehr Schlaf, viel mehr Schlaf. Rumlungern wie ein Teenager, das war der Plan, an frühen Sommerabenden vielleicht mal zum Boule mit den Leuten in der Gegend. Das könnte sie jetzt fast alles machen. *Das ist aber alles scheiße*, denkt sie jetzt.

Und dann passiert eines Tages das Unfassbare. Ihre Schwester Drea ruft an. Ihr falle die Decke auf den Kopf, ihr Partner nerve total, die beiden seien frisch in Rente. Gerda sagt kühl *Ah, das ist ja interessant.* Dabei hüpft ihr Herz. Ihre Drea.

34

Gustav (88): Sein Gedicht rührt Köln

Ex-Gaffel-Chef mit Kölsch beerdigt

Wirte sauer: Friesenplatz verkommt zum Junkie-Treff

Wolfgang Niedeckens großer Jahresrückblick: Trump macht mir Angst

Datz Hätz da Kölsche – Du bes Kölle: neue Hymne für Arsch huh

Handball-Legende und Lichtgestalt 2018: Heiner Brands verrückte Schnäuzer-Geheimnisse

Brutalo-Attacke in Köln: Busfahrerin mit Ravioli-Dose am Kopf verletzt

Wir könnten mal wieder neue Express-Poster besorgen, sagt Karla, die mit Früchtetee in der Hand vor der Schlagzeilenposterwand in der Küche steht. Luca zockt, nur in Unterwäsche, Playstation. Sie sind endgültig ein altes Ehepaar geworden. Ein altes Ehepaar, das es aufgegeben hat, sich die Schlagzeilen-Plakate aus den Automaten vom Kölner Express zu klauen und sich in die Wohnung zu hängen, seit die Schlagzeilen so gar nicht mehr lustig sind. Etwas, was den beiden zuverlässig Kribbeln verschafft hat, erstens weil's verboten ist, zweitens wegen der bekloppten Wörter. Stattdessen trinken sie nun immer Tee, pressen sogar Obst und Gemüse zu Saft. *Wir sollten das mit den Plakaten lieber lassen, man soll doch eh nix anfassen.* Sagt Luca, ungefähr vier Minuten nachdem Karla ihn angesprochen hat. So läuft das jetzt. Eine Person sagt was und die andere antwortet, irgendwann, was total Unsinniges.

Karla ist viel aktiver als Luca, es ist alles anders als vorher. Nachdem er wegen des Lockdowns sein Praktikum endgültig beenden musste, hängt er wieder hier rum, und es ist richtig schön. Zunächst ist Karla noch den neuen Anlässen für Angst nachgegangen. Nach jeder Begegnung, nach jedem Draußensein hatte Karla Corona. Also, das dachte sie. Sie fasste nichts an, machte riesige Bögen um Leute und öffentliche Orte, wollte niemandem die Tür öffnen und nicht durch sie durchtreten. Sie dachte, es kommt durchs Treppenhaus, durchs Klo, durchs Fenster. Dazu kamen die verbalen Rangeleien mit Natalie. Sollten sie nicht zusammen sein? Alle anderen Pärchen verbrachten den Lockdown doch auch zusammen. Doch bei beiden war es zu schwierig wegen ihrer knappen Wohnsituation, bei Natalie noch mehr, weil in ihrer WG der Krieg ausgebrochen war, jeder beschuldigte jeden des Krankheitmitbringens. Zwischendurch war Natalie so sauer auf Karlas Hypochondrie, dass sie gesagt hat: *Ich hoffe, du bekommst es bald!* Danach gab es lange Gespräche, Aussprachen, viel Verständnis, weil es gerade für alle schwer ist. Selbst Vergangenes wird seitdem mit mehr Wohlwollen betrachtet, Karla und Natalie fühlen sich, als wären sie in den letzten Wochen voll erwachsen geworden. Sie wissen nicht, wann sie sich wiedersehen. *Vielleicht klappt es ja nächste Woche,* ist der meistgesagte Satz am Ende jedes Telefonats.

Es ist alles auf Eis gelegt, auch so manche Konsequenzen. Karla konnte ein paar Prüfungsleistungen aus der Ausbildung von zu Hause abreißen, obwohl ihr noch vor ein paar Monaten angedroht wurde, dass sie das Jahr wiederholen müsste. Für ihre Fehlstunden interessiert sich jetzt niemand mehr. Die Abschlussprüfungen sind verschoben, zum Jobcenter muss sie gerade auch nicht, es geht alles online. Es ist fast ein Segen, zumindest wenn man den gefährlichen Virus und seine Folgen ausblenden kann. Wenn niemand zuguckt, blendet Karla den gefährlichen Virus und seine Folgen aus und ist froh. Dann bekommt sie aber schnell das Gefühl, dass ihre Erleichterung schuld daran ist, dass die Inzidenzzahlen und die Hospitalisierungsquoten steigen, die sie natürlich jeden Morgen checkt. Dann muss sie das wieder rückgängig machen oder neutralisieren – mit Putzen. Putzen ist neu in ihrem Repertoire des magischen Denkens, aber da Schrittezählen und korrektes Treppensteigen momentan fast ausfallen, suchen sich die Ticks neue Wege – Wohnungswege. Manchmal reicht es schon, wenn sie beim Zähneputzen schief steht, dass sie sich dafür verantwortlich fühlt, dass Menschen sterben oder andere Katastrophen passieren.

Luca und Karla spielen manchmal Büro. Dann setzen sie sich gegenüber voneinander an den Küchentisch, klappen ihre Laptops auf und daddeln auf ihnen herum statt auf ihren Handys. Einige Stunden später versuchen sie, Verschiedenes zu beantragen: Bafög-Verlängerung, Überbrückungshilfe, Hartz IV, Wohngeld. Die Anträge sind angeblich vereinfacht, worüber Karla und Luca nur weinen können. Zusätzlich haben sie sich bei den Drive-in-Teststationen beworben, Luca hat direkt einen Job bekommen, Karla ist auf einer Warteliste, der Job ist heiß begehrt. Wäre Luca nicht, wüsste sie nicht, wo sie wohnen und manchmal nicht, was sie essen sollte. Sie ist in einer Foodsharing-Gruppe auf Telegram, in der man sich verabredet, sich gegenseitig Essen vor die Haustür zu legen, das Prozedere kann man also mit einem Spaziergang verbinden, und es ist manchmal schön und manchmal traurig. Manchmal liegen ein paar Äpfel, Joghurts oder selbstgebackene Brötchen vor der Tür, manchmal sogar Schoki. Karla und Luca verteilen dafür Kuchen. Das schlechte Gewissen ihrer finanziellen Situation wegen hat Luca Karla in mehreren nächtlichen Gesprächen ausgetrieben. Sie hält sich daran fest, dass sie noch ein paar offene Layout-Aufträge hat, dann wird wieder Geld kommen, bald, irgendwann. Momentan will aber niemand Veranstaltungen bewerben.

Dafür ist Karla plötzlich die Beauftragte fürs Sozialleben und versucht Luca, sooft es geht, vom Fernseher wegzulocken. Auch mit ihren Mitschülern hat sie wieder mehr Kontakt. Regelmäßig machen sie kleine Zoomfeten, Karla trinkt dazu mit Luca Wein, es werden Spiele gespielt, es wird Unsinn gelabert, man guckt *Tiger King*. Um sich von dem Sozialwahnsinn zu erholen, geht Karla jeden Tag spazieren. Jetzt, wo durchs Internet alle drinnen sind – und dadurch auch immer wieder unerwünschte Leute bei ihr, in ihren Räumen, ihrem Safespace –, wird sie zum Draußi. Das Draußen gefällt ihr heimlicherweise auch besser als vorher: weniger Autos, mehr Platz, kaum Lärm. Sie beobachtet, wie Leute ihre Masken tragen, welche es sind, wie Leute Schlupflöcher suchen, wie die Jugendlichen, die sich in Gruppen treffen, auseinanderstreuen, sobald jemand kommt, sie grinst wegen der versteckten Biere, den heimlichen Blicken. Es ist wie auf Klassenfahrt, wenn der Lehrer guckt.

Eines Tages hört Karla fast gar nicht mehr auf zu spazieren. Über Poll geht es nach Kalk und Vingst. Da ist ein See, den sie auf Maps gesehen hat, zu dem sie will, sie hat es sich in den Kopf gesetzt und ist entschlossen wie selten. Wenn sie schon mal diese Energie hat, muss es durchgezogen werden. Der See im Wald ist umzäunt und man kommt nicht ran, aber das ist egal, sie sieht ihn und es ist zu schön dort, um nicht näher zu kommen. Niemand sonst ist da, und es dämmert so langsam. Karla erinnert sich an früher. Manchmal blieb sie als Kind auch, solang es ging, draußen. Zwar sollten die Sonntag-Kinder bei Dämmerung zu Hause sein, aber Karla bildete sich ein, dass sie alles mit bloßer Geisteskraft länger hell halten konnte. Wenn man sich mit den Augen nur genug anstrengte. Wenn man den Blick schärfte. Wenn man noch was sah. Dann war es quasi noch hell. Manchmal vergaß sie dann die Angst. Die Angst vor bösen Männern im Wald, vor Stolperfallen, vor wilden Tieren, vor Monstern, die es ja vielleicht doch gab, vor Moor, vor dem Abgrund, vorm Ende der Welt.

Bis nach Hause ist es nun eigentlich etwas zu weit, Karla ist sozusagen vom Wege abgekommen. Ein Fahrrad müsste man haben. Hat man in Köln aber nicht, weil sie immer geklaut werden. Langsam hat Karla das Gefühl, sich wirklich verlaufen zu haben. Es geht nämlich nicht weiter, nur entlang der Autobahn, und das will ja wirklich niemand. Aber ein Wunder geschieht: Etwa 150 Meter entfernt erspäht Karla ein Kind, also muss es weitergehen. Es geht tatsächlich weiter. Das Kind kennt einen Weg, den nur Kinder kennen. Es ist ein kleiner Trampelpfad durch einen Zaun, der zur richtigen Seite und schließlich zum richtigen Weg führen sollte. Wahrscheinlich pirscht das Kind auch viel rum, wie Karla damals. Wahrscheinlich muss das Kind auch längst zu Hause sein.

Jetzt kommt Karla an einem auffällig bestrüppten Haus vorbei, davor liegt ein riesiges Grundstück. Das ist ungewöhnlich für diese Gegend, in der viele Häuser in wenig Raum gepresst wurden. Und in der Auffahrt steht doch tatsächlich ein Pferd. Rundherum fliegen mehrere Papageien. Von Letzteren hat Karla schon gehört, in Köln gibt es angeblich viele Papageien, sie seien irgendwann aus Käfigen entflogen und hätten sich dann vermehrt, wahrscheinlich hat sie das von ihrem Verschwörungstheoriedozenten. Es scheint aber zu stimmen. Der Sache mit dem Pferd müsste sie noch nachgehen, vielleicht wohnt Pippi Langstrumpf da.

Mit der paffenden Rumpirschtruppe, die Karla damals mit Mascha, dem fiesen Kevin und den anderen hatte, wäre sie der Sache nachgegangen. Sie hätten sich für morgen Nachmittag verabredet. Sie hätten gewartet, bis die Luft rein ist, sich währenddessen in Theorien reingesteigert und sich schließlich gegenseitig über den Zaun gehievt, um das Grundstück zu inspizieren. Sie wären rumgeschlichen und hätten als Mutprobe in die Fenster reingeguckt. Sicher hätten sie auch irgendwas aus dem Garten mitgehen lassen, eine gruselige Figur oder einen bemalten Stein. Irgendjemand aus dem Haus hätte es schließlich mitbekommen, weil eines der Kinder zu laut gelacht hätte oder gestolpert wäre, und dann hätten sie mit pochenden Herzen rennen müssen, so weit es nur geht, rennen, rennen, rennen, und mehrere Tage später hätten sie noch Angst gehabt, dass die Polizei kommt. Es wäre wieder ein Geheimnis gewesen, das sie zusammengeschweißt hätte. Sie hätten sich verschwörerische Blicke zugeworfen und immer wieder überlegt, ob sie vielleicht nochmal hinsollen. Es gibt also auch in dieser Stadt noch allerlei zu entdecken, stellt Karla fest. Immerhin keine Monster. Luca muss beim nächsten Mal unbedingt mitkommen.

Dann stürmt es, mehrere kleinere Bäume fallen um, Stühle vor einem Kiosk kippen weg, der Besitzer rennt ihnen hinterher, Karla eilt ihm zur Hilfe. *Wäre ich jetzt zu Hause, hätte ich aber richtig Angst,* denkt sie.

35

28. Mai 2020

Mascha
Leute, ihr glaubt es nicht

Gerda
O Gott, habt ihr Corona?

Mascha
Nein, es ist was Geiles!

Frieda
Wirst du es uns irgendwann sagen?

Mascha
Ich wurde auf Insta angeschrieben, von einer Produktionsfirma, sie wollen eine *Popstars*-Reunion mit allen bekannten Gesichtern machen und da ich damals bei der Charity-Single dabei war und offenbar ein bisschen berühmt bin, soll ich dabei sein :) Es soll eine Show werden mit den alten Liedern und vielleicht auch was Neuem. Sie wissen nur noch nicht genau wie, wegen Corona! Aber Retro läuft ja gerade so gut. Ich muss direkt schauen, ob mir die alten Hotpants noch passen!

Karla
Das ist ja mal richtig cool! Das musst du unbedingt machen!

Frieda
Boah, wie geil, ich gucks mir definitiv an!

Fritz
lol, niemals passen die dir noch! Aber wir sind hyped! Oli war damals auch Fan

Gerda
Ähm. Das ist doch albern. Du bist eine erwachsene Frau!

Mascha
Na und??

Gerda
Hotpants, rumhüpfen, alberne Liedchen trällern? Und das eventuell vor Millionenpublikum?

Mascha
Damals hat es dich auch nicht gestört

Gerda
Ja, da frag ich mich bis heute, wieso eigentlich nicht. Außerdem wussten wir damals nicht, was da auf uns zukommt. Aber jetzt weißt du es. Und ernsthaft, Hotpants? Tust du nicht immer so feministisch?

Frieda

Ach so, weil Hotpants nicht feministisch sind, oder was

Mascha

Och nö, Mutti, jetzt bitte keine Feminismus-Diskussion. Freu dich einfach für mich

Gerda

Tut mir leid, daraus wird nichts

Mascha hat die Unterhaltung verlassen.

Frieda

Na, supergeil, das musste ja jetzt wieder sein

Fritz

Leute, wir hatten doch eine Regel: keine politischen Diskussionen, dann wirds immer so unsachlich

Gerda

Ach ja, weil wenn zwei Frauen mal unterschiedlicher Meinung sind, wirds unsachlich? Ich hab doch auch ne Meinung!

Frieda

Klärt das einfach am Telefon, dann hol ich Maschi zurück

16. Juni 2020

Gerda

Wir sollten uns alle mal wieder treffen, wie wär's am Wochenende in zwei Wochen, Rosental?

Fritz

Kann ich jetzt echt noch nicht sagen

Mascha

Muss ich auch erstmal gucken

Frieda

Muss wie immer arbeiten

36

Hund oder Katze und Lieblingsdinosaurier?, hatte Sara gefragt, immer wieder, fast jeden Morgen. Manchmal hat sie dazu ihre Finger wie eine Pistole auf Karlas Brust gesetzt. Karla hatte dann einstudiert gesagt: *Normal Hund*, aber beim Rest variiert. Mal nannte sie den Velociraptor, mal sagte sie T-Rex, mal Allosaurus, mal Spinosaurus, mal was komplett Unbekanntes, was sie am Abend zuvor ergoogelt hatte, manchmal erfand sie welche, manchmal sagte sie auch *Vogel* oder etwas anderes, weswegen man dann diskutieren konnte, ob das denn überhaupt als Dinosaurier gelten konnte. Sara ist die lustigste und hartnäckigste Person, die Karla je gekannt hat, sie weckte sie immer mit so einem Quatsch, obwohl sie wusste, dass Karla keine Katzen ausstehen konnte, musste sie sie immer wieder mit dieser Frage quälen, denn Sara wollte es einfach nicht glauben. Karla war und ist bis heute überzeugt davon, dass es ein Katzen-Gen gibt, und sie hat es eben nicht. Es ist so wie mit Koriander, das für manche Menschen nach Seife schmeckt. Katzen machen nicht nur nichts mit Karla, sie findet sie ganz und gar nicht niedlich und ist sogar genervt, wenn sie sie sehen muss. Deswegen war sie auch noch nie gefährdet, internetsüchtig zu werden, denn dort kann man ihnen bekanntlich nicht entkommen. Sara war internetsüchtig und Katzenfan, sie war wirklich diesbezüglich ein typisches Kind ihrer Generation. Sie war immer ironisch, oft zynisch, und mochte irgendwann nichts außer Karla, und Karla mochte irgendwann auch nichts mehr außer Sara, also musste es schiefgehen.

Karla denkt nicht oft an Sara, aber wenn, dann sehr lange. Und aktuell gibt es viel Zeit, lange an Sara zu denken. Karla nimmt sich gern Zeit dafür, an sie zu denken, weil es nicht einfach ist. Sie muss nämlich alles von vorn bis hinten denken. Sie kann nicht nur an kleine Sachen denken, die Sara gemacht oder gesagt hat, die die beiden miteinander verbunden haben, sie muss die ganzen vier Jahre vorbeiziehen sehen, weil es so eine Wucht war, so einschneidend und so plötzlich vorbei. Sie muss ins Sara-Kino gehen, ins Sara-Archiv. Sehr gern hätte Karla ein Verhältnis zu Sara, irgendeins. Sie wünschte sich, die Trennung wäre fließend gewesen, sie hätten sich auseinandergelebt, dann festgestellt, dass sie besser Freundinnen bleiben sollen. Klar, das hätte wie immer nicht gut geklappt, aber sie hätten es versucht. Sie könnten sich heute ab und an treffen, sie könnten aneinander denken, beiläufig, sie könnten sich dann schreiben, dass sie aneinander denken, weil eine von beiden ein von den beiden geliebtes Lied gehört hat oder weil eine von den beiden an einer Stelle vom Rhein war, an der die beiden mal zusammen waren. Karla muss verlässlich heulen, wenn sie zu tief in diesen Erinnerungen gräbt. Eine dieser Coronanächte ist so lang, dass sie die verstaubten, ganz unten in ihr, antasten könnte. Da ist der ganze Kindheitsscheiß drin, den Sara und Karla gemeinsam abgeheftet hatten, ohne wirklich zu verstehen, ohne es sich wirklich anzugucken. Aber sie waren auch zu jung. Viele Probleme, die die beiden hatten, verflogen in den letzten Jahren, in denen sie keinen Kontakt hatten. Aber nochmal anknüpfen kommt Karla auch absurd vor. Nachdem sie sich mit 22 und 23 kennengelernt haben, waren sie sofort ein Paar, jetzt als Freunde müssten sie sich nochmal ganz neu kennenlernen. Karla ist sich nicht sicher, ob sie sich verstehen würden.

Für Sara ist Karla damals nach Köln gezogen. Sara und sie hatten sich auf Facebook kennengelernt. Sie hatten gemeinsame Freunde, kommentierten die selben Beiträge, dann stellte Sara Karla eine Freundschaftsanfrage, eine von beiden wurde von einem Typen beleidigt, die andere sprang herbei, es wurde sich in einer Privatnachricht bedankt, das Gespräch ging weiter, irgendwann wurde es hell und keine von beiden wollte aufhören mit dem Schreiben. Als sie sich dann das erste Mal sahen – Sara kam tatsächlich schon nach kurzer Zeit, völlig furchtlos, nach Leipzig –, küssten sie sich sofort.

Vor Sara hatte Karla noch mit niemandem Sex. Zumindest so, wie Sex damals gemeinhin definiert wurde. Heute weiß sie, dass sehr viel mehr Sex sein kann, zum Beispiel das, was früher als Rummachen oder Vorspiel oder Petting abgetan wurde. Sie dachte also damals, dass sie Jungfrau sei, obwohl das nicht stimmte, sie hatte nämlich schon mit zwei anderen Frauen etwas und vorher mit einem Mann beziehungsweise Jungen – sie waren beide 16, es war Realschulabschlussklassenfahrt und sie fummelten im Bungalow, während draußen alle am Saufen und Rumgrölen waren. Die erste Frau, mit der Karla was hatte, lernte sie in einer Disco kennen, beide waren 20. Aber diese 20-Jährige war so viel weiter, so viel erwachsener. Sie knutschten, fummelten, sie wollten sich danach kennenlernen, aber Karla zögerte ein Treffen hinaus. Da machte sich die Frau über ihre Grünschnabeligkeit lustig, und Karla verstummte. Sie hat manchmal das Gefühl, dass sie, wenn sie mit anderen queeren Menschen redet, beweisen muss, dass sie queer genug ist, und der Beweis ist, dass man möglichst viele Erfahrungen hat. Dabei müssen Heteros auch nicht beweisen, dass sie hetero sind, egal mit wie vielen Menschen sie was gehabt haben. Vor einem Jahr war Karla mit Natalie in einer queeren Bar in Köln, in der ihr von einer Gruppe Frauen abgesprochen wurde, wirklich lesbisch zu sein, weil sie sie in all den Jahren noch nie auf den Apps gesehen hätten. Und das, obwohl ihre Freundin Natalie direkt neben ihr stand. Die zweite sexuelle Erfahrung ist ihr bis heute peinlich. Es war mit einer Bekannten, fast Freundin, beide arbeiteten in einer Drogerie. Sie studierte und nahm Karla ab und an mit zu Studentenpartys. Sie küssten sich bei *Mr. Brightside*, grinsten, tanzten, berührten sich immer wieder, verbrachten auch die Nacht miteinander. Als Karla am nächsten Tag ihre Gefühle gestand, hieß es, es sei doch alles nur Spaß gewesen, Party und so weiter, und: *Wir sind doch eigentlich hetero, oder?*

Karla hat am Anfang ihrer Beziehung mit Sara oft gegoogelt, wie viel Sex normal ist und so weiter. Es gab natürlich keine richtige Antwort. Trotzdem wurde viel dazu geraten, das Sexleben aufzupeppen, so generell. Karla zerbrach sich unnötig viel darüber den Kopf, wie sie heute findet. Das sind die blöden Zwanziger. Sie wussten einfach nicht, dass sie zusammen alles hätten ausprobieren können, sie dachten beide, man müsste imitieren, was man irgendwo gesehen hatte, machen, was vermeintlich normal sei. Mit Natalie wurde sofort gesprochen, sie tat so, als wäre es das Normalste der Welt, was auch erstmal anstrengend war. Sie wollte ständig über Konsens reden und sowas. Karla fand das theoretisch gut, sie wusste aber lange noch gar nicht, was ihr überhaupt gefällt. Anfangs war ihr das Drüber-Reden schlichtweg peinlich, mit der Zeit aber wurde es regelrecht hot.

Sara und sie redeten nicht nur wenig miteinander, sie wollten sich dabei auch noch missverstehen. Ständig suchten sie nach Beweisen, dass sie sich nicht liebten, enttarnten sich. Irgendwann gab Sara auf, hatte jemanden gefunden, mit dem es einfacher war. Irgendein blöder Kollege. Mittlerweile, das hat Karla auf Instagram gesehen, hat Sara wieder eine Freundin. Irgendwie tut es ihr weh, aber sie weiß, es gibt keinen Weg zurück. Und sie will ja auch nach vorn, sie will Natalie.

Auf dem Handy macht es bing. Es gibt bald wieder ein neues Sonntag-Kind. Karla hat das schlechteste Gewissen aller Zeiten. Fritz' erstes Kind hat sie noch nie gesehen, außer auf einem einzigen Bild, dem Geburtsbild, das er damals in die Gruppe gepostet hatte. Er hat das Kind selbst nicht oft gesehen, seine Ex-Freundin und er haben irgendwelche Probleme, aber hätte Karla es nicht mal in echt betrachten müssen? Ist man dazu nicht offiziell verpflichtet, als verbriefte Verwandte? Bei Maschas Kindern ist die Tantenbilanz auch nicht rosig. Zwar ist Karla mit Maschas Erstgeborenem Max recht eng, weil er geboren wurde, als sie ein Teenie war. Er kommt ihr vor wie ein Cousin oder kleiner Bruder, der eben woanders aufgewachsen ist. Aber bereits mit Mele – bei deren Geburt war Karla schon 19 – und Mia, die erst zwei Jahre alt ist, sieht es ganz anders aus. Karla versucht, zusammenzuzählen, wie oft sie die beiden gesehen hat und zu welchen Anlässen, gibt aber aus Scham schnell auf. Andererseits könnte man sie ja auch mal besuchen …

Karla wünscht, sie und Natalie hätten es auch so einfach wie Fritz und seine Oli. Sie können einfach zusammenziehen und ein Baby bekommen. Ein Pandemiebaby, so nennt man das jetzt. So einfach ist das bei den Heteros. Wenn die ein Kind bekommen, ist das so, es passiert halt einfach und alle müssen es hinnehmen.

Bei Karla und Natalie wäre es anders, sie müssten sich große Mühe geben, ein Kind zu bekommen, auf welche Art auch immer, sie müssen sich vorher jedes Detail überlegt haben, sich sicher sein, dass sie für immer zusammen sein wollen und so, das Nest muss schon bestehen, sie werden vorher schon getestet und beäugt. Dazu kommt, dass man, wenn man kein Kind hat, froh sein soll. Man soll in der aktuellen Situation lieber die Freiheit und die angebliche Verantwortungslosigkeit genießen, man soll das Leben führen, das sich Leute mit Kindern zurückwünschen. Karla kann das echt nicht leisten. Sie findet es unfair, schließlich ist es nicht freiwillig, dass sie kein Kind hat. Manchmal findet sie es richtig dreist, dass andere einfach Kinder bekommen, dass sie es einfach machen, obwohl es doch so schwer ist. Sie ist gerade so wütend auf Fritz und Oli, dass sie sie noch nicht mal beglückwünscht hat. Wozu auch? Sie hatten einfach nur ungeschützten Sex.

Karla und Luca steigern sich zusammen noch zusätzlich in misanthropische Gedanken rein. Das Aufeinanderhocken in der kleinen Bude tut sein Übriges, es ist eine kleine Höhle gegen die Welt. Karla hat die beiden gut bevorratet, es gibt massenweise Nudeln, Dosen, Backzubehör. Ab und an ruft mal Natalie oder Lucas belgische Freundin Lisa etwas hinein, manchmal zoomen sie auch zu viert. Sie verzehren sich dramatisch, hören Taylor Swift, fressen, trinken und leiden. Karla hat angefangen, für die Abschlussprüfungen zu lernen, obwohl sie noch nicht zugelassen ist, und arbeitet jetzt im Testzentrum, Luca hingegen ist im Café, denn Außengastro geht gerade mal wieder. Natalie hat den After-Masterarbeits-Blues und fürchtet, niemals einen Job zu finden. *Es wird sich alles in den nächsten Monaten irgendwie herauskristallisieren,* ist die Parole, die Karla, Luca, Natalie und Lisa bei ihren Gesprächen immer wiederholen.

Vor kurzem war der Vermieter mal in der Wohnung, der Boiler war kaputt, Luca war arbeiten und Karla tat so, als wäre sie nur für den Anlass in der Wohnung. Der Vermieter stellte sich als Stefan vor, *wir können uns duzen* und so. Er erzählte beim Smalltalk – er war so ein netter Plauderer –, er habe gerade so viel zu tun, er baue mit seiner Frau ein Haus, er finanziere es sich mit dem Vermieten. Gönnerhaft fügte er noch hinzu, dass er ja unter dem Mietspiegel sei, aber es reiche zum Glück trotzdem. Er wollte Bewunderung, aber Karla stellte sich nur vor, wie sie die Schranktür mit ihrem Fuß gegen seinen Kopf, der unter der Spüle verschwunden war, donnern würde. Dann lästerte er über die Verkalkung in diesem Haus, er habe noch ein anderes, da habe er gerade Filter eingebaut. Das würde sich aber hier nicht mehr lohnen. Karla hatte schon fast angesetzt zum großen Plong, da strahlte er sein Vermieterlächeln und zog wieder von dannen. Der Stefan.

Heute Abend hängt Karla mit ein paar Leuten von der Ausbildung im Park rum, es ist nicht so richtig legal, sie müssen sich in kleine Gruppen aufteilen und dürfen keinen Alkohol trinken. Luca kommt nach Feierabend dazu. Karlas Mitschüler machen Witze darüber, dass die beiden sogar miteinander abhängen können, wenn sie gerade mal nicht in ihrer Bude zusammengepfercht leben müssen. *Vermutlich Co-Abhängigkeit*, diagnostiziert Jannis schelmisch. Grüne E-Scooter-Punkte leuchten den beiden den Weg, als sie den dunklen Grüngürtel entlang zu ihrer Haltestelle laufen. Man riecht, da wird gekifft, dort ist ein Knutschschmatzen zu vernehmen, drüben wird gespuckt und dazwischen immer wieder aufs Handy geguckt. Luca hat plötzlich so einen Ton drauf, wie die Leute bei den Datingshows, die die beiden jetzt immer gucken, wenn die Teilnehmer anfragen wollen, ob man exklusiv miteinander sein will oder nicht.

Sie weiß, was er fragen will. Es hat sich in den letzten Wochen abgezeichnet. Und sie will ihm zuvorkommen. Sie muss es selber sagen.

Du, ich weiß, wir können nicht länger so wohnen. Es ist zu wenig Platz und so weiter. Wir werden sonst vielleicht nicht mehr lange Freunde sein und das müssen wir verhindern. Aber pass auf, ich hab festgestellt, dass ich dieses verschissene Köln liebe und hier nicht wegwill. Und ich glaube, es ist sogar unabhängig davon, was Natalie entscheiden wird. Also gib mir bitte noch etwas Zeit, ich kann nicht wieder in so eine dumme WG, ich muss wirklich in Ruhe suchen.

Ob er nun auch endlich mal was sagen dürfe oder sie wieder alles alleine in ihrem Kopp ausmachen wolle, will Luca wissen. Ohne ihre Antwort abzuwarten, sagt er: *Ich will gern mit dir zusammenwohnen, es ist das Familiärste, was ich je hatte, und ich hätte gern, dass es so bleibt. Aber ja, in dieser Bude werden wir irgendwann begraben, lass uns zusammen was Größeres suchen.* Karla strahlt und heult.

Du weißt, dass wir nichts finden werden, oder?

Natürlich werden wir das nicht.

Wir versuchen es.

Wie immer. Und ja, du bist offensichtlich Kölnerin. Bin froh, dass du da selbst draufgekommen bist.

Na, hömma!

Ich freu mich mega, dass du bleibst. Bald wern mer wat schunkeln. Luca heult jetzt auch oder summt irgendein kölsches Lied. Das kann man bei denen nicht so richtig auseinanderhalten.

Und ich mich erst. Ich bleibe. Aber jetzt hör auf zu feensen.

Immerhin bleibt das sächsische Vokabular. Und das mit Karneval kann sich Luca gleich mal sozusagen abschminken. Während er Karla umarmt, schaut sie auf den pinken Telekom-Colonius, es ist seltsamerweise ihr Lieblingsgebäude. Jetzt muss sie es nur noch Natalie beibringen. Aber vielleicht besser nächste Woche.

37

Finde ich toll, dass du das jetzt alles nachholen willst, sagt Mascha zu Gerda. Sie sitzen im Garten vom Mann Wolfgang, der jetzt sowas wie ein guter Freund ist. Es geht um Gerdas geplante Reise, die in wenigen Wochen beginnt. Gerda fragt sich, was Mascha meint. Aber da sagt sie es schon: *Rumreisen. Das mit der eingeschränkten Reisefreiheit muss einfach so krass gewesen sein.* Mascha weiß noch nicht, dass Gerda eigentlich nur durch Osteuropa gondeln will.

In einer schlaflosen Nacht, es war kurz vor fünf, dachte sie an die verpasste Reise von 1989. Sie schrieb sofort ihrer Freundin Karin: *Wir sollten die Osteuropatour nachholen.* Es war nicht das erste Mal, dass eine von beiden daran dachte oder es vorgeschlagen hatte, aber diesmal stand wirklich nichts im Wege, und Gerda hatte sogar schon eine konkrete Idee: Sie dachte an das alte Dübener Ei, den Wohnwagen, der im Garten von Wolfgang vor sich hin gammelte. Den könnte man doch als Sommerprojekt aufmotzen und dann los.

Reisen wegen der eingeschränkten Reisefreiheit. Gerda bekommt es nicht aus dem Kopf. Vor allem dass Mascha, Mutter von drei Kindern, nicht einfällt, dass es andere Gründe für diese Sehnsucht geben könnte. Mascha, die selbst immer in die USA wollte, aber hiergeblieben ist, viele Jahre nach der *eingeschränkten Reisefreiheit.* Es ist jetzt alles immer wegen damals. Erst durfte nichts wegen damals sein, heute ist alles wegen damals. Dabei ist doch Mascha immerzu auf Instagram, sie muss doch gesehen haben, dass *Vanlife* gerade voll das Ding ist, allein wegen Corona … Von ein paar dieser Seiten hat sich Gerda heimlich auch inspirieren lassen. Karin ist mit allem einverstanden.

Wahrscheinlich weil Mascha jetzt so ein bisschen berühmt ist, will sie sich besonders viel mit ihrer Identität beschäftigen. Sie erzählt neuerdings ständig von irgendwelchen Ost-Dokus, die sie gesehen hat, und bezeichnet sich online als Ossi. Für ihre Generation werden immer neue Namen gefunden, Wendekinder, Ostmillenials und so weiter. Es ist Jubiläum, 30 Jahre Wiedervereinigung, man kann also nicht entkommen. Ständig erzählen Bürger, Lars Dietrich, Kati Witt, Katrin Sass, Jan Josef Liefers, Sebastian Krumbiegel, jemand von Silly oder jemand von den Puhdys, vor einem vielsagenden Hintergrund sitzend, *wie es damals war.* Für die vor 1989 ist das meiste heute Kult, für die später Geborenen alles trist. Manche sind nostalgisch, andere wollten weg und finden, jetzt über 30-jährig, wieder zurück.

Wir werden jetzt alle ständig irgendwas über die DDR gefragt, hat auch Karin festgestellt. *Wir müssen die Geschichte über uns wandern lassen, alles, was wir jetzt sagen, ist Puzzle für Zeitgeschichte,* schrieb sie Gerda in einem Chat. Seit Corona chatten sie viel. Die Lebensgeschichten der beiden sind jetzt Systembiografien. Das Leben von damals befindet sich nun in den Museen und Dokus, aber nirgendwo sieht Gerda ihres. *Vieles war eigentlich so unspektakulär,* findet sie. *Ja, richtig langweilig,* ergänzt Karin. Aber dann sagt sie: *Das sollte man nicht öffentlich sagen, sonst verharmlost man die Diktatur.* Gerda will nicht arrogant sein, sie weiß, Vergangenheit muss man aufarbeiten, aber sie kann Mascha nicht die Geschichten geben, die sie vermutlich hören will: Trabbi, Warteschlange, Kohleschleppen, Pioniersein, heimlich Rolling Stones hören, wie konnte das eigentlich mit der AfD passieren und so weiter. Karin hatte noch geschrieben: *Dann erzähl ihr doch eine andere Geschichte.*

Einige Nächte später startet Gerda ihr Projekt. Unter der Autoplane stinkt es wie Tod und Elend, und sie hat Angst, wirklich irgendeine Art Leichnam zu finden, man weiß ja nie, und man hört so viel. Tierisches, Menschliches, Undefinierbares, es könnte alles da sein. *Bitte lass es keinen Schimmel sein. Bitte kein Schimmel.* Das Mantra soll dabei helfen, keinen Schimmel zu entdecken. Noch ist eh alles zu unübersichtlich, noch ist keiner in Sicht. Es hat also funktioniert. Gerda muss daran denken, wie sie früher, wenn sie Angst hatte oder schnell etwas hinter sich bringen musste, *Her Majesty* von den Beatles vor sich hin gesungen hat wie einen Abzählreim. Erst kommt die Stelle, wo der Bass so *bumbumbum* macht, und sie singt es immer genau so mit, spätestens bei *I gotta get a belly full of wine* muss sie immer ein bisschen lachen, weil sie sich entweder verhaspelt hat oder stolz ist, den Zungenbrecher hinbekommen zu haben, und dann ist die Angst oder Langeweile verflogen. Es ist perfekt. Vermutlich reicht es völlig aus, einen Song von 23 Sekunden zu schreiben, vielleicht ist der Rest nur Getue. Noch immer ist kein Schimmel zu sehen.

Der Mann Wolfgang will bei allem Möglichen helfen, hat einige Anmerkungen und schleppt immer wieder ein unnötiges Werkzeug an, das er dann wenig subtil neben den Wagen legt. Aber Gerda will es allein machen, aus Prinzip, ist doch klar. Natürlich verbringt sie viel Zeit in Foren, wo sie sich informieren und dumme Fragen stellen kann. DDR-Nostalgiker sind dort vor allem anzutreffen, aber auch junge Leute, die sich so ein Gefährt zugelegt haben, weil sie auf Minimalismus stehen. Gerda erstellt sich nach zwei Versuchen ein männliches Profil, weil ihr die Besserwisserei dermaßen auf den Senkel geht. Dann klappt alles so gut, dass Karin und Gerda sogar schon eine Woche früher losfahren können. Dafür will Gerda am Ende nochmal allein nach Baden-Württemberg zu Drea und ganz zum Schluss nach Köln.

Mascha lässt indes nicht locker. *Du fährst jetzt doch schon früher? Was ist denn nun mit unserem DDR-Gespräch?*

Gerda: *Machen wir danach.*

Vielleicht, denkt sie sich dazu. Dann klopft sie auf das Dach des Wagens und sagt *Los geht's.* Zum Glück hat das niemand gesehen.

Danke an die Barbaras, an Patricia, Fleur,
Mutti und die Irmelis.

TRACKLIST

Wide Open Spaces
The Chicks

Ode To My Family
The Cranberries

Where You Lead I Will Follow
Carole King

Politik
Coldplay

Isn't She Lovely
Stevie Wonder

Coffee
beabadoobee

Mad World
Bary Jules, Michael Andrews

We Can Work It Out
The Beatles

Fade Into You
Mazzy Star

Runaway
Linkin Park

Shame
Monrose

Circle of Life
Carmen Twillie, Lebo M.

Both Sides Now
Joni Mitchell

Self Esteem
The Offspring

Seven
Taylor Swift

Ich wünsch mir ein Baby sehr
Angelika Mann

Daydreamer
Adele

Promises
Cleo Sol

All Too Well
Taylor Swift

No Surprises
Radiohead

Closer to Fine
Indigo Girls

Her Majesty
The Beatles

Wenn ein Mensch lebt
Puhdys

Sei willkommen
Gerhard Schöne

Greatest Love of All
Whitney Houston

Der Soundtrack zum Buch: